哲學家們都幹了些什麼？

林欣浩 著

五南圖書出版公司 印行

前　言

在生活中，我們會遇到這樣的情況：

當小孩子難以抑制內心的迷茫和惶恐，急匆匆問爸爸媽媽「人爲什麼活著」的時候，他得到的回答常常是：「別胡思亂想。」

當大學生在宿舍裡如饑似渴地閱讀康德、黑格爾，想從中尋覓一絲真理的時候，他或許會被打球回來的同學們迎面嘲笑：「又暗自炫耀呢！」

當飯桌上的朋友們都在談汽車、房子、另一半、孩子，今年我去了峇里島的時候，某人卻興致勃勃地大談他最近讀叔本華的心得，他換來的，多半是滿桌異樣的目光。

當我們不斷追問「人爲什麼活著？人生的意義是什麼？宇宙的本質是什麼」的時候，絕大多數人不會覺得我們是愛思考的聰明人，只會覺得「你這個人好怪」。

可是對不起，這個世界上的怪人不止我一個。歷史上，有很多聰明人也思考著上述「怪問題」，而且想得比我們深刻得多。

他們就是哲學家。

學哲學有什麼好處呢？

有時我們會問：「人為什麼活著？人生的意義是什麼？人終有一死，我該做點什麼才對得起這唯一的一生，才算沒有白活？」

這些問題很重要，是決定人的一生該怎麼活的大問題。我可不可以不聽從長輩和課本的灌輸，自己來尋找問題的答案呢？

可以，哲學就是來做這件事的。

我們這本書，就要把「追問人生意義」當作最大的目標。

不過別著急，我們先不討論這個問題。研究哲學必須先學習整個哲學史，在本書的前半段，我先講講輕鬆的歷史故事，才會開始討論有意思的哲學問題。

目錄

上篇　理性的崛起

下篇 理性的隕落

上篇

理性的崛起

第一章　蘇格拉底好討厭

一七八七年，一群美國人在費城的一個房間裡日夜不停地爭吵。他們要做一件大事——為新生的美利堅合眾國設計一部憲法。

應該說他們的工作非常成功。因為至今二百多年以來，這部憲法幾乎沒有大的變動，美國制度也成為世界很多國家效仿的對象。

但您可能料想不到，這部憲法有一個奇特的副作用，它能徹底改變我們對西方哲學的看法。

關鍵就在於它的第三條第二款。

這一條款規定：美國司法採用陪審團制度。

這是什麼意思呢？

美國的陪審團制度從英國繼承而來，歷史也不短了，但在我們看來實在是古怪至極。

首先，中文「陪審團」是一個誤導人的翻譯，英文原詞沒有「陪」的意思，原意大約是「臨時裁決委員會」。

在被告人是否有罪這個問題上，陪審團是負責裁決的主角。法官才是陪襯，只能做做解釋法律、引導庭審、剔除非法證據、維持法庭秩序之類的「服務」工作。

讓我們難以理解的是，美國陪審團的成員都是普通老百姓。法庭對他們的學歷水準、法律知識幾乎沒有任何要求。一個小學學歷、沒學過法律的人，也有權決定嫌疑人是否有罪。

所以在美國，一個億萬富翁該不該破產，他的命運可能掌握在一個不愛讀書、不愛思考，只喜歡喝喝啤酒、看看舞群的工人身上。我們這裡肯定會有不少人覺得，這不是亂來嘛！

但在美國人看來，這種制度有個很大的好處，就是在原則上，能儘量讓每個案件的裁斷都符合大眾的道德觀。這能避免法律人士憑著專業優勢玩弄法律條文，避免法官由於個人好惡左右案情，也能用來對抗失去民心的惡法。雖然陪審團的民意也可能被律師引導，但大多數美國人認爲這至少比法官一個人說了算好多了。

這事對哲學有什麼影響呢？

我們來看另一個歷史事件。

就像我們的聖賢是孔子一樣，西方人也有自己的聖賢，那就是蘇格拉底。蘇格拉底的人生比較簡單，概括起來就一句話：

他喜歡問別人問題，然後被判了死刑。

聖賢的犧牲當然是偉大的、悲壯的。蘇格拉底被判死刑這事廣為後人所傳揚，不少藝術家都以繪畫、戲劇等形式來紀念他。

但是很多人都忽略了一件事：蘇格拉底是被雅典的陪審團判處死刑的。注意，這個雅典陪審團不是貴族陪審團，不是宗教陪審團，是真正的人民陪審團。它的成員除了性別必須是男性以外，其餘條件和美國今天的陪審團一樣，是由普通老百姓抽籤組成的，不論職業，不論學歷，不論官階，只要是成年的雅典公民就行。

不難理解，理論上陪審團成員越多，斷案就越客觀。出於成本考慮，今天美國的陪審團只有十二個人。

審判蘇格拉底的人民陪審團有多少人呢？

五百人。

多少人想判蘇格拉底死刑呢？

三百六十票比一百四十票，高票通過。

蘇格拉底的案件常常被現代人當作「民主暴政」的例子，說明「多數人的民主」在錯誤的引導下也會作出邪惡的判決。

但要注意，法庭給了蘇格拉底充分辯解的機會。按照色諾芬和柏拉圖的記錄，蘇格拉底在法庭上一一駁斥了所有控罪，發言雄辯有力，用詞通俗易懂。別說是當時的希臘人，就是在幾千年後的今天，重讀這份文獻都會讓人忍不住認同蘇格拉底。

那麼，人民陪審團堅持判蘇格拉底有罪，只能說明一件事。人民真的想讓他死。

蘇格拉底到底是哪裡得罪人了呢？

按照後人的記錄，蘇格拉底一輩子做得最多的事就是問問題。當然，他不是像一般人那樣提問。他專挑別人的漏洞，每次都能把對方問得頭昏腦脹。

比如說，他問人家什麼是正義，人家給了他一個答案後他不滿意，他就不停地追問人家，直到把人家問崩潰了才收手。蘇格拉底的母親是助產士，他自稱為思想的「助產士」，意思是能引導別人深入思考。聽著是挺不錯，但問題是：你考慮被問的人的感受了嗎？

想像一下，假如你是那個時代的人。本來你在馬路上走得好好的，蘇格拉底突然從角落裡蹦出來，抓住你問：

「你說，什麼叫正義？」

你本以爲這個人是真的不懂，你好心、耐心向他講解正義是怎麼回事。沒想到，他話鋒一轉，突然抓住你話裡的一個漏洞反問道：「你這樣說不對吧？」不管你怎麼回答，聰明的他總能不斷追問下去。問來問去，你肯定就崩潰了。但就算你想逃跑也沒用。按照慣例，他非得問到你滿臉羞愧地承認自己什麼也不知道，他才會心滿意足地放過你。

假如當時就你自己一個人也就算了。要是你身邊還帶著女朋友，帶著奴隸和僕人，你說你還要不要面子了？

說白了，蘇格拉底就屬於沒事會到馬路上打擊人的那種人。

但你要以爲蘇格拉底就這麼點討人厭的本事，那就太小看他了。

實際上，蘇格拉底的追問方式已經包括了哲學思考的全部要素。如果蘇格拉底追問的對象不是別人而是他自己，那他就和傳統意義上的哲學家沒什麼區別了。

哲學家芝諾有一個著名的比喻，說人的知識好像一個圓圈，知識越多，圓圈的周長就越長，就會發現自己越無知。所以蘇格拉底這個當時全雅典最智慧的人，卻認爲自己最無知，他覺得真理的答案不能光靠自己想，必須到處找人問。

這條「越聰明越謙虛」的規律看上去沒什麼問題，但是對於普通人來說，對方明明很聰明，還偏偏非常謙虛，那不是越發可氣嗎？

當時有好事的人去神廟裡占卜，問雅典在世的最聰明的人是誰。代表神靈的先知堅定地回答：就是蘇格拉底，沒別人了！

要是一般人，正常的反應是低調。神靈這麼誇你，你就應該謙虛兩句：不不不，廣大人民的智慧才是無窮的，我永遠只是人民的小學生。群眾肯定誇你又聰明又謙和，皆大歡喜，多好。

可蘇格拉底不——他很無辜地說，我不覺得我聰明啊！然後他就到處找人辯論，美其名看看誰比我更聰明。問題是誰能辯得過他啊？聊兩句都崩潰了。蘇格拉底每次把別人問倒之後，才恍然大悟：喔！你沒我聰明呀！然後接著去找下一個人。

你說他這種謙虛法，但凡是個有自尊心的人，誰受得了？

在最後的審判中，雅典陪審團其實審判了蘇格拉底兩次。第一次投票結果是二百八十票對二百二十票判他有罪。也就是說，在第一次審判裡，還有不少人認同蘇格拉底。

而且那時死刑還可以商量，根據雅典法律，蘇格拉底可以拿罰款抵。

掏錢換條命，這種好事誰不答應啊！蘇格拉底雖然自己窮，但是他的學生和朋友有錢，他們都主動要爲他出錢。但是蘇格拉底本著知識分子的古板，以自己沒錢爲由，給陪審團出了一個非常低的贖罪價格。而且他嘴上還不饒人，在審判出結果之前，還跟陪審團嘴硬說，知道我是誰嗎？我是上天派來啟發你們智慧的，你們還想罰我？你們太幼稚了！憑我對雅典的貢獻，你們不但不應該罰我，還應該養我一輩子。

陪審團一聽，這個人太囂張了。又還沒答應饒過你！於是陪審團重新投票，這次投票結果三百六十票比一百四十票，高票通過蘇格拉底有罪的裁定——死刑，不能拿罰款抵了。

後面的事大家都知道了。蘇格拉底本來有機會跑，看守都讓他的學生給賄賂好了，但是蘇格拉底拒絕，他不願意違反法律——你們不就是想弄死我嗎？我就在這哪也不去，我就讓你們處死吧！

然後他就被處死了。

這麼看來，蘇格拉底身上擁有好幾處討人厭的地方。

首先，他總說別人不樂意聽的；其次他還總認爲自己有理，然後把你說服了，卻還在那假謙虛，最後他還是一硬骨頭，簡直把知識分子討人厭的毛病都占全了。

但你要是以爲蘇格拉底就這麼點討人厭的本事，那就太小看他了。

問題在於蘇格拉底那愛質問的執著。

爲什麼要研究哲學？前面說了，關係到我們個人的哲學問題是：人生的意義是什麼？但關鍵是，這些問題宗教都已經回答了。只要臣服於宗教信仰，每個人不就可以立刻找到自己的人生意義了嗎？蘇格拉底生活的年代，遍地都是神廟，只要隨便找個神拜一拜，困惑的時候找神職人員聊個天，一切人生問題不就都輕鬆解決了嗎？

而以蘇格拉底爲代表的哲學討厭分子在幹什麼呢？他們在破壞這一切！

他們堅持說宗教的答案都不可信，可又認爲自己無知，不肯拿出答案。這等於把廣大人民從宗教的溫柔鄉中一把拖到了冰冷無情的現實裡，任由老百姓失去精神依靠，在曠野中哭天號地，他們還撒手不管了！

可見，哲學既討厭又無用。要不是雅典人民本著物盡其用的節省精神，生生給哲學找出一個用處來，這哲學還真就沒理由保留下去了。

雅典人民找出了一個什麼用處呢？

長面子。

奢侈是什麼？貴而無用就叫奢侈。而哲學這東西超級無用。所以那個時代的人們一聽說你是學哲學的，都狂羨慕。人家想：這人家裡得多富裕才敢往哲學身上砸錢啊！

因此，雅典人也以哲學為榮。哲學家們只要關起門來講課著書，不像蘇格拉底那樣到處討人厭，那雅典人民還是很歡迎的。

這就好像今天有個學哲學的朋友，如果他逮誰跟誰聊專業，人家聊電影，他非跟人家說康德，別人肯定都覺得他有精神病，都不理他了。相反，如果他把對哲學的思考壓抑在心裡，表面上就是跟普通人一樣的飲食男女，偶爾開開玩笑，大家就能跟他坦然相處了。沒準有人還會以認識他為榮，到處跟人說：「瞧，我這兄弟是學哲學的！」

就好像那人知道哲學是怎麼回事一樣。

雅典人對於哲學的態度，可以從柏拉圖的生活變化中看出來。

柏拉圖是蘇格拉底的學生，蘇格拉底被審判的時候，柏拉圖才二十幾歲。聽說蘇格拉底被判死刑，柏拉圖又生氣又失望，心想雅典人竟然是這麼一群無知又殘忍的暴民。於是他離開雅典，環遊世界去了。

十幾年後，柏拉圖發現雅典人民對哲學其實不是很排斥，所以又回到雅典，在雅典附近開了一所學校，叫柏拉圖學園。柏拉圖一直在學園裡關起門來上課，雅典人民也就接受了。

但接下來的變化誰也沒想到。

第二章　拯救哲學的少年國王

很多書講學術史的時候，會把學術的發展寫成是理所當然的。歷史上每代學者都付出過一分努力，把前人的成果加高一點點，只要假以時日，學術終能有所成就。

但這是胡說，尤其是哲學。

哲學的發展非但不是一馬平川，反而在好幾個世紀裡都處於命懸一線的危險境地。一不留神，哲學前輩們的努力就會從地球上澈底絕跡。

爲什麼呢？

說來有點搞笑，關鍵原因不過是那薄薄的紙。

古希臘人主要使用石板和從埃及進口的莎草紙寫字，稍晚一點有了羊皮紙和牛皮紙。總之，這些書寫載體不是書寫費勁，就是價格昂貴，甚至不容易保存。即便是羊皮紙和牛皮紙，如果保存不當，也有腐爛毀壞的可能。而且因爲羊皮紙和牛皮紙很貴，一些人爲了省錢，會把他認爲不重要的字刮掉，再重新用，這就進一步加重了對書籍的破壞。偏偏古希臘又是一個知識爆炸的時代，很多書籍只能留下有限的幾份拷貝。在紙張出現之前，只要一場大火、一場戰亂，無數部名著就會從此泯滅。

更何況，哲學還是各學說中最無用的一種，實用的技術想留下來還容易點。政權更迭，醫生、鐵匠、工程師都不會失業，但統治者有什麼理由留下哲學這東西呢？

所以當雅典面臨著第一次亡國危險的時候，好多人都覺得哲學這回要完蛋了。

敵人是馬其頓人。

馬其頓在雅典的西北邊，雅典和馬其頓都同屬於希臘文化圈，就好像春秋戰國時代的諸侯國一樣，雖然政權不同，但是都屬於中華文明。

可是在雅典這樣的希臘城邦看來，馬其頓很落後，是一群未開化的蠻人。馬其頓有好幾次要求加入希臘聯盟，都沒有被答應。

就在柏拉圖晚年，馬其頓實力倍增，足以吞併其他城邦。這下人家也不要求加入希臘聯盟了，直接滅了你算了。柏拉圖去世後不久，馬其頓的軍隊就到了雅典城下。

雅典人絕不肯屈服。文化中心被野蠻國家侵略，這算怎麼回事呢？你能指望著這幫野蠻人保護我們的文化嗎？實際上，幾年以後，底比斯人叛變馬其頓，馬其頓就把底比斯洗了城，男女老少都沒留下。

所以那時候雅典人拚了命也不能輸，不僅組織軍隊迎戰，還叫來其他希臘城邦組成聯軍。

可不要小瞧雅典軍隊。

在我們的印象裡，雅典人都是整天高談闊論的書生，其實不然。包括雅典在內的希臘各城邦實行的是全民皆兵制，特別鼓勵人民鍛鍊身體，才會有流傳至今的奧林匹克運動會。

蘇格拉底不僅是大哲學家，年輕的時候還是一位矯健的運動選手和勇猛的戰士，當過重甲步兵，參加過好幾次戰爭，有過非常英勇的表現。如果你看過電影《斯巴達三百勇士》，對斯巴達戰士的勇猛一定印象深刻。雅典和斯巴達經常打仗，而且還互有勝負。蘇格拉底四十五歲那年就參加過一場和斯巴達人的戰爭，雖然雅典人敗退了，但蘇格拉底是最後一個放棄陣地的人，而且據說蘇格拉底在戰場上無畏地逼視敵人，從而全身而退。

所以雅典軍隊的戰鬥力並不差，更何況這次雅典人還有其他希臘城邦當盟軍，他們自信地認爲一點也不會輸給野蠻的馬其頓人。

結果雅典人一出城，發現迎面而來的是一群奇怪的敵人。

只見馬其頓士兵站成了一個緊密的方陣，每個人手裡都舉著好幾公尺長的長矛。後排的長矛通過前排人的縫隙伸出來。連續好幾排皆是如此，所以最前排一共探出密密麻麻好幾十杆長矛，就好像刺蝟一樣。再加上士兵都裝備了重甲和盾牌，如果前排士兵倒下了，後面馬上就會有人補上來。這陣形攻防兼備，簡直就神如今天的坦克車。

不僅如此，馬其頓步兵的兩翼還有騎兵會過來穿插包抄，方陣後面還有弓箭手、投矛兵等發起遠程進攻，整個形成了立體化作戰。

這套戰術被後人稱作馬其頓方陣，在當時就是天下無敵的作戰方式。

更讓雅典人吃不消的是，馬其頓人還玩起了陰的。剛一交戰，馬其頓軍隊就開始後退，等到雅典人追擊的時候，突然從暗中衝出由年輕的馬其頓王子率領的一支騎兵，把雅典聯軍中負責殿後的底比斯聖隊澈底打敗了。

這底比斯聖隊非常有名，最大的特點是所有士兵都是一對一對的戀人。俗話說「上陣父子兵」，這支部隊的戀人兵也同樣，打仗的時候誰都不肯後退，戰鬥力超強。當這支部隊被馬其頓王子擊潰後，整個雅典聯軍也就潰敗了。雅典從此落入了馬其頓人之手。

對於雅典人來說，被不開化的馬其頓蠻人，尤其還是個年輕的蠻人王子打敗，真是一場恥辱。

但雅典人輸得一點都不虧。

因爲那個馬其頓王子就是赫赫有名的亞歷山大。

二十年後，亞歷山大的軍隊所向披靡，最終讓馬其頓橫跨歐、亞、非三洲，成爲人類古代史上面積最大的帝國之一，被稱爲亞歷山大帝國。

和龐大的帝國疆土相比，雅典只不過是毫不起眼的一座小城市罷了。而雅典城內的小小學園中，那幾卷用爛紙破皮謄寫的哲學著作，更如同草芥一般，只消一陣火與風，立刻就會灰飛煙滅。哲學家們對此束手無策，只能膽戰心驚地等待著命運的發落。

幸運的是，亞歷山大是個熱愛文化的君王。在這點上，亞歷山大不像是征服者，更像是一個知識分子。在他的鼓勵下，收藏圖書成爲一種風尚，圖書館遍地興建。

亞歷山大童年時代的好友、埃及總督托勒密一世同樣熱愛知識，他建立了宏偉的亞歷山大圖書館，目標是「收集全世界的書」。自然，希臘著作成爲他收藏的首選。

托勒密一世的孫子更猛，只要是出現在亞歷山大城的圖書，不論原來主人是誰，他都要把原本留在圖書館裡，抄個手抄本還給主人。他還找希臘借了一批珍貴的著作，給了一大筆錢作爲押金。借到書後，他把原本留了下來，把手抄本還給希臘人。他不但沒覺得不好意思，還理直氣壯地跟人家說：

「押金留著吧，我不要了！」

更厲害的人物是亞歷山大的老師。在馬其頓還未崛起的時候，馬其頓貴族經常派人去雅典留學，其中有一個國王御醫的兒子去了柏拉圖學園，學成歸來後成了亞歷山大的老師。

這人叫做亞里斯多德。

亞里斯多德是柏拉圖的學生，柏拉圖是蘇格拉底的學生。這三個人的關係和孔子、孟子、荀子很像，都是被萬代學子崇拜的先賢，都是輩輩相傳的學問（不過，孔子、孟子和荀子之間年代相隔較遠，學問不是親傳）。每一代學生既繼承了老師的學問，也都有不同於老師、和老師相悖的學說──否則學生們也就不能成為一代宗師了。更巧的是，蘇格拉底和孔子還有更多的共同點。

第一、他們都喜愛談話勝於寫作。他們的作品都不是自己寫的，而是身邊的徒弟記錄下來的。

第二、他們都孔武有力。孔子身材高大，練習過駕車射箭。蘇格拉底上過好幾次戰場，還因為作戰勇猛受過嘉獎。

第三、他們都有特能打的弟子。孔子的弟子子路「好勇力」，最後是在變亂中英勇戰死的。蘇格拉底的弟子柏拉圖，他名字的原意是「身體強壯」。其實柏拉圖原本不叫這個名字，是他的體育老師給他改名叫「柏拉圖」的──你想啊，連體育老師都覺得這人強到得改名叫「強者」，你說他得有多猛……（所以下次再提到古希臘智者，與其想像成白鬍子老爺爺，不如腦補成斯巴達三百勇士穿白袍）。

最後，他們所處的時代也很接近，孟子只比亞里斯多德小十二歲。若非有喜馬拉雅山擋著，亞歷山大也許會打到中國，和漢文化接觸，那樣孟子就能讀到亞里斯多德的《形上學》。我們難以想像蘇格拉底的疑問、柏拉圖的思辨和亞里斯多德的百科知識會給正在百家爭鳴的中國帶來什麼影響。或許中國不會走上獨尊儒術的道路，也能在文明裡留下理性、思辨和科學的種子。

當然，這種假設沒有意義。

亞歷山大的征服對哲學來說是一件好事。跟隨著亞歷山大的鐵騎，希臘的哲學著作得以遍布東歐、北非以及中亞，散布下無數思辨的火種。如果沒有這一步鋪墊，不久以後，希臘哲學就會澈底從地球上消失。

順便一說，此時希臘哲學討人厭的毛病還是沒有改掉。哲學家永遠學不會討好獨裁者。亞里斯多德晚年對亞歷山大的一個死刑判決提出抗議，亞歷山大給他的回應是一個赤裸裸的威脅，他說：「我也有能力處死一名哲學家。」哲學家也沒有學會討好民眾。亞歷山大一去世，雅典人就對亞里斯多德發起猛烈的攻擊，因為雅典人還記著被馬其頓征服的仇。結果亞里斯多德被迫離開雅典，第二年就去世了。

不久，更強大的羅馬帝國代替了亞歷山大帝國，統一了大部分歐洲的疆土。在文化上，羅馬皇帝和亞歷山大一樣，同樣奉行包容的政策，希臘哲學也得以繼續傳播。

當然，我們知道，羅馬的寬容政策，間接導致了後來的歐洲再也沒能形成像中國那樣統一的大國，而是永遠分成了多個民族國家。

對於歐洲的歷史選擇，有人說好，有人說不好，這些我們不討論。

我只知道對於知識來說，寬容永遠代表著光明。

羅馬帝國成立之初的文化界，宛如春秋時代的百家爭鳴，爭鳴的地方常常是在城市中心的廣場上。不同學派的人們可以自由宣講、辯論自己的觀點，那是文化人最幸福的時代。

不過這一切很快就要改變了。

第三章　當哲學遇上宗教

羅馬的社會制度遠比一般人想像的要先進，雖然是奴隸社會，但也是一個高度法制化的社會。在前七百多年的時間裡，羅馬還是個民主社會，國家大事都是由元老院開會決定，任何人都得服從法律，根本沒有皇帝這個職位。

在嚴格的法律制度下，你就算再有錢有勢，也不能想幹什麼就幹什麼，能做什麼得看你的社會身分。在很長一段時間裡，非羅馬地區的人很難拿到羅馬公民的身分證。因此，羅馬公民在當時屬於有權階級，可以受到很多照顧。

我們要講的，是一個擁有羅馬公民身分的猶太人。

他叫保羅，他將改變世界，也將永久改變哲學的境遇。

前面說過，羅馬帝國在文化和宗教上奉行的是寬容政策。

比如，羅馬征服很多蠻族，那些蠻族原本有自己的神靈。為此，羅馬人建造極其宏偉的「萬神殿」，把各個蠻族的神靈都供奉到裡面。蠻族一看打仗打不過羅馬，投降後自己的神靈還能進入如此雄壯的神殿中，所以無心抵抗，甚至成批成批地投降了。

因此，在羅馬帝國境內，眾多宗教可以互相雜處，其中也包括猶太教和基督教。這裡稍微說一下猶太教和基督教的關係。

猶太教和基督教並不是同一個宗教。首先是在猶太人中產生了猶太教，而基督教是從猶太教中發展出來的。

猶太教和基督教都信奉上帝，也都相信會有救世主來拯救他們（「基督」和「彌賽亞」是一個詞，都是「救世主」的意思）。區別是，基督教認爲救世主就是耶穌，而猶太教不承認耶穌是救世主，他們認爲救世主還沒有到來。

在對待經文上，兩者都信奉《舊約》①，但只有基督教相信《新約》。《舊約》和《新約》的區別大致在於，一個是記錄耶穌降生之前的事，一個是記錄之後的事。

保羅和耶穌處於同一個時代。早年的保羅是猶太教徒，他聽從教長的指示，積極迫害基督徒。據《使徒行傳》記載，有一天，保羅在追捕耶穌門徒的路上突然見到天上發光，聽到耶穌對他說：「爲什麼要逼迫我？」保羅大驚失色，眼睛失明，直到三天後才恢復視力。

---

① 猶太教稱為《希伯來聖經》。——作者注（後文不特殊標注均為作者注）

今天已經無法考證這件事到底是不是真的，保羅是在沙漠中遇到這番異象的，因此唯物史學家懷疑或許是沙漠的高溫、太陽的強光，還有保羅癲癇的痼疾，再加上他內心對迫害基督徒的愧疚造成了這些幻象。總之，這天以後，保羅從一個迫害者變成了虔誠的基督徒。

保羅的皈依對基督教極為重要。

保羅做的最重要的一件事，就是向猶太人以外的民族傳播基督教。這是一項很了不起的工作。在保羅之前，基督教大體上只限於猶太人自己信仰。有了保羅的傳教，基督教後來才成為世界性的大宗教。

但這也是一件很困難的工作，因為不論是猶太教徒、基督徒還是非猶太人，他們都不理解保羅的行為。

第一，猶太教徒當然認為保羅是異端。

第二，猶太教的特點是非猶太人不接納，你若沒有猶太血統，想皈依都不行。最開始的基督教也繼承了猶太教的這個觀念，不少信基督的猶太人覺得，基督教用來救猶太人就好了，不應該接納外族人，所以他們也反對保羅的傳教。

第三，基督教主張一神論，信奉基督教就得放棄信仰其他神靈，因此那些被傳教的非猶太人覺得，保羅傳播新宗教是在破壞宗教傳統，冒犯神靈。

第四，按照猶太教的傳統，男性要行割禮（切除包皮），這事就記錄在《舊約》裡。《舊約》說，割禮是上帝和人立約的證據。基督徒也相信《舊約》，自然也應該行割禮。但是割禮對於非猶太民族的人來說太難接受了。保羅便主張，外邦人可以不受割禮。但問題是，保羅的主張直接和《聖經》違背，因此又受到傳統基督徒的反對。

總之，保羅是幾頭不討好，他到哪兒都有一群老百姓反對他。有好多次，保羅被人們驅逐出城，被人用石頭擊打。用現代的話說，那時保羅相當於「民憤極大，社會影響極其惡劣」的典型。

到什麼程度呢？

有一次保羅傳教，旁觀的猶太老百姓覺得這個人實在是太可恨了，大家義憤塡膺，一起把保羅抓住，非要弄死他。幸虧有一隊羅馬士兵路過，帶隊的千夫長發現保羅有羅馬人的身分證，於是保護他免於受害。被千夫長帶走後，保羅還不知道收斂，還是到處傳教，惹得一群猶太人發誓，不殺死保羅他們就不吃不喝。結果連千夫長都害怕了，怕惹出民亂來，把保羅送到了總督那裡。總督呢，也按不住保羅。有好多人到總督那裡控訴保羅，總督雖然駁回了控訴，卻讓保羅待了兩年監獄。

但是保羅從沒有停止傳教的腳步。

保羅的時代，人們對於基督教有諸多偏見。

基督教預言世界將要毀滅，但未說明時間。就是這個預言，給基督教添了很多麻煩。在基督教剛出現的時候，基督徒以為世界末日很快就會到來，所以他們並不熱衷於傳教，也不像其他宗教那樣建立自己的教堂、撰寫經文，只是搞一般的宗教聚會。在外人看來，基督徒們的行動非常神祕可疑，造成了很多誤會。

比如，當時有一些基督徒不理髮不剃鬚，因為他們認為理髮剃鬚是對造物主所造之物的人工修飾，這讓外人覺得，基督徒總是長髮長鬚，打扮怪異。

再比如，基督教有分食葡萄酒和麵包的習慣，酒和麵包象徵著耶穌的血和肉。但是外人以訛傳訛，產生了基督徒吃人肉、喝人血的傳聞。

基督徒們還常說，信徒之間男女平等，大家都是兄弟姐妹，他們也經常談論「愛」。這就讓外人疑心，這幫人是不是在組織什麼淫亂活動。

還有，基督徒信仰的是一神教，除上帝之外的其他神靈都不信。但在古羅馬時代，人們的日常生活離不開神靈祭拜，比如豐收的時候就要祭祀農業女神。這不僅是一項宗教活動，也是一項社會活動。然而，基督徒拒絕參加這類活動。別人都上街慶祝的時候，他們卻躲在家裡。這會讓外人覺得他們不合群、神祕怪異。

保羅就是在這些巨大的誤解中向大眾傳教的。

他的武器，就是希臘哲學。

前面說了，保羅那個時代，來自不同文化、不同宗教的人們都在城市廣場上公開辯論，因而基督徒常常會受到各種稀奇古怪的質疑。

比如基督教說上帝創造了世界。就有人問：

「那上帝在創造世界之前在幹什麼啊？」

——誰知道啊，上帝也不會什麼事都跟你說啊！被問急了，基督徒就沒好氣地回答：

「上帝在給你們這些異教徒準備地獄呢！」

回答得挺隨便，但總這麼回答也不是好事，這時候只能讓哲學上場了。

歷史上有一個規律，在鬥爭中，哲學總站在弱者的一方。

這是因爲哲學講思辨，講道理，而只有弱者才會去講理，強者不需要講理。

這也是因爲，哲學繼承了蘇格拉底討人厭的疑問精神。只有弱者在面對強權的時候，才有質疑權威的需要。

處於被歧視地位的基督教正需要希臘哲學的說明。

保羅有深厚的哲學功底，他將哲學的思維方式應用到傳教中，撰寫了大量的神學文章。這些文字後來被稱作「保羅書信」，成為《新約》的重要組成部分。

在保羅之後，還有很多基督教的傳教士把哲學當作了傳教的武器。正因為他們的工作，基督教才擁有了完善的理論基礎，和其他宗教相比，它獲得了巨大的優勢。同一時期的其他宗教在歷史長河中大都衰落了，只有基督教最終成為世界性宗教。

在哲學史上，這時的哲學被稱作「教父哲學」。

幫基督教宣傳這事，對於哲學來說既好也不好。

好的地方在於，這回凸顯了哲學的大能耐了。基督教對世界影響深遠，起步階段的汗馬功勞就是哲學立下的。

不好的地方在於，宗教和哲學在根本上是無法協調的。宗教要求信仰，哲學要求懷疑，兩者相悖，要不蘇格拉底也不會被控訴不敬神。和宗教結合在一起之後，哲學注定無法發揮自己事事懷疑的真能耐，只能淪為宗教宣傳的幌子。

比如在教父哲學時期，基督徒看希臘哲學很有威望，就喊出「真哲學即真宗教，真宗教即真哲學」。甚至說在基督降臨之前，其光芒就已照到希臘人的心靈，才出現希臘哲學。

總之在教父哲學家們的口中，哲學的懷疑精神一點也沒有了。這裡的哲學只是用來裝潢門面的招牌，就跟今天算命的搬個電腦搞「科學算命」一樣。

不過教父哲學裡有一個人可以說一說，他叫奧古斯丁。

奧古斯丁早年信仰摩尼教，還沉迷內欲享樂，有過幾個情婦。年輕人嘛，有所欲求很正常。他曾經禱告說：「給我貞潔，但不是現在！」

但在本質上，奧古斯丁是一個有著宗教追求的人。內心裡，他希望能克制欲望，獲得更高級的精神追求。可是我們都知道，克制欲望哪有那麼容易啊。王爾德說過：「我能抵抗一切，除了誘惑。」臨考前徘徊在網咖門口的同學們、減肥時反覆開關冰箱門的女孩們，最能理解抵抗誘惑時的痛苦和投降後的懊悔了。

據說有一天，奧古斯丁因爲控制不住自己的欲望而痛苦萬分，爲此幾乎絕望，躺倒在一棵無花果樹下邊哭邊祈禱。這個時候，他突然聽到一個清脆的童聲在反覆吟唱：「拿著，讀吧！拿著，讀吧！」

剛開始，他以爲這聲音是自己心裡的幻想，於是他努力回憶過去是不是聽過孩子唱過類似的歌謠，但他怎麼也想不起來，因此認爲這聲音一定是神諭。聽到這聲音的召喚，奧古斯丁隨手翻開一本書，正是保羅當年寫的「保羅書信」，他正好翻到教誨人要克制欲望的篇章。奧古斯丁讀了之後感到內心平靜，從此皈依了基督教。他按照基督教的要求，賣掉了自己所有的家產，把錢分給了窮人，自己終身過著清貧的生活，搖身成爲基督教歷史上重要的聖賢。

奧古斯丁在皈依基督教之前仔細思考過信仰的問題，也認真學習過哲學，因此他並不是單純把哲學當作神學的工具，而是真心想透過哲學來探求真理。奧古斯丁的貢獻之一，就是解決了一個長久困擾基督教的邏輯漏洞：

《聖經》裡說上帝是全知、全能和全善的，那爲什麼還會允許人間存在這麼多醜惡和痛苦？

我們知道，《聖經》裡說亞當和夏娃偷吃了禁果，違反了上帝的禁令，被逐出伊甸園，所以人類才會開始無盡地受苦。

但上帝是全知的，不僅知道過去所有已經發生的事情，還知道未來所有即將發生的事情。那麼前面那個問題就可以問成：

上帝既然知道亞當和夏娃會偷吃禁果，爲什麼一開始不去阻止他們？

奧古斯丁的解釋是，關鍵在於自由。上帝給了亞當和夏娃人類自由意志，所以也必須讓人類有作惡的可能。

更具體地說，上帝是善的，而上帝的善表現在上帝對人類的行爲要進行公正的賞罰。既然要賞罰，前提是人類必須擁有自由意志，必須有能力自己選擇行善還是作惡，否則人類就不應該對自己的行爲負責。

這段論證對我們的意義是：首先，它十分巧妙，把一個看似自相矛盾的說法給解釋開了；其次，它解釋強調了自由的重要性。

上帝允許人類有作惡的自由。這說明什麼？這說明在上帝看來，自由比善更重要。

可是等一等，上帝不是全善的嗎？

「上帝允許人類擁有自由」的理論是奧古斯丁出於護教目的而提出的，其推論卻和教義產生了矛盾。

矛盾還不只如此，該理論還可以推論出，上帝不能干涉人的自由意志。因爲上帝是萬能的，所以有能力預測出人們按照自由意志在未來會做出的各種惡，但是有很多惡上帝都沒有阻止。

可是，上帝不是全能的嗎？

因此，奧古斯丁的解釋雖然聰明，卻不是很受基督教的歡迎。很多信眾在提出疑問的時候，只是被粗暴地告知「不要妄測神」。

在宗教看來，思考本身就是不對的。

就拿奧古斯丁本人來說，雖然他是虔誠的基督徒，但只要他一開始思考，就注定要和宗教權威發生衝突。奧古斯丁早年相信摩尼教，後來發現宗教文獻中一些關於天文學的知識和當時的科學結論不符，但他還被要求不許懷疑這些錯誤，只許強行接受。奧古斯丁因此對摩尼教產生了懷疑。羅素因此說，如果奧古斯丁生活在伽利略時代，也就是科學家們在用天文知識挑戰基督教的時代，那他該怎麼做呢？奧古斯丁這個基督教的聖人，會不會也像懷疑摩尼教那樣懷疑基督教呢？

八成沒什麼好結果。

宗教天生拒斥思考。

有位教父哲學家有一句名言：「上帝之子死了，雖然是不合理的，卻是可以相信的。埋葬以後又復活了，雖然是不可能的，卻是肯定的。正因為荒謬，所以我才相信。」

這段話常被人總結為：「因為荒謬，我才相信。」

換句話說，他認為信仰這種事用哲學來論證，這本身就是錯的。對於宗教，信就信了，你不能質疑，不能思考。很有諷刺意味的是，說出這句話的教父晚年和羅馬教會決裂，自己成了異端。但他這話說到了理上，宗教和哲學本來就不能調和。保留哲學，對教會來說就是養虎爲患。歷史學家威爾·杜蘭就把亞里斯多德的哲學比作希臘人留給基督教的「特洛伊木馬」。總有一天，蘇格拉底的討厭精神也會讓教父們抓狂的。

不過時候還早，基督教還有更大的麻煩需要解決。

西元六十四年七月十七日夜裡發生了一件大事。西方世界的中心，全歐洲最富饒、最美麗的城市羅馬突然燒起了大火，這火燒了六天七夜，整個羅馬城的三分之二都化爲灰燼。

當時的羅馬皇帝尼祿還不錯，不僅積極救火，還打開自己的宮殿安置災民。但隨後傳出各種猜想。有的說，尼祿是想要寫出一篇能和描寫特洛伊大火的史詩相媲美的詩篇，故意讓人放火的；也有的說，尼祿是爲了擴建自己的宮殿放火的——三分之二的羅馬城啊，如果後一條傳聞屬實，那麼尼祿毫無疑問是史上效率最高的拆遷商。事實上，在羅馬大火後不久，尼祿的確在廢墟上建起了更大、更漂亮的宮殿。

在那個年代，基督徒們相信世界末日就快到來，有些人到處宣傳「上天將會降下巨大的火球燒毀一切」。因此當時還有些人認爲，羅馬的大火就是基督徒放的。或許是爲了洗脫自己的嫌疑，不久以後，尼祿正式宣布這場大火是基督徒所放，同時展開了對基督徒大規模的逮捕和殘殺。

一般認爲，保羅就死於這場大火之後的審判中，基督徒從此受到了極爲殘酷的迫害。

第四章　哲學與基督教分道揚鑣

基督教剛興起的時候，基督徒們以爲世界末日馬上就要到來，沒有作長久打算。隨著時間的推移，基督徒們發現世界末日一直沒來，也許今後的日子還長，他們這才想到發展的問題。於是，他們成立了教會、蓋起了教堂，也有人開始收集編纂《新約》了。

我們今天總說羅馬教皇、羅馬教廷，爲什麼教皇一定要待在羅馬呢？就是因爲基督教會是在羅馬帝國時期出現的，那時羅馬是帝國首都，是歐洲的文化中心，自然也就是教會活動的中心。

不過，同時伴隨著基督教傳播的，還有羅馬軍隊軍事暴力的血雨腥風。

從尼祿開始，羅馬帝國就斷斷續續地迫害基督徒。他們用刀殺、用火燒，有時直接把基督徒扔到鬥獸場裡餵野獸。然而，相信死後會進入天堂的基督徒無所畏懼。當他們被判火刑的時候，對行刑者說：

「我遭受的火刑不過只燃燒一小時而已，而等待你們的，將是永不熄滅的地獄之火。」

有句俗話叫「能用錢解決的問題都不是問題」，其實還可以說一句話：「必須用暴力解決的問題都是解決不了的問題。」當強者對弱者使用暴力的時候，正說明強者沒有別的招數可用了，也就說明他離失敗不遠了。政權屠殺革命者，說明政權快要滅亡。革命者反過來屠殺群眾，說明革命即將失敗。

當羅馬軍隊屠殺基督徒的時候，說明基督教的勢力已經大到可以撼動帝國統治的地步。當時，基督教在羅馬的影響已經勢不可擋，除了擁有哲學這件武器之外，基督教還強調眾生平等。那時候羅馬是奴隸制，奴隸天生地位低賤，基督教的博愛精神不歧視任何人，因此尤其受到窮人和奴隸的歡迎。況且基督教為每一個信教的人都準備了死後可以居住的天堂，使得人世間再大的苦難都無法阻止他們的信仰。

再堅持一步，基督徒只需要再堅持一步就能迎來勝利。

最嚴酷的迫害來自一個羅馬皇帝，他叫戴克里先。

戴克里先的出身很特別，他的父母都是奴隸，這身分和皇帝簡直有天壤之別。戴克里先進入軍隊，從最底層慢慢爬起來，憑著戰功慢慢積累實力和威望。尼祿去世兩百多年後，西元二八四年，戴克里先被推舉為羅馬皇帝。

我們說得輕鬆，但只要想像一下中國歷史上爲了搶皇位而搞出的那些血雨腥風，就能明白戴克里先的崛起有多麼艱難了。更可貴的是，他上位靠的不是暴力、政變這些對於一個軍人出身的政治家來說最爲常用的招數，而是權謀、手腕。他尊重、保護敵手的性命和財產，獲得了最廣泛的支持，也使得他的統治能夠更長久。

我們前面說過，羅馬的政體原本是共和制，沒有獨裁者。但是從比戴克里先還早的屋大維開始，羅馬就變成獨裁制，誕生了皇帝。

但是在名義上，羅馬此時還叫「共和國」，羅馬皇帝的正式稱呼是「執政官」、「第一公民」，雖然有實權，但名義上只是服從元老會的官員。

而戴克里先澈底終結這種制度，以類似秦始皇的氣勢，把羅馬皇帝神聖化，使以後的羅馬皇帝真正是高高在上，平民見皇帝的時候必須服從嚴格的禮儀，連表面上的民主也沒有了。

此時的戴克里先可以說是整個地球上最有權力的人——這時候的中國剛剛結束三國時代，西晉統一中國，還沒從戰爭中回神過來。對於任何一個獨裁者來說，這都是大展宏圖的好時候，戴克里先也在琢磨帝國千年基業的問題。他總結了之前羅馬歷史上的得失，認爲帝國的最大弱點在於國家面積太大了，一個皇帝管不過來。

這有幾分道理，因爲當時羅馬最大的威脅來自境外蠻族的入侵（和古代中國一樣）。同時帝國疆土太大，古代交通又極爲不便，有限的軍隊確實防守不過來。

但戴克里先的解決辦法就沒法恭維了。

他大手一揮，把羅馬分成了東西兩個部分。自己不當整個羅馬的皇帝，只當東羅馬帝國的皇帝，給西羅馬帝國又找了一個新皇帝。而且他覺得光這麼分還不夠，還是守不過來。他又找來了兩個副手皇帝，自己和西羅馬皇帝一人一個，把帝國進一步分成了四個部分。

他找的這幾個新皇帝全是軍人出身，爲的是加強帝國的軍事力量。這麼安排還解決了權力繼承問題。戴克里先規定，正皇帝死了由副皇帝繼位，然後再選新的副皇帝，這樣皇帝在位的時候就先找繼承人，而且還能考察一段時間，不就不會爲了繼承權打架了嗎？

才怪。

戴克里先在有的地方很天真，他以爲四個皇帝可以爲了羅馬的利益精誠合作，可以忍得住權力的誘惑，就像他自己那樣。

戴克里先當了二十一年羅馬皇帝之後，身體越來越差，於是宣布退休，跑到鄉下種菜去了。與此同時，他還強迫有野心的西羅馬皇帝和他一起退位。後來那個退位的西羅馬皇帝還勸過戴克里先，讓他重新當皇帝。戴克里先回答說：「你是沒瞧見我那菜園子，多美啊！如此愜意的日子，你要是見了，你也不樂意當皇帝。」

我猜想那西羅馬皇帝肯定在心裡回答：你以爲我傻啊！

分享權力，主動退位。根據這些事蹟我們可以猜測，戴克里先並不重視個人權力，而是一心爲了羅馬帝國。一權四分是爲了羅馬，強化皇帝威嚴也是爲了羅馬。

可能迫害基督徒也是。

基督教確實給羅馬帝國帶來了一些威脅。

羅馬的宗教政策很寬容，允許治下的百姓擁有自己的信仰。唯一的要求是，所有人都必須保持對羅馬皇帝的尊敬。

然而基督教的《十誡》卻說：「除了我以外，你不可有別的神。」「不可爲自己雕刻偶像，也不可做什麼形象，彷彿上天、下地，和地底下水中的百物。」因此，基督徒連羅馬的皇帝都不敬拜。

同樣的道理，基督徒不參加羅馬諸神的祭祀，這使得帝國減少了很多從祭祀而來的收入。

耶穌說：「要愛你的敵人。」所以早期的基督徒反對暴力，也就拒絕服兵役。

基督教鼓勵人人平等，等於破壞了帝國賴以生存的奴隸制度。

基督徒忠於基督勝於羅馬，因此他們尊敬主教勝於帝國官員，這也就動搖了帝國統治的根本。

基督教比猶太教更令帝國憂心的是，猶太教只限於在本民族內傳教，對帝國的影響不大。而保羅努力讓基督教在整個帝國中傳播，這讓羅馬無法忍受。

早年戴克里先對基督教比較寬容，但後來他頒布了一系列限制基督教活動的法律。在這期間，戴克里先的臥室連續兩次失火，這讓他更疑心是基督教在搗鬼。於是律法越發嚴酷，他下令拆毀所有的基督教教堂，燒掉基督教的書籍，禁止基督徒聚會，甚至逼迫抓捕到的基督徒向羅馬諸神祭拜，凡是拒絕的都要被燒死。

在這期間，大量的基督徒被迫害致死。

不過對於基督徒來說，這是黎明前的黑暗，轉折即將到來。

戴克里先給羅馬帶來了四個皇帝，他本設想這四個皇帝會互相合作、互相制約，要比只有一個皇帝的國家更爲穩固，但這顯然不符合常識。

戴克里先退位後不久，其他人就打了起來。大浪淘沙，西羅馬最後剩下兩個主力，他們分別是西羅馬正副皇帝的兒子。正皇帝的兒子叫馬克森提烏斯，副皇帝的兒子叫君士坦丁。

和其他競爭者相比，君士坦丁對基督教更寬容，也更會打仗。馬克森提烏斯一看硬的不行就玩起了計謀。他先是假意修好，然後趁君士坦丁外出征戰的時候在羅馬發動兵變，奪得了皇位。

君士坦丁聞訊立刻千里回師。西元三一二年十月底，他打到了羅馬城下。

這是決定誰是西羅馬帝國主人的最後一戰，然而羅馬是經營了數百年的帝國首都，城牆堅固，是否能拿下這場戰鬥，君士坦丁並沒有信心。

這時發生了一件神奇的事。

傳說有一天，君士坦丁突然見到天空中出現一個巨大的閃著光芒的十字架，還有一行大意爲「勝利在此標記中」的文字。這天夜裡，君士坦丁夢見基督要他把十字架的符號放到軍旗上。君士坦丁照夢中的做了。

與此同時，羅馬城裡的馬克森提烏斯也在向神靈求助。古羅馬人很相信先知、預言一類的東西。有不少預言被結集成書，類似中國的《推背圖》、《燒餅歌》。躲在城裡的馬克森提烏斯翻閱了一本預言書《西卜林書》。書裡說：「十月二十八日，羅馬的敵人會毀滅。」正好馬克森提烏斯第一次登基當皇帝是在六年前的十月二十八日，便相信書裡所說，於十月二十八日主動放棄羅馬的防禦優勢，打開羅馬城門，迎戰君士坦丁。

由於馬克森提烏斯倉促出戰，他在戰鬥中大敗，最終和眾多官兵一起淹死在河裡。有趣的是，站在君士坦丁的角度看，《西卜林書》裡說得沒錯。十月二十八日這天，確實是「羅馬的敵人」馬克森提烏斯被滅了。

其實類似的故事在歷史上出現過很多次，如傳說小亞細亞的呂底亞國王祈求神諭，詢問該不該同波斯人開戰，得到的答覆是「如果開戰，一個大帝國將會轟塌」，這位國王欣然開戰，結果轟塌的是自己的國家——聽著這些神諭就跟相聲裡那些跑江湖算命士似的，淨說些模稜兩可的雙關語。

這場戰鬥以後，君士坦丁當上了羅馬皇帝，由於在關鍵一戰中出現了基督啟示，君士坦丁開始信仰基督教。第二年，君士坦丁頒布了著名的《米蘭敕令》，這條命令保護基督徒不再受到迫害，並且鼓勵基督教的發展。

當然，就像歷史上其他極具戲劇性的事件一樣，對於君士坦丁見到十字架這件事，歷史學家們有很大爭議。有的人認爲基督教的符號被印在盾牌而不是旗子上，也不是十字架，而是由希臘文「基督」的前兩個字母組成的圖案。有的人認爲君士坦丁看到幻象，受到隨軍的基督主教的影響，相信那是來自基督的啟示，更有一些歷史學家認爲這純粹是後人杜撰。

無論細節如何，以《米蘭敕令》爲標誌，基督教開始擺脫被迫害的時代。此後君士坦丁又打敗了東羅馬帝國的皇帝，成爲整個羅馬帝國唯一的統治者。《米蘭敕令》也得以在整個帝國實施。

此後，君士坦丁對基督教越來越青睞。基督教禁止塑造偶像，君士坦丁就下令把國內所有錢幣上的雕像符號都抹去。基督教慢慢地成了羅馬帝國的國教，君士坦丁之後的羅馬皇帝下令獨尊基督教，禁止其他宗教的集會，並毀掉了它們的殿堂。

從此，羅馬軍隊不再是基督徒的敵人，而成了他們的朋友。

基督教由此更好地展示它的博愛精神。

——但僅限教友，教外人士不算。基督教曾經受到的迫害，如今將要加之於異教徒身上。

這包括哲學家——他們現在有了新的名字：異教徒、詭辯家。

第五章　哲學的坎坷流亡路

哲學不可能討基督教的好。

對於一個把幸福寄託在來生的宗教來說，用來探索現實的哲學完全是無用的知識。羅馬時代的基督教神父說：

「討論地球的性質與位置，並不能幫助我們實現對於來世所懷的希望。」

更何況哲學是一門喜歡懷疑的學問，這讓教會無法容忍。自從基督教成為羅馬國教後，毀滅異教神廟和哲學學校的活動就從未停止。狂熱的教徒在軍隊和信仰的保護下縱情施虐，沒有什麼比這事更讓人爽快——施加暴行既不會有今生的懲罰，還可以獲得來生的獎勵。

前面說過，亞歷山大圖書館是當時世界上最大的圖書館，收藏了大量希臘文獻。自從基督教開始剿滅異教徒以來，亞歷山大圖書館就不斷遭受破壞。西元四一五年，一夥基督徒衝進亞歷山大圖書館的分館，毀掉了大量的書籍。

在這座城中，住著人類歷史上記載的第一位女數學家、哲學家希帕蒂婭。她曾經在哲學的故鄉雅典學習過，在當時就擁有很高的聲望。她和父親一起校訂的《幾何原本》成為流傳到今天的《幾何原本》的主要內容來源。在宗教衝突激烈的時代，她不帶宗教偏見，教授包括基督徒在內的各種學生。據說她長得非常美麗，當時很多人追求她，而她一律以「我已經嫁給了真理」爲由回絕了。

在西元四一五年的暴亂中，她被殘忍謀殺。其中一個說法是，暴徒們剝光她的衣服，用蚌殼（一說陶片）活生生地割她的肉，直到她渾身血肉模糊，又把她投入火焰中。

我們可以猜測，那些兇手一面揮舞著血淋淋的凶器，一面還在互相鼓勵著：殺異教徒不是罪，死後能上天堂呢！

殺個人算什麼？燒書算什麼？基督教不再需要希臘哲學的幫助。既然《聖經》裡沒提到哲學，這世上就沒有容納它的位置。

基督徒們的工作卓有成效，所有和教義不符的書籍成批地消失。西元五二九年，羅馬皇帝下令關閉雅典的柏拉圖學園。其實，這時候的柏拉圖學園的課程早已經有了濃厚的基督教色彩，但是仍舊爲當局所不容。不久以後，希臘哲學在歐洲幾乎全部失傳。亞里斯多德的著作除了邏輯學之外，其他作品的原始版本都找不到了。

哲學在歐洲就這麼滅亡了。

假如一切就此結束，那麼我們今天就不可能知道希臘哲學的偉大思想，或許歐洲哲學乃至歐洲歷史，都會因此放慢前進的步伐。這將會給那個素來喜歡帶著正義之名的文明毀滅之神，送上一枚曠古絕今的大勳章。

幸虧這一切沒有發生，幸虧羅馬帝國的勢力有限。

那時的羅馬帝國，東邊只到今天土耳其、敘利亞的範圍，再向東的土地被命名為「薩珊王朝」的波斯人統治著。在基督徒燒毀神廟的時候，一些哲學家驚慌失措地向東逃跑，直到帝國邊境才停下腳步，那裡的迫害沒有那麼嚴重。

在接下來的兩百多年裡，哲學家們小心翼翼地居住在這裡。除了少數膽大的跑進了波斯帝國外，大部分書呆子都留在羅馬帝國邊境。他們一面要小心邊境外強盜的劫掠，一面要提防帝國基督徒的清剿。他們盤算著，萬一基督徒追殺來，他們就抱著哲學文獻逃到沙漠裡。哪怕是給強盜和波斯人當牛做馬，他們也要把這些珍貴的文獻保存下去。蘇格拉底不能亡！希臘哲學不能亡！

就在書呆子們日夜擔驚受怕的時候，邊境外的波斯帝國突然發生了巨大的變化。很久以後，他們才從往來的客商、從遠方逃回來的帝國居民那裡打聽到大概情況：波斯帝國滅亡了。

取而代之的是一群信奉「真主」的阿拉伯人，他們有著和基督教完全不同的信仰，還有更強大的軍事力量，而且馬上就要進犯羅馬帝國的邊境。更要命的是，這些被稱作「穆斯林」的人和基督徒一樣，信奉的是唯我獨尊的一神教！

我猜想，此時那些書呆子一定絕望極了，前有基督徒，後有穆斯林，真是上天無門、逃無可逃了！

很快，阿拉伯帝國迅速擴張，占領了敘利亞、埃及等地區。面對新的統治者，哲學家們只能束手待斃，惶恐不安地等著自己和希臘哲學的未來。

此時有一個爭議極大的傳說，據說阿拉伯人占領亞歷山大的時候，把亞歷山大圖書館付之一炬，並且還說了一句很有名的話：如果亞歷山大圖書館裡的藏書和《古蘭經》一致，那就沒有留下的必要；如果不一致，就更不應該留下。

假如這些話傳到當時的哲學家耳朵裡，他們肯定會被嚇瘋。

不過這事很可能是後人誤傳，因爲阿拉伯人用隨後的行動證明他們對異教文化的寬容。

首先是對基督徒的寬容，阿拉伯人並不像後來的基督教十字軍那樣，對異教徒進行血腥屠戮，而是對占領區的基督徒非常寬待，允許他們保留信仰。唯一的「歧視」是，伊斯蘭教徒可以不繳稅，而基督徒要繳稅。

更重要的寬容是在文化上。

西元八三〇年，阿拉伯人在巴格達建立了一個叫做「智慧宮」的機構。這座「智慧宮」有著當年亞歷山大圖書館「收集全世界的書」的雄心壯志，而且還是個學術和教育機構，招攬最優秀的學者、教師和翻譯家來此工作。

最重要的是，這裡沒有種族和信仰的限制，包括基督徒在內的各教各族人民都可以在這裡貢獻自己的智慧。這個時期，被稱爲阿拉伯世界的「百年翻譯運動」。

哲學家們被感動得都快要哭了，沒有焚書、沒有歧視、沒有文字審查，他們可以隨意做學問，而且還有人花錢養他們！

此前幾百年，哲學家們都沒遇到過這麼好的待遇，那還有什麼話說，放開手盡情地做學問吧！無論用什麼美好的詞語讚美這場運動都不過分。透過這場運動，數量龐大的希臘文獻被挖掘、翻譯和整理出來，終於免除被毀滅的命運。

還是那句話，哲學喜歡跟弱者做朋友。

阿拉伯帝國雖然實力強大，但是在文化上還缺乏積累。此時距離穆罕默德去世不過兩百年，而基督教已經發展了足足八百年。

年輕的阿拉伯帝國敞開大門吸收一切知識來壯大自己，而基督教世界已經積累了數百年的自大和傲慢，它正在發動宗教裁判所加緊屠戮異端分子，又把一批接一批的十字軍派到前線對付穆斯林，試圖用軍事手段證明基督教教義的正確性。

但他們沒成功。

九次十字軍東征只有第一次算是攻其不備，取得了勝利，後面的八次全部失敗。還有一次最奇特，十字軍根本沒有去打阿拉伯人，而是把東羅馬帝國給搶了。要知道，十字軍東征名義上的理由，是東羅馬帝國擋不住阿拉伯人，向西邊的基督教兄弟求援。誰想基督教兄弟比異教徒還凶狠，東羅馬帝國就這樣敗在他們手中。

趁著中亞大打宗教戰爭的時候，希臘哲學趁機跑到西班牙去了。

這就奇怪了，先前希臘哲學一直都在歐洲的東邊周旋，怎麼這一跑，直接跳到歐洲的最西邊去了？

這是因爲，雖然阿拉伯帝國沒能突破東羅馬帝國的防禦，但是卻占領了北非。也就是說，阿拉伯帝國從地中海南部，借著北非一路繞到了歐洲的西邊，占領了歐洲西端的西班牙。在地圖上，就好像占領了歐洲的兩頭一樣。

隨著阿拉伯軍隊的行蹤，希臘哲學傳播到了西班牙。

正好，此時的基督徒已經被一次又一次失敗的十字軍東征打擊了氣焰，他們效仿當年阿拉伯人的「百年翻譯運動」，搞了一次自己的翻譯運動。

有趣的是，基督徒翻譯的動機並非虛心求學，而是想像十字軍在軍事領域征服阿拉伯人那樣，在思想領域征服異教徒。知己知彼嘛，他們就開始著手翻譯各種阿拉伯文的典籍，其中也免不了包括一些希臘哲學著作。

基督教翻譯家原本是爲了批判而翻譯這些典籍，但不久以後，他們之中的一些人就開始哭著喊著尋覓希臘哲學的原本，以至於非要出高價從他們的穆斯林敵人那裡購買。

找不到就有性命之憂。

這是爲什麼呢？

在下一章開始之前，我們順便總結一下希臘哲學傳播的曲折道路。

首先是希臘哲學家被基督徒驅逐，來到敘利亞。在這裡，希臘著作從拉丁文被翻譯成敘利亞文。

然後是「百年翻譯運動」，阿拉伯學者把希臘著作從敘利亞文翻譯成了阿拉伯文。

之後希臘哲學到了西班牙，其中有些神父不懂阿拉伯文，就請人把希臘著作從阿拉伯文譯為西班牙文，他們再從西班牙文譯成拉丁文。

所以那時的希臘著作最早是從拉丁文翻譯成敘利亞文，再翻譯成阿拉伯文，再譯成西班牙文，再譯為拉丁文。我們看到的是再翻譯成中文的版本，說不定還是從英語版本翻譯過來的，這是多麼曲折的過程啊！

第六章　哲學重新被啟用

西元四七六年，中國南北朝的時候，西羅馬帝國的最後一任皇帝被趕下臺。這件事標誌著西羅馬帝國的滅亡，從此以後，歐洲再沒有被統一過。一系列封建國家在歐洲崛起，這些國家也就是我們今天熟悉的英國、法國、德國等歐洲民族國家的前身。

雖然西羅馬滅亡了，但基督教還是被保留下來，而且勢力越來越大。歐洲遍地都是宗教裁判所，任何不符合教義的言論都會被迅速「絞殺」。

諷刺的是，這時候基督教的神學家們卻發現了希臘哲學的好處，因為基督教在歐洲早已天下無敵很多年，除了在邊境與伊斯蘭教偶有戰爭外就沒什麼事了。閒著也是閒著，基督徒又開始討論起神學問題來。

這可不是「因為荒謬，我才相信」的時代了。有討論就有分歧，基督教神學家為了維護自己的觀點，斥責對方是異端，展開激烈、不輕鬆的學術辯論。異端在當時是很嚴重的罪名，若不小心被人視為異端，是可能被判火刑的。

為了取勝，神學家們把吃奶的力氣都使了出來。說到辯論，哲學要說第一就沒人敢說第二了，自我陶醉了多年的神學家們這才意識到希臘哲學的價值，開始用各種辦法從東方獲取希臘文獻。

哲學的魅力如此之大：西元一二一五年，羅馬教皇的使節還禁止在學院裡講解亞里斯多德；到了西元一二六〇年，亞里斯多德的著作就已經成了每個教會學校的必修課。這在歐洲又掀起了一股研究哲學的高潮。此時的哲學被稱作「經院哲學」。

「經院」這個詞聽著好像很有學問，實際上經院哲學和教父哲學一樣，基本沒什麼實質意思。

我們只需要了解一下經院哲學的集大成者托馬斯．阿奎納就可以了。

阿奎納從小就立志要做個禁欲的修士。傳說有個年輕女孩到他的房間裡誘惑他，他拿出一個燒紅的烙鐵把女孩趕出房間，並且在門上烙了一個十字架。

他對生活毫無所求，不求名也不求利，一心只想單純地做學問。據說有一次和法國國王一起吃飯，他仍舊沉浸在神學思考中，想到痛快的地方，竟然猛敲桌子興奮地大喊大叫。他失禮的樣子把同席的修道院院長嚇壞了，但是得到了國王的讚賞。

阿奎納對基督教極其虔誠，在他著作頁面旁的空白處，常可以看到他隨手寫下的祈禱文字。但非常可貴的是，他並不認為信仰可以代替思考。他說：「來自權威的理論是最薄弱的。」沒有這種精神，他也不可能成為一個留名青史的神學家，頂多是一個普通的苦行僧。

阿奎納的神學水準很高，被人稱為「天使博士」，他寫過兩本巨著：《反異教大全》和《神學大全》。一聽書名就知道，這是兩本雄心勃勃、試圖包羅萬象的著作。不過到了晚年，阿奎納經過一次神祕體驗後，認為最有價值的知識是寫不出來的。與他在神祕體驗中獲得的啟示相比，他寫過的作品「都是稻草」。《神學大全》寫到一半就不寫了。

即便如此，阿奎納仍舊是經院哲學的高峰。他的理論對基督教影響深遠，直到今天，新湯瑪斯主義還是天主教的重要思想。

那麼，讓我們來看看這個集大成者是怎麼解釋上帝的吧！

阿奎納提出了五個方法來證明上帝的存在，這五個方法形式相近，我們只舉其中一個最簡單的，大致概括為：

世上萬事萬物都要有另一個事物作為它的原因，那麼必然存在一個最初的原因，這個原因就是上帝。

這個思路很精采，它能夠完全靠邏輯推理，而不是靠神學教義來證明上帝的存在。我們之後要介紹的很多哲學學派，也是用類似的形式來證明上帝是存在的。

但是假如您和我一樣不是虔誠的基督徒，那麼這個證明還不能滿足我們的需要。這是因爲，從追問人生意義、追求個人幸福的角度說，上帝對於我們普通人最重要的意義在於：他是全知、全能、全善的，而且人類的靈魂必須永存不滅。

換句話說：

第一、上帝必須能夠知道我們一生中所有的行爲和遭遇。

第二、上帝必須有無上的善良，以便能對我們的行爲進行公正的評判，這評判標準最好還能事先公開，比如透過《聖經》的教誨。

第三、上帝也必須有無上的能力，可以對每個人實行獎懲。

第四、必須保證每個人的靈魂不滅，這樣未來的獎懲才有意義，不至於讓我們陷入虛無的深淵。

只有具備以上條件，上帝的存在才能爲我們提供巨大的安慰，才能夠指引我們的行動。然而阿奎納的證明只是說世上存在一種我們無法感知的巨大力量，卻無法證明那股力量就是上帝，以及上帝能夠具備以上幾點能力。

而且，阿奎納的證明本身也有問題。羅素反駁說：那什麼是上帝存在的原因呢？如果「萬事必有因」，那麼上帝的存在還要有其自己的原因，上帝如果要依賴於外物存在，那麼上帝就不是全能的。假如說上帝不依賴於外物存在，那麼「萬事必有因」就不成立，那我們就允許有事物不依賴原因而存在，那你爲什麼說這初始原因就一定是上帝呢，也可以是其他事物啊！

對於上帝的理性證明，羅素還有一個反駁。羅素說，上帝是全知、全能、全善的。那麼，上帝要不要符合善惡標準呢？假如上帝要遵守的話，那麼上帝就有了自己必須遵守的規則，那上帝就不是萬能的了。假如上帝可以不遵守善惡的標準，那麼上帝就無所謂善惡，也就不是至善的了。

當然，神學家可以辯稱：上帝是人類不能理解的。上帝的善和人類概念裡的善是完全不同的。

阿奎納作爲經院哲學的集大成者，對上帝的證明都不能令人滿意，這剛好說明用哲學證明信仰這條路終究是走不通的。實際上，用哲學去證明宗教，本身就有一個致命的漏洞。

經院哲學家想得挺好，他們用哲學去證明宗教，為的是讓宗教也能符合理性的考驗。但是別忘了，懷疑是哲學的核心精神。

當神學家們試圖證明上帝存在的時候，這不也就意味著上帝有可能不存在嗎？按照基督教的教義，基督徒絕不能質疑上帝的存在。那麼可以說，自神學家們把哲學引入神學的那一瞬間起，他們就已經開始背離自己的信仰了。

在哲學史上，教父哲學和經院哲學的地位比較低。哲學史家們常常嘲笑經院哲學的無聊，最常用的例子是說，經院哲學家們會討論「一個針尖上到底能站多少個天使」、「一個生來就有兩個頭的怪物，應該被當作一個人還是兩個人接受洗禮」之類無聊的問題。

此時的哲學在歐洲地位低下。當時有一句名言：「哲學是神學的婢女。」哲學只能用來服務於神學，不能懷疑神學，更不能凌駕於神學之上。

不過哲學好歹是傳下來了。不久，教會就要為自己的自大付出代價。哲學即將挺起胸膛，整個歐洲的王公貴族都要為此躲在桌下瑟瑟發抖。

但回顧哲學的發展之路，我們每個人都清楚，哲學贏得並不輕鬆。

在許多人的印象裡，希臘哲學不過是一幫穿著白袍的奴隸主在酒足飯飽後的清談罷了。

實際上，哲學的傳承沾滿了鮮血。

如果不是無數手無縛雞之力的書生在兵荒馬亂中懷抱著哲學典籍奪路逃竄，如果不是哲學家們從一場場烈火中搶奪灼手的紙屑，如果不是千百萬在歷史上未留名的學究嘔心瀝血地翻譯整理，我們今天就不會觸摸到那麼多哲學瑰寶。

如果站在文明史的角度去看，一時的榮辱興衰並不一定是最可怕的。雅典滅亡了，反而因此撒下了希臘文化的種子。在中世紀的基督徒看來，穆斯林是最可惡的人。但正是他們的敵人讓西方最精華的文明保留了下來，最終讓基督教的神學家們也視之爲珍寶。

對於文明來說，最可怕的是焚書、是毀掉學校、是用暴力消滅言論。因爲讓人民獲得幸福的方法，就在千百萬文弱書生捨去生命保護的一本本書、一張張紙中。

敬字惜紙，這不光是書呆子的任務，這更是文明之路。

第七章　教會的權力有多大？

西元一二〇八年，一支由數國士兵組成的軍隊堂而皇之地跨過了法國邊境，他們磨刀霍霍，即將對法國平民展開燒殺和劫掠。

令人驚奇的是，沿途的法國軍隊非但沒有阻止他們，反而加入了他們的行列。從這一年開始，法國南部的居民飽受了長達二十年的屠殺和搶劫，無人能阻止。

一支沒有國籍的雜牌軍隊竟能無視一個國家的主權，公開燒殺幾十年。這在今天看來匪夷所思，他們之所以可以這樣，全是因爲這支軍隊的背後有一個強大的支持者：羅馬教皇。

事情的起因是一個教皇特使在法國的伯爵府中被殺，正好那地方盛行異端教派。教皇趁機宣布，凡是討伐異端的士兵都不受國家法律約束，他們過去及將來所犯的罪都會得到赦免，所欠的債也不用付利息。

只用了短短幾句話，教皇立刻組織出一支全歐洲最強大的軍隊。據說當軍隊攻入比塞埃城時，士兵無法區別誰是異端分子，隨軍的教皇特使便說：

「那就把他們都殺光，讓上帝去分辨誰是他的子民。」

一個沒有國土、沒有軍隊的教皇的權力能這麼大？我們大概難以理解。

你想啊，歐洲的國家都有自己的國王，結果國王之上還有一個教皇，教皇自己只統治一小塊土地，卻能對整個歐洲發號施令，這太奇怪了吧！

在中國歷史上，政權和宗教的關係不是這樣的。即便宗教人士參與政治，也是以附屬於皇權的形式，比如道士侍奉在通道的皇帝身邊，趁機向皇帝進言而已。

你聽說過少林寺住持向天下發號施令，說當今皇帝違反佛教教義，命令全國和尚一起討伐他嗎？雖然中國歷史上有過黃巾軍、白蓮教、太平天國這樣的宗教性民變，但在這些事件中，宗教都是被政權利用的，而且民變最後也都沒有成功。

爲什麼東西方有這麼大的差異？

我以爲，原因之一在於對宗教的虔誠程度不同。中國人對待宗教有更多實用主義的傾向，信宗教大多是爲了要點好處。而且佛教說的是因果報應，就算你不信佛，多做好事也可以有好報。不像基督教講人有原罪，光做好事沒用，你不信仰基督不受洗就進不了天堂。中世紀的教會認爲，剛出生的嬰兒如果沒來得及受洗就夭折了，那也是要下地獄的。

而且，中世紀是一個沒有報紙、廣播、電視、照片的年代，人們的資訊來源不過是附近幾個百姓口中的傳言。按照傳播規律，在這種環境下，越是離奇詭異的謠言越容易傳播。

在中世紀的歐洲，絕大部分人都相信天堂和地獄是真實存在的，就是教會描繪的那個樣子。據說保加利亞國王就是因爲見了一幅描繪地獄的壁畫而皈依基督教的。

由於耳濡目染，很多平民都信誓旦旦地說自己親眼見過神蹟。坊間到處傳誦著聖徒碰觸別人就可以治病、用目光可以降服猛獸的傳聞。比如當時的一則傳聞說，一個婦人將從教堂領來的聖餅放到蜂巢裡保佑蜜蜂，蜜蜂便在蜂巢外面建了一座小小的教堂報答上帝的恩賜。人們甚至還相信，當教皇利奧九世渡阿尼埃內河的時候，河水就像《聖經》裡記錄的摩西分紅海那樣，自動分開讓教皇通過。

那時有人在愛爾蘭挖了一個洞穴，聲稱他們進入洞穴並看到真正的地獄。後來這個洞穴越來越有名，人們蜂擁而至，以致引來教皇的關注，最後以欺詐的名義下令關閉這個洞穴。

在眾多類似事件中，最著名的例子是聖女貞德，只因爲她相信自己得到了上帝啟示，結果她一個沒念過書、沒經過軍事訓練的普通農婦，卻改變了歐洲的歷史進程。

除了老百姓的虔誠之外，教會也樂於推波助瀾。

那時的人們認爲火山是地獄的入口——從感官上講，這挺有說服力的。當時歐洲最高的活火山因爲地質運動，火山口變大了。教皇就嚇唬人說，這是因爲世界上有罪的人太多了，得把入口弄大一點才能容得下他們進去。

當時另一個非常有名的傳教士更嚇人，他說人世間被定罪的人和得救的人的比例是十萬比一。這是什麼意思呢？我們臺灣的人口有二千多萬，按照這個比例，整個臺灣只有二百多個人能上天堂，大概也就是一條街的人。

那個傳教士還說，下地獄的人會受到多久的懲罰呢？如果我們數海邊的細沙，或自亞當以來所有人類及野獸身上的毛髮，將每粒沙或每根毛髮比作每年的苦刑，其代表的時間，只不過是受難者整個悲慘歷程中開始的一剎那而已。

這比喻讓人想起了佛教裡的地獄，也是把受刑時間說得極長，比如人間多少年才等於第一層地獄裡的一天，上面一層地獄的多少年又等於下面一層地獄的一天……等等。總之都是極力誇張，以至於直接的數字不夠用了，必須連用好幾次乘法才行。

教會還壟斷了教育產業，「大學」的概念是在中世紀出現的，這時候就有牛津大學、巴黎大學了。然而這時的大學和提倡學術自由的現代大學完全不一樣，都是教會學校。老師是神父，教的是神學。

這也就意味著，當時歐洲所有的文化人都得先經過宗教思想的灌輸，而這也進一步加強了教會的統治。

隨著教會勢力的增大，教會的世俗權力也相應增強。十三世紀的時候，屬於教會財產的土地已經占了歐洲土地的三分之一。此時聽教會的話不僅能上天堂，還能獲得世俗世界的地位和身分。

羅馬教會的鼎盛時期，歐洲國王登基都要到羅馬讓教皇冊封。教會最厲害的一招叫做「絕罰」（也稱作「破門」）。一聽這名字就很猛吧！「絕罰」的意思是：永遠開除教籍，你不僅不是基督教的人，而且還是全體基督徒的敵人。

教皇用這招對付過好幾任不聽話的國王，因爲國王手下的封建領主及其他國王也盼著自己能上天堂。雖然國王能給他們金錢和地位，但是遠沒有上天堂這事重要。所以當教會的命令和國王的命令互相矛盾的時候，歐洲人更願意聽教會的話。

而且歐洲的封建制度和中國不同。歐洲國王的實際權力很小，不能直接控制封建領主的產業和軍隊。所謂「僕人的僕人不是我的僕人」。當國王失去勢力的時候，手下很容易就會反叛他。那時，哪個國王被「絕罰」，那他的敵國，甚至自己的手下，都有了藉口對抗他。這個國王很可能就四面楚歌了。

所以，雖然在名義上基督教侍奉上帝，是出世的，連一支軍隊都沒有，但實際上教會卻是當時全歐洲最有實力的組織，比所有的國王都厲害。

順便一說，有趣的是，西方人在談論中國文化的時候，常常把儒家當作一門宗教。這恐怕是因爲西方人以他們的歷史經驗看，覺得一個封建國家沒有一種全民信仰、被官方接受的宗教是不可思議的，就跟我們覺得他們的教皇能指揮國王是不可思議一樣。

不少西方人生硬地把各種宗教特徵安在儒家文化上，比如看見中國人祭孔、祭祖，就說「儒教」不也有神靈崇拜嗎？其實我們拜孔子是普通的崇拜，並不是當神佛信仰。而且就算是真正的神靈，我們的崇拜也是馬馬虎虎的。我們過年敢用麥芽糖去封灶王爺的嘴，感覺灶王爺就跟巷口那個見誰都打招呼、一下雨就滿街喊收衣服的大媽似的，哪有半點上帝的神聖感。大家還有「泥菩薩過河——自身難保」之類的俗語，甚至用「佛跳牆」命名葷菜，直接拿神靈調侃了。

中國的市井小說就更猛了。《紅樓夢》裡，度化女媧遺留頑石的是一僧一道，兩人一起行動，一起施法，也不怕倆法術打架；《水滸傳》裡，和尙、老道拜了把子一起去砍人；《西遊記》裡，道教的玉皇大帝遇到危險時叫佛教的如來佛祖幫忙。

若中世紀的西方人知道早就崩潰了：這些都是你們的神靈，竟然這麼不嚴肅！在中世紀，你讓一本書裡除了上帝外再有一個別的神試試，不把你放火刑架上燒個十遍八遍才怪。

爲了避免類似《西遊記》的可怕書籍出現，中世紀的歐洲教會建立了強大的宗教裁判所，監視著歐洲人民的一舉一動。

在很多人的印象裡，宗教裁判所是個很黑暗的組織，可以隨便抓人，施加酷刑，還喜歡用火刑燒人。

但我要告訴您，這些都是錯的。

從理論上講，宗教裁判所沒有迫害、處罰、監禁、殺死過任何一個犯人。

因爲宗教裁判所是很愛惜名聲的。

最早裁判所的審訊確實不可以用刑。愛和寬恕是基督教的基本教義。當年耶穌面對殺戮都毫不反抗，基督徒怎麼能亂用暴力呢？

但是後來教皇亞歷山大四世擬出了一個有趣的命令，允許審判官們互相寬恕對方因爲用刑所犯下的罪。意思是，我們不是都不能用刑嘛，沒事，我允許你用刑，你允許我用刑，這樣就都合法了。

此例一開，宗教審判中就增加了水灌、火烤、撕扯人身體等殘酷的刑罰，乃至後來有的犯人看見刑具就直接認罪了。

教皇也曾經要求用刑「應用一次爲限」，但是有的審訊官將此理解爲「一次審訊用一次」，所以打夠了一頓以後，再審問幾句，然後就可以再次用刑了，實際上等於沒有限制。

當然裁判所也知道用刑逼出來的供詞不可靠。出於對案件負責的考慮，犯人在招供三小時後，被要求重新招供，看看是不是仍舊認罪。你猜，如果犯人這次不認罪會怎麼樣？還是挨打。

你說裁判所這不是自己跟自己折騰著玩嗎？

但是裁判所對於逼出來的供詞還不滿意，爲了給自己遮羞，犯人的認罪書必須寫成「自願招供」。

——是你自願認罪的，我可沒強迫你唷！

最好笑的是定罪之後的刑罰。教會不想擔上懲罰犯人的名聲，要判人監禁的時候，就要求犯人「必須自己進入爲其準備的監獄，並使之成爲其永久的家」。

——是你自願進去的，我可沒囚禁你唷！

如果犯人再不聽話，那裁判所就把犯人交給當地政府，讓他們去執行監禁等懲罰。

——是政府判你的，和我沒關係。

教會有一個說法：「教會遠離血腥。」所以教會不能殺人，他們把犯人扔給當地政府處罰的時候還要警告官吏，要避免犯人「所有流血及危及生命的可能」。但教會又順口說了一句，咦，好像火刑不會流血。

所以你就知道爲什麼宗教裁判所的極刑都是火刑了。

這樣一來，從頭到尾，宗教裁判所在文件上確實和酷刑、暴力沒有任何關係。但其實它們是中世紀最恐怖的執法者，無數人被它們送上了火刑架。

這個結果，其實從暴徒們衝進亞歷山大圖書館毀掉書卷的一刻就已經決定了。歷史忠實地履行著詩人海涅的那句名言：

「在他們開始燒書的地方，他們最終會燒人。」

在那個時代，歐洲的每個人都面臨著如下的處境。

首先，身邊每一個人都可能告發你是異端分子。教會經常到各地去布告宣傳，鼓勵人們檢舉異端，檢舉有獎，知情不報有罪。教會還會手把手地教人們怎麼分辨異端，怎麼偷偷收集罪證。

然後，只要有人告發你，裁判所就可以逮捕你。

你可能要在環境惡劣的牢房裡惶恐不安地等上幾個月到幾年，才能等來審訊。

審訊的時候，你不知道自己被指控了什麼罪名，不知道是誰檢舉你，不知道證人是誰，不知道法官的姓名和身分。你什麼都不知道，只有號稱「上帝的獵狗」的裁判官事先精心準備的一大堆帶著陷阱的問題。當然，還有各種酷刑。

此時，只要有兩個證人——孩童也行，罪犯也行，甚至精神病人也行——證明你有罪，你就有罪了。

兒女可以給父親作證，妻子可以給丈夫作證。但是，只能作對被告不利的證詞，不能作有利的。

審判期間，不許聯繫親朋好友。

如果有人為你辯護，則會以異端罪論處。

想減輕罪行嗎？可以，裁判所會給你一段時間，讓你去檢舉更多的異端分子。這一招徹底把宗教裁判所的活動變成了傳銷，只不過他們要的不是錢，而是良心與鮮血。

最後，當裁判所認為你失去了檢舉他人的價值後，就會對你判罰了。

最輕的懲罰是禱告恕罪。這常常是終身的，每年必須到指定的幾十所教堂簽名蓋章，每次蓋章可能還會伴隨著鞭笞。有的人被要求終身穿著有明顯標誌的衣服並佩戴十字架，一生都會被別人歧視。

比這更重的刑罰是監禁，刑期往往是終身。監獄的條件各不相同②。有的監牢非常窄小，沒有窗戶，只在房頂開一個小口，食物從房頂上遞下來——好吧，我說錯了，這根本就是一口井。

此外，也有流放、苦役、鞭笞等刑罰，不細說了。

最後，少數頑固不化、拒絕認罪的人會被施以火刑。

再附加一條，大部分異端分子還要被沒收財產，有時還包括後代的財產。這些財產常常被教會及當地政府瓜分，因此所有參與審判的人都有很大的動力去給有錢人定罪。

這是個人人噤若寒蟬的時代。

誰能想到，擊敗這恐怖統治的，竟然是一個出身貧寒、一無所有的書生。

除了哲學之外，他別無所有。

---

②有的監獄很苦，以致囚禁成為促使犯人招供的刑罰之一。有的監獄生活條件就好一些，可能並不比隱修士差。甚至有的監獄會給犯人放假，讓他們暫時出獄。——編者注

第八章　哲學再次慘遭拋棄

馬丁．路德是一個純粹的知識分子，作爲神學院學生及擁有神學博士學位的人，他的工作是思考，思考就必須懷疑，一般的學者懷疑經院哲學家提出的論題也就算了，路德偏偏要去懷疑羅馬教皇的權威。

當時的羅馬教會和教民的關係，就好像世俗政府和百姓的關係一樣：基督徒如果想獲得上帝的祝福必須透過教會，其過程就像在政府部門辦手續一樣：要遵守教會的一切規定、要上繳足夠的款項、要完成一系列的手續和儀式。

基督徒的願望是洗刷自己的罪惡，成爲「義人」。羅馬教會看重信徒是否遵守律法、納稅、履行儀式這些外在的行爲，認爲這些外在行爲是信徒成爲「義人」的關鍵，這種觀點在神學上被稱爲「因行稱義」。

但是馬丁．路德在閱讀《聖經》中的「保羅書信」時發現，保羅所持的是「因信稱義」的觀點。

「因信稱義」的意思就是說，真心相信上帝，就可以成爲「義人」。

說白了，羅馬教會認爲，外在的行爲很重要；而馬丁．路德認爲，內心的信仰比外在的行爲更重要，只要內心真誠信仰上帝就能得救，而是否遵守羅馬教會的規定，是否上繳稅款，是否完成昂貴的宗教儀式，這些都不重要。

顯然，馬丁．路德的觀點是羅馬教會不能容忍的。

在講路德大戰教皇之前，我們先看看路德的那個時代是什麼樣子。

那時的基督教會裡，不少人熱衷於賺錢斂財。原因之一是，有的教士出身世俗貴族，他們帶來奢靡之風，以致作家伊拉斯謨說：「許多男、女修道院與公共妓院無甚差異。」

公平地說，在虔誠的信仰下，當時仍有大批教士堅持清貧的生活。但他們攔不住宗教儀式越來越奢華，即便是安貧樂道的教士，在面對信徒的時候也不得不使用裝飾華麗的衣物器具。

還有更多的錢則花在了興修教堂上。

我們看外國電影能發現教堂在小鎮上的用處特別大，舉行儀式要用教堂，開會要用教堂，避難也要用教堂。這不僅是因爲教堂的神聖性，也是因爲教堂常常是一個地區品質最好、規模最大的建築。

很多基督徒都捨得在教堂上花錢，教堂就拚盡全力蓋，以至於一個教堂蓋上幾十年都是常有的事，隨便舉幾個著名教堂的修建時間：羅馬聖彼得大教堂（重建）：歷經一百二十年建成；巴黎聖母院大教堂：歷經一百八十二年建成；比薩大教堂：歷經二百八十七年建成；科隆大教堂：歷經六百三十二年建成。

還有一座西班牙巴賽隆納的聖家族大教堂，從一八八二年，也就是清朝光緒年間就開始建造，直到今天還沒造好。現在還有一堆吊車工人在那努力趕工。

這些教堂都堪稱人類藝術的結晶，不僅建築宏偉，而且裝飾美輪美奐，常常用大量的黃金、寶石裝飾。

而另一方面，在大航海時代之前，歐洲人挺窮的，且不說還一直進行著花費昂貴的十字軍戰爭。

這麼大的耗費，唯一的辦法就是從教徒身上搜刮了。

反正教會有無上的權力，很快，教會就有了一系列增加收入的辦法。

《聖經》裡多次提到，教徒要把收入的十分之一捐獻出來。有了《聖經》當靠山，教會便理直氣壯地制定了「什一稅」，規定歐洲百姓十分之一的收入都要上繳給教會。當各種主教或者修道院院長去世以後，他們的私人財產也歸教皇所有。另外還有名目繁多的稅費，以至後來教會的稅收遠超過政府。比如西元一二五二年，英格蘭全國貢獻給教皇的財產是貢獻給皇室的三倍。

在中世紀，百姓將遺產的一部分捐給教會本來就是世俗習慣。而且那時候除了神父外很少有人會寫字，所以遺囑多是神父代寫的。後來教皇又乾脆下令，只有神父在場，所立的遺囑才有效，這樣，教會就進一步壟斷了立遺囑事業。在神父的勸導下，不少百姓在臨終前會把全部遺產都贈予教會。

教會還制定了大量的禁令，從貴族怎麼能當皇帝，到平民該怎麼結婚等無所不包。同時，教皇又有赦免一切禁令的權力，這也變成了牟取暴利的手段。甚至在歷史上常作為政權沒落標誌的賣官制度，教會也開始做了。

這些措施搞得教會銅臭味實在是太重，以致教皇庇護二世在即位前說：在羅馬，一切都有行情出賣，沒有錢便辦不通。

最厲害的是贖罪券。

基督教說每個人都有原罪，再加上出生以後犯的罪，這些都會妨礙人上天堂。羅馬教會認為，他們有能力來赦免人們的罪行，幫助人們上天堂。一開始，羅馬只是用這個權力指揮民眾，比如宣布參加十字軍就可以被赦免罪行。在路德的年代，有位「聰明」的教皇想出了贖罪券的名目，說只要購買教會發的贖罪券，有罪的人就可以被赦免，死後就能上天堂。

可以想像，在各種致富手段中，贖罪券最行之有效，也最受到指責。這就像一些以作奸犯科致富的人，平時自私、慳嗇、無惡不作，等一進到廟裡就豪爽地投香油錢，以為把他們做盡惡事換來的錢裡的一小部分捐給神佛，就可以換來自己的幸福平安，神就會保佑他們做更多的惡事，以便賺更多的錢。你說這不是胡扯嗎？你以為神佛是黑社會嗎，交了錢就能夠保護你？

贖罪券賣到後來也是這意思。而且最讓百姓受不了的，是那些日常的宗教活動後來也收費了，比如每個人都要做的彌撒，以致貧苦者支付不起費用，便得不到應有的宗教祝福。這種情形連哥倫布都看不下去了，他說：「凡擁有金錢者，就具有使靈魂進入天堂的權利。」基督教原本是貧窮者的宗教。耶穌說：「駱駝穿過針眼，比財主進神國還容易呢！」哪怕這句話可以解釋成別的意思（很多神學家都試圖重新解釋這句話），退一步說，就算富人也能進天堂吧！但也不能變成只有富人能進，窮人不讓進啊！

如此明顯的和教義違背的行徑，怎麼能不引起信徒們的不滿和懷疑？

但是教會有一個絕招。

我們今天到教堂裡，你跟神父說你想了解基督教，請他賣你一本《聖經》。神父一定很高興，搞不好還會免費送你一本。因爲你這是願意聆聽上帝旨意的表現，值得讚揚。

然而這樣的行爲要是發生在中世紀，那就成了犯罪。

在中世紀，老百姓不能私自擁有《聖經》。《聖經》如同最高機密，只能掌握在少數神父手裡。普通百姓想要了解《聖經》說了什麼，只能透過神父的解說來了解。

最早，形成這種情形的原因是客觀的。

首先，那時的《聖經》大多是拉丁文的。在西羅馬帝國滅亡以後，拉丁文是知識分子的專用語言，老百姓不會。而且那時絕大部分平民都是文盲，根本沒有閱讀拉丁文的能力。

其次，早年的文字只能記錄在羊皮紙和牛皮紙上。您知道今天的真皮衣服、沙發有多貴吧？在那個生產力低下的年代，一張羊皮紙的價格昂貴無比。書籍還需要人手工抄寫，《聖經》篇幅又很長，成本就更高了。有的年代，一本《聖經》的價格抵得上職位較高的神父一年的收入。圖書館裡供神父學習的《聖經》要用鏈子拴在桌子上。十二世紀，能收集到二十四本書就能稱得上是圖書館了。一部彌撒書的價值比得上一座葡萄園。

到了十三世紀，這一切終於有所改變。纖維紙張代替羊皮紙，書籍的成本慢慢降低。然而禁止普通百姓接觸《聖經》的命令，恰恰就是在十三世紀開始頒布的。

因爲壟斷《聖經》的好處太明顯，既然教會的全部權威都來自這本書，那麼把這本書束之高閣，也就沒有人可以懷疑教會了，一切都必須以教會的說法爲準。

換句話說，壟斷了對權威的解釋權，就等於壟斷了一切。

教會本以爲自己穩操勝劵，但是萬萬沒想到，先是造紙術從中國傳了進來，之後又出現了一個叫古登堡的人，他改良活字印刷術，使書籍的製作成本直線下降。

很快，普通老百姓也買得起書了，教會再也攔不住普通人閱讀《聖經》。馬丁．路德攻擊羅馬的檄文因此可以在大眾中快速傳播，而不是像有些人那樣只在廣場上匆匆作幾次口頭演講就被扔到火刑架上。

也正因爲有了印刷術，歐洲人才有了眾多嶄新的思想，有了哲學的復興，有了科學的崛起，有了現代文明的一切：思想自由、理性、懷疑精神、科學、光明的未來。

從這個意義上說，不是馬丁．路德改變了歷史，而是古騰堡成就了馬丁．路德。

除了印刷術，馬丁．路德還有強大的群眾支持。

馬丁．路德是神聖羅馬帝國人。當年西羅馬帝國是被北方的日耳曼人滅掉的。日耳曼人滅了西羅馬帝國後，經過短暫的統一，隨後分裂成了神聖羅馬帝國（今天德國的前身）和法蘭西王國（今天法國的前身），以及其他一些小國。

馬丁．路德是神聖羅馬帝國人，也是日耳曼人。他攻擊教皇的文章非常巧妙，他不說這場鬥爭是教徒和教皇之間的矛盾，而說成是日耳曼民族和羅馬民族的矛盾。這下激起了日耳曼人的民族感情：當年我們把西羅馬帝國都滅了，現在怎麼還要受制於小小的羅馬城呢？

馬丁．路德的另一個群眾基礎和歐洲經濟結構的變化有關。這個時期，歐洲各國都在發展手工業和商業，城市居民逐漸增多。工商業和農業的區別是，人民不需要「看天吃飯」。中世紀農業技術不發達，老百姓種植作物得看老天臉色，天氣好就豐收，出點天災就是大禍。面對多變的天氣，古代農民毫無對抗的能力，因而產生各種祈禱的行為。在中國，就是三天兩頭地祭天、祭神。在歐洲，就是臣服於上帝的威信。用威爾．杜蘭的話說：「每一次收穫乃是大地的奇蹟與蒼穹之傑作。」當時的農民，沒法不信服、不依賴上帝。

但是城市居民和手工業者就不同了，給他們吃穿的不是大自然，而是官員、商人和消費者。他們不像農民那麼依賴天時，對自然力量的敬畏也就少了很多。

因為有了印刷術與群眾基礎，馬丁．路德的那些宗教檄文一經寫完就在歐洲迅速傳開。那時路德批評的主要對象是贖罪券，百姓們聽了自然非常歡迎，神聖羅馬帝國的貴族也因為深受教會稅收之苦，所以支持馬丁．路德。

剛開始路德和羅馬還不是完全決裂的，兩邊吵一陣，和談一陣。後來雙方矛盾升級，教皇把路德開除出教，路德的文章也越寫越猛。

這時發生了一個關鍵的變化。

路德之前的文章大都用拉丁文寫成，符合教會的學術習慣。而此後路德的文章都改用德語寫作，這使得他的文章一寫完立刻就被廣爲印刷，平民馬上就能讀到也能讀懂。日耳曼人頭回見到這麼刺激的事，馬路上全是用家鄉話罵教會的大字報，多有趣啊！大家都跟著起鬨，越鬧越大。羅馬教會著急了，宣布：

把日耳曼民族整個開除出教！

教皇大概是氣昏了頭，有這樣的開除法嗎？法不責眾啊！路德派一點都不含糊。羅馬下令燒毀路德的著作，支援路德的人也當眾燒毀教皇的訓諭。教皇開除日耳曼人教籍，他們也宣布把教皇開除了。

不過，當時還是有很多人不看好路德一方。路德的對手是主宰了歐洲一千年的歐洲教會，有著難以計數的財富、教徒和大量忠實於教會的軍隊。路德這邊只有少數日耳曼貴族和一群喜歡起鬨卻不一定靠得住的老百姓。

所以說，這是一場不公平的戰爭，弱者是路德。

不過，羅馬也不想輕易使用武力。主要原因是路德的聲望和歐洲貴族對路德的保護，次要原因是路德說得在理，羅馬也有點理虧，承認路德的部分批評是對的，所以只能打筆仗。

然而，羅馬神父們用的是慣常的拉丁文和學術文章討伐路德，只有知識分子才能看懂。而路德用的是德文，以及通俗易懂並穿插幽默段子的口語文字。路德成了歷史上第一個暢銷書作家。他的文章一寫完，不僅立刻在日耳曼人聚居的各處傳播，而且還馬上被翻譯成各國文字，暢銷全歐洲。

所以也可以說，這是一場不公平的戰爭，真正的弱者是教會。

路德的影響被越罵越大，再加上各國王室早就想擺脫羅馬教皇的統治和剝削，宗教革命終於遍及整個歐洲，千百萬神父和知識分子捲入其中。幾十年後，支持路德和羅馬的兩派歐洲貴族還打了一場慘烈的宗教戰爭。

雙方勢均力敵，從此，歐洲基督教分成了兩大派：羅馬一方被稱爲天主教，路德一方被稱爲新教。另外，東邊的羅馬帝國在此之前還搞了一個東正教。

天主教、新教、東正教，這就是今天基督教最主要的三大教派。新教的誕生全仰仗路德的努力。

一言興邦，這個千百萬文人的終極夢想，路德做到了。

他用一支筆就改變了世界。

然而富有戲劇色彩的是，在這場運動裡，最大贏家不是路德，也不是日耳曼貴族，而是一個出身平平、除了讀書寫作之外一無所長的知識分子。

他叫喀爾文。

喀爾文比路德小十二歲，他和路德同樣是先學法律，中途改為研究神學。喀爾文認同路德的觀點，因此受到了天主教的迫害，他一路流浪，來到了瑞士的日內瓦。最終，喀爾文在日內瓦確立了他在新教中的地位。

喀爾文不像路德把新教的傳播局限在日耳曼民族，而是如同保羅將基督教傳播到其他民族一樣，將新教的影響擴至整個歐洲，並且用龐大、嚴格的教會系統維持他的統治。很快，喀爾文像他的敵人——羅馬的天主教皇，當上新教的教皇，日內瓦成了新教的羅馬。

宗教改革最終以天主教和新教各占歐洲一半而告終。

最初的喀爾文是個虔誠、博學、勤奮的教徒。

他生活簡樸，不為金錢所動。敵人用金錢賄賂他，他嗤之以鼻，甚至堅決反對提高自己的俸祿。

他勤奮耐勞，每天除了吃飯睡覺，其餘的時間都用來工作，從來沒有休假。連他的敵人、天主教教皇都誇獎他說：「好個異端，只愛工作不愛錢。如果他能爲我所用，我相信天主教定可囊括四海。」

他學識淵博，在二十六歲時就寫成了內容精深的神學巨著《基督教原理》。他意志堅定，不爲任何恐嚇與利誘所動。天主教一次次燒他的書，他每次的反應都是增補更多的內容，重新印刷。結果是，天主教越燒他的書，他的新版著作就越厚。

喀爾文簡直是天生的社會運動家，具有革命者所應具備的所有條件，但他也有缺點——不容異己。

新教是靠著路德一篇篇雄辯的文字，從天主教的火刑架下頑強成長起來的。但喀爾文和他的繼承者們在日內瓦豎起了更多的火刑架。他們燒天主教徒，燒異端分子，燒跟他神學觀點不一致的人，燒所有具備蘇格拉底式懷疑精神的人。

在宗教改革之前，只有一個羅馬教廷負責審判哲學家。

在宗教改革之後，變成了兩個教廷比賽審判。有時爲了對付異端，這兩個原本水火不容的敵對陣營竟然能聯合起來，天主教的神父被邀請坐到了日內瓦的法官席上。

當年路德反抗的是獨裁，用的武器是哲學。然而，在用哲學打敗了天主教以後，新教用新霸權代替了天主教的舊霸權。

實際上在近代科學家、哲學家被迫害的例子裡，喀爾文所做的遠比天主教更有名。這再次證明了，哲學和宗教的聯合是行不通的，宗教只會把哲學當作獲權的工具，一旦取得勝利，就會毫不猶豫地把哲學扔到一邊。

哲學要成功，必須靠自己。

然而假如我要說，哲學其實不反抗反而更好，你會怎麼看呢？

第九章　想做痛苦的蘇格拉底，還是快樂的豬？

抹殺異己言論、殺人、燒書，這些都讓我們毫不猶豫地認爲，中世紀的歐洲教會可惡至極，它阻礙了科學、哲學和藝術，也阻礙了文明。

但是，生活在這樣的世界裡難道不幸福嗎？

在古代的歐洲，教會負責安慰百姓的苦惱，這件事他們已經做了一千多年。有了一千多年的經驗積累，教會在安慰百姓這件事上，早就找到了最好的方法。只要百姓相信《聖經》，那麼無論遇到任何苦惱，都能從神父那裡得到最好的安慰。

人生有苦惱了？——那是神對你的考驗，只要通過了考驗，就能得到最好的獎勵。

這苦惱太大了想不通？——別啊！那是神的安排，而且是「最好的安排」。因爲神是「全知、全善、全能」的，所以對你的折磨，都是爲了給你最好的人生。要是沒有這些苦惱，你反倒吃虧了呢！

怕死？——那就更不需要了，因爲還有一個只有幸福沒有痛苦的天堂在等著你呢！你的人生就是一部必然迎來大團圓的電影，中間的情節都是「最好的安排」，你還有什麼煩惱啊？

沒有疑惑和焦慮，不怕痛苦和死亡，堅信一切苦難都會換來更好的獎勵，這樣的生活，不是很幸福嗎？

唯一的條件是：你得信。

只有堅信《聖經》的內容都是真理，上面的種種安慰才能成立。

當神父向你繪聲繪影地描述天堂的樣子時，你得發自內心地相信，而不是舉手提問：「您是真的親眼見過，還是道聽塗說？」

甚至連疑惑的念頭都不能有，一有就破功了。

那麼，這種「幸福」的生活，你願意要嗎？

為什麼蘇格拉底寧願死，也要懷疑？

我先問個別的問題。我們為什麼要學哲學？前言已經回答過這個問題了：我們學哲學是想知道人生的意義是什麼。回答了這個問題，我們才能擁有屬於自己的人生觀。

但問題是，我們享受科學的成就並不需要學習物理知識。科學家造好了各種高科技產品（比如手機），得出了各種實用的結論（比如「飯前要洗手」），我們只要拿來直接用、直接遵守就是了。就算是一個不學無術的笨蛋，也不妨礙他成為科技成果的受益者。

其實，哲學和科學一樣，也有現成的產品呀！那就是充斥在我們生活中的各種各樣的人生觀。當鄰居大媽默念「人的命天注定」的時候，她信奉的是宿命論和決定論；當朋友在飯桌上勸你「賺錢有什麼用，錢再多，死了也帶不走」的時候，他講的是虛無主義；當人生感悟型的散文告誡你「當下最重要，活出你自己」的時候，它其實就是沙特的代言人。

實際上，整個哲學史上那麼多學派與說法，其中凡是和普通人有關係的觀點，我們都可以在生活中找到它們的通俗版、諫言版、人生感悟版、心有戚戚焉版。我們不需要了解真正的哲學理論，就已經在「享用」哲學家們的思考成果了，並沒有什麼精妙的哲理是獨獨藏在哲學著作裡，是我們在日常生活中享受不到的。

你想，假如這世上存在一種讓人易於接受，又能給人帶來好處的道理，人們沒有理由不把這個道理改寫得通俗易懂，然後拚命到處傳播呀！

每個人天生都趨樂避苦，那麼假如哲學書中真有什麼對人類有好處而大眾卻不知道的人生道理，這不就意味著只有那些讀哲學的人才是全世界最精的人，而這世上其他所有不讀哲學的人都是比讀哲學的人笨的傻子嗎？

這不大可能吧！

就像我們享受科學成就最好的辦法是買新手機而不是去學電子電路，若我們的目的是找一個對自己有好處的人生觀，那就沒必要學習哲學，只需要從各種世俗的人生觀中擇一即可。

假如明白了這一點，你還是不滿意各種世俗的人生觀，執意要翻開哲學書親自研究一番的話，那麼就只有一個原因了：

你不信那些現成的答案。

你懷疑它們。

祝賀你，你被蘇格拉底附體了。

爲何蘇格拉底寧願死，也要懷疑？爲何我們放著現成的快樂不享受，非要親自學哲學？

因爲我們是人，不是動物。人和動物的區別在於人會思考。

而懷疑是思考的起點，也是思考成果的檢驗者。懷疑的最大作用在於能避免獨斷論，這樣才能引導我們尋找正確的答案，免得我們輕信一切未經證實的結論。

所以我們才能明白，爲什麼蘇格拉底招人討厭卻能被後人奉爲聖賢。因爲他的懷疑是理性文明的開端和尺規，所有思想都要因他的懷疑而誕生，更要能經得住他的懷疑才算合格。

正是照著這個標準思考，西方人才有了哲學，才有了科學，才創造了現代文明。

第十章　笛卡兒的疑問

開啟懷疑之門的，恰恰就是教會本身。

宗教改革之後，基督教分裂成新教和天主教兩個教派，雙方打了很多年的仗，但最終誰都沒能打敗誰。最後，只能放下武器後簽訂合約。從此以後，你主張你的，我主張我的，我們打筆仗各說各話吧！

可問題是，這些教派都號稱自己是絕對真理，別人都是謬誤，上帝一定會把我不認同的異端都滅了。過去只有天主教一家獨大的時候，這理論還說得通。現在有兩家了，上帝也沒說滅了誰，這兩家還都自認爲是真理，可他們的觀點又互相矛盾，那老百姓不就困惑了嗎？到底誰是真理啊？

尤其是喜歡讀書、喜歡思考的人，這時候自然會冒出幾個念頭：

我應該相信誰？有沒有可能兩方都是錯的？那判斷對錯的標準是什麼？

懷疑的大門被打開了。

第一個走進來的人，叫做笛卡兒。

笛卡兒小時候在教會學校上學，讀書很優秀。但是笛卡兒認爲學校中所教的，除了數學之外沒有任何有用的知識，他懷疑學校的課程，決心自己去獨立求知。我們可以說，在笛卡兒懷疑學校課程的這一刻，他也被蘇格拉底附體了。

作爲一個基本沒什麼前人成果可以參考、沒什麼書可以去相信的哲學家，笛卡兒探索世間奧祕的方法只剩下一種：親自思考世界。按他的話說，就是讀「世界這本大書」。

爲此，他在歐洲到處遊歷，經歷一段荒唐的生活，還參加過軍隊。後來，他覺得對世界的探索已經差不多了，就定居在當時言論最自由的荷蘭，專心研究哲學。

笛卡兒既然被蘇格拉底附體了，那麼他研究哲學的第一個任務就是用懷疑的眼光把所有的知識重新檢查一遍。

這是一個很有氣魄的行爲——

管你是蘇格拉底也好，柏拉圖也罷，你們再有名，你們的書我也得先懷疑！

曾經有一位科學家拜訪笛卡兒，說我想看看您的圖書館。結果笛卡兒指給他看一隻解剖到一半的小牛。那意思是：我的知識不在先賢的書裡，而是在實踐檢驗裡。

實際上，笛卡兒比懷疑先哲著作還要更澈底，他要澈底懷疑整個世界：我眼前的這個世界是不是都是假的？我見到的一切會不會都是幻覺、都是夢境？

其實這不算什麼了不起的懷疑。舉例來說，我們在小的時候，大概都有過類似的靈機一動：我是不是生活在動畫片裡？爸爸媽媽是不是外星人變的？

《楚門的世界》、《駭客任務》、《全面啟動》等好萊塢片子一出，這個問題就更直觀了：我們怎麼知道周圍人不是全都串通好的演員？我怎麼知道自己不是生活在一個電腦虛擬的世界裡？我怎麼知道自己不是生活在夢境裡？既然大腦中所有的資訊都是來自外界的刺激，那有沒有可能「我」其實是一個被邪惡的科學家俘虜的大腦，這個大腦被泡在營養液裡，我這輩子的一切所見所聞其實都是這個科學家透過刺激我的大腦模擬出來的？換句話說，我怎麼證明「我」不是一個「缸中之腦」？

笛卡兒的懷疑雖然小孩子都想得出，可是在哲學史上，這卻是一個非常重要的問題。很多哲學家都被這個問題難住了：我明明知道我所生活的、所感受的這個世界無比真實，但是，到底要怎樣才能嚴格地去證明它是真實的呢？你要是非說一切都是幻象，這誰也無法反駁你啊！

我們等會兒就能看到，歷史上的各位聰明人是怎麼應對這個難題的。

「懷疑」這事其實不難，我們遇到任何事，都可以問一句：「憑什麼是真的？」「萬一它不是真的呢？」只要是個總是愛唱反調、爭辯時故意持相反意見的人就能做到。

懷疑不難，難的是不僅能懷疑舊的知識，還能建立新的知識。也就是下面這個問題，才是最難的：在我們懷疑了一切，任何事情都不相信的情況下，我們還可以相信什麼？

笛卡兒找到了答案：他想，不管我再怎麼懷疑，「我懷疑」這件事是確定的，它肯定存在吧？那麼，只要有了懷疑的念頭，就說明「我」肯定是存在的——「我」要是不存在就不會有這些念頭了。

這就是名言「我思故我在」的意思。

這句話雖然很有名，但是經常被誤讀。有的人以為，這話的意思是「我存在是因為我思考」，更有人引申為「人生意義就是去思考，不思考人就無所謂存在不存在了」。

這些解釋都是錯的。

「我思」和「我在」不是因果關係，而是演繹推理的關係。

也就是說：如果我們認為「我正在思考」這件事是真的，就推導出「現在我存在」這件事是真的。而不是說「我不思考」的時候「我就不存在了」，存在不存在我們不知道。

你可能會問：這不是小孩子都能懂的道理嘛，又有什麼了不起的呢？

了不起的地方是，笛卡兒使用了一個非常重要的哲學工具。

現在我們的哲學領域已經有了原則，即：我們的結論必須能經得起各種懷疑，這樣才能保證它真實可信，這也是科學研究的原則。

但是還有一個大問題。

我們該用什麼方法才能得出可靠的、經得住懷疑的結論呢？

笛卡兒從幾何學中找到了靈感。

笛卡兒時代的幾何學，也就是我們一般人學的幾何，是歐氏幾何，源自歐幾里得撰寫的《幾何原本》的前六卷。

歐氏幾何是什麼東西呢？

它一共有五條公設和五個公理，這些都是歐幾里得硬性規定的。他的整個幾何世界，所有的定理，都是從這幾條公設和公理中演繹推理出來的。

我認爲普通人只要一學歐氏幾何，肯定都匍匐在地上把它當成神了。

您先看看它的五個公理和前四個公設，不用細看，掃一眼就行：

公理一：等於同量的量彼此相等。

公理二：等量加等量，其和相等。

公理三：等量減等量，其差相等。

公理四：彼此能重合的物體是全等的。

公理五：整體大於部分。

公設一：任意一點到另外任意一點可以畫直線。

公設二：一條有限線段可以繼續延長。

公設三：以任意點爲心及任意的距離爲半徑可以畫圓。

公設四：凡直角都彼此相等。

感覺到了嗎？這些公理和公設都超級簡單，全都是小學課堂上一句話就可以帶過的知識。大部分在我們看來就跟廢話一樣，都想不出寫出這些來能有什麼用。然而，就是這麼區區幾句話，竟然能一路推理，寫出厚厚的前六卷《幾何原本》來，內容能夠涵蓋世間所有的平面幾何知識。幾何世界千變萬化，大自然中的幾何圖形更是無窮無盡，但都逃不過上面這簡單的幾句話。

這能不讓人膜拜嗎？

但這還不是最厲害的。

我們來看看第五公設。

內容是：若兩條直線都與第三條直線相交，並且在同一邊的內角之和小於兩個直角，則這兩條直線在這一邊必定相交。

你一看不對勁了吧！這個公設超級複雜，跟前面的公理和公設的簡潔形式毫不搭配。更可疑的是，在《幾何原本》裡，第五公設僅僅在第二十九個命題裡用過一次，就好像是一個根本沒必要的累贅一樣。

其他數學家也是這麼想的。

歷史上曾經有很多數學家都希望能夠用前四個公設推出第五公設來，以便讓歐氏幾何變得更加簡潔。結果呢，直到兩千多年後，經過無數頂尖數學家一輩接一輩艱苦的奮鬥，最後才證明，第五公設是不可以用前四個公設證明出來的。

人家歐幾里得寫的絕不是廢話！

在科學極為簡陋的古希臘時代，歐幾里得的聰明才智能幹掉身後兩千多年裡的數學家。這種人是不是值得膜拜③？

③ 歐氏幾何並不是歐幾里得一個人憑空發明的，他吸收了當時其他數學家的觀點，綜合編纂而成。

更厲害的還不只如此。

我們想，幾何知識是發明出來的嗎？是誰創造出來的嗎？我們能說歐幾里得「發明」了幾何嗎？假如沒有歐幾里得，換一個人去研究幾何，那他能「發明」出一個不一樣的幾何嗎？在古人看來是不可能的，我們只能說歐幾里得「發現」了幾何。也就是說，在當時的人看來，幾何知識是一種不依賴人類存在的真理，不管有沒有人類，它都存在，永遠不變。

我們再想，在客觀世界裡，我們能找到一個嚴格的圓形、三角形嗎？找不到。哪怕是用尺畫出來、哪怕是用印表機印出來，都還是會存在一些誤差，不可能是絕對標準的圖形。也就是說，自然界裡連一個嚴格意義上的幾何圖形都沒有，但是幾何規律卻無處不在。

這意味著，歐氏幾何囊括了複雜的自然現象，本身又是超越自然現象的。因此，笛卡兒時代的知識分子，大都覺得歐氏幾何有一種神祕性、超然性。他們相信，這世上有一些理性就像幾何學那樣，是超越客觀世界、高於客觀世界的，就算人類滅亡，宇宙毀滅了，幾何知識也是不變的。

這不就是絕對真理嗎？

歐氏幾何啟發了那個時代的哲學家，如果歐幾里得的確發現了絕對真理，那麼我們能不能模仿歐幾里得的方法，像歐氏幾何那樣，找到一套能解釋一切問題的絕對真理？

所以我們不難理解，那時的一批哲學家都同時還是數學家，笛卡兒就是其中的一個。一六一九年十一月十日晚上，笛卡兒連續做了三場夢，從夢中他得到了兩個啟示。

第一個啟示是發明了解析幾何。

因爲歐氏幾何的偉大，在笛卡兒的時代，數學家們都重視幾何而輕視代數。笛卡兒發明的解析幾何，相當於把幾何問題化爲代數計算，既提高了人們認識幾何的水準，也提高了代數的地位，說明代數和幾何一樣具有完美的邏輯性。特別是他的笛卡兒座標系，直到今天我們還在使用。

第二個啟示是，笛卡兒意識到可以把歐氏幾何的思路應用到哲學研究上。

笛卡兒想像中的哲學體系應該像歐氏幾何一樣，先要有一些不言自明的公設，然後用演繹推理的方式推導出整個哲學世界。事實上，由於歐幾里得的成就實在是太令人著迷了，公設加演繹推理的研究思想影響了當時整個歐洲的思想界。近代西方法學家們喜歡講的「天賦人權」、《獨立宣言》中講的「我們認爲以下真理不言而喻」④，這些都是典型的公設，不需要解釋，然後其他的結論再從這些公設中推導出來。

---

④ 這兩個例子來自羅素的《西方哲學史》。

笛卡兒的想法非常棒，他自己也照這模式構建了一個哲學體系，但是他做得並不好，我們簡單了解一下，看不懂也沒有關係，反正待會我們就會批判它。

笛卡兒是這麼想的：

他首先有了「我思故我在」這個前提。然後他想，我肯定是存在的，但是我在懷疑，這就意味著我不是完滿的，因爲完滿的東西是不會懷疑的。

但是我心中有一個完滿的概念，對吧？要不我就不會意識到我是不完滿的了。

既然我自己是不完滿的，那這個完滿的概念肯定不能來自我自己，必然來自一個完滿的事物。什麼事物是完滿的呢？那只能是上帝。

好，現在推出這世界有上帝了。

笛卡兒又想，上帝是完滿的，所以上帝是全知、全能、全善的。既然上帝是全善的，上帝就一定不會欺騙我，更不會讓我生活的世界都是幻覺，所以我生活在真實的世界裡。

證明完畢。

笛卡兒的這個證明看上去很不嚴謹，有幾個步驟讓人覺得奇怪。而且他這個證明也沒說出什麼有用的話來，只是不讓我們再陷入懷疑一切的荒謬境地中，它還不具備什麼建設性。

但不用著急，他後面還會有很多聰明人繼續完成這項工作。

第十一章 「形上學」不是個貶義詞

笛卡兒的疑問關係到了哲學上的一個重要概念，叫做「形上學」。

我小的時候，看到課本上的解釋是：「形上學就是用孤立、靜止、片面的方式看待問題。」可見，在當時的課本上，「形上學」被當成一個貶義詞，說誰是形上學，那一定是在罵他呢！

課本上這樣講不夠厚道，你聽說過哪個學科一開始成立的時候就宣稱：我們這個學科就是立志要孤立、片面、僵化地研究問題……那我們不就是吃飽了撐的嘛！

課本裡給形上學下定義，就好像學校裡調皮的孩子專拿別人的缺點起外號一樣。明明人家也是一個健康、正常的孩子，但外號就成了「愛哭鬼」。我們課本給形上學找的這個缺點固然有一定道理，但是這麼成天叫人家也不合適呀！

西方哲學中形上學的真正意思是什麼呢？

話說還要回到古希臘。亞里斯多德是個百科全書式的學者，他寫過各種各樣的著作，從哲學到物理學，涉及了很多學科。

但是那個時候沒有現代學術界「哲學」、「物理學」這樣的分科，亞里斯多德是寫痛快了，想研究什麼就寫什麼，讓整理他書籍的後人可煩惱了。這麼一大堆包羅萬象的著作，該怎麼分類、命名呢？

一個叫安德羅尼柯的人想了個辦法，他用「研究有形體的事物」和「研究沒有形體的事物」，把亞里斯多德的著作分成了兩大類。

前一類著作編在一起，起名叫「物理學」。後一類作品，也就是亞里斯多德的哲學作品，也編在一起，放在「物理學」的後面，當時沒有合適的名字稱呼它們，安德羅尼柯一看怎麼辦呢，就給它起了一個名字，叫「物理學之後」，也就是今天說的「形上學」。

安德羅尼柯起這個名字的本意，指的是「編排在物理學之後的內容」，但也可以引申成「物理學之後的學問」。也就是說，形上學研究的是高於物理學的、看不見摸不著的學問。

這麼一來，這個「物理學之後」的稱呼，就變得非常貼切：形上學研究的，就是那些抽象的、不同於物理世界的、看不見摸不著的學問。

「形上學」的中文譯名也很棒。

中文典出《易經》：「形而上者謂之道，形而下者謂之器。」這句話很好理解，「形」就是有外形、可以觸摸、可以感知的東西。《易經》的這句話，是下了兩個定義。

第一個定義是說，超過我們感知之外的那些無形的東西是「道」。「道」就是「道理」的「道」，指的是「道理」、「概念」這些抽象的東西。老子說「大道無形」，就是這個意思。

第二個定義是說，我們能感知到的那些有形的東西是「器」。「器」是「器具」，就是指「東西」、「物質」。

讓人拍案叫絕的是，《易經》的這句話，和安德羅尼柯的思路是一模一樣的。《易經》的「器」，對應的就是安德羅尼柯的「物理學」。《易經》的「道」，對應的就是安德羅尼柯的「物理學之後」。日本哲學家井上哲次郎先生，在翻譯「物理學之後」這個詞時，聯想到《易經》，於是就翻譯成了「形上學」四個字。

簡直是「信、達、雅」的最高境界。

那「形上學」到底是什麼意思？可以簡單地理解成是用理性思維去研究那些能統一世間一切問題的「大道理」。就像笛卡兒希望的那樣，要尋找一個能高於客觀世界、統領一切事物的真理，可以用來回答世界的本質是什麼樣子的，或是人生的意義是什麼之類的問題。

有一些朋友在批判西方科學的時候說：「西方科學都是在支離破碎地理解世界，我們的陰陽五行不同，是從整體的角度理解整個宇宙，你們西方人不懂的！」

其實呢，西方人也從整體角度研究宇宙，這門學問就是形上學。

還可以這麼理解形上學。

很多小孩喜歡不停地問家長「爲什麼」，讓家長不勝其煩。其實，這個「爲什麼」的遊戲玩到最後，追問的往往就是形上學的問題。

舉個例子。

小孩問爸爸：「我爲什麼要上幼兒園啊？」

爸爸回答：「因爲爸爸媽媽要上班，不能照顧你呀！」

「那爸爸媽媽爲什麼要上班啊？」

「因爲爸爸媽媽要賺錢啊！」

「那爸爸媽媽爲什麼要賺錢啊？」

「賺錢了才能買吃的啊！」

「那爲什麼要買吃的啊？」

「有了吃的，人才能活啊！」

「人為什麼要活著啊？」

一般問到這種地步，家長就想修理小孩了，對吧？

可是，家長要修理小孩並不是因為孩子無理取鬧——求知怎麼能算是無理取鬧呢？而是因為家長沒有能力回答這個問題，他們惱羞成怒了。因為孩子最後問的「人為什麼活著」的問題，正是形上學最重要的問題之一。卡繆說過：「真正嚴肅的哲學問題只有一個，那就是自殺。」研究「人為什麼不自殺」，其實就是在研究「人為什麼活著」。你看這孩子一下子就提出了一個最根本的哲學問題，一般的家長怎麼可能回答得上來呢？

再舉一個例子。

剛才說的「為什麼要上幼兒園」是一個社會科學問題，類似地，不斷追問自然科學的問題，最終也會通向形上學。

比如，小孩問：「太陽為什麼會每天升起、落下？」家長可以用牛頓力學來解釋。但如果小孩進一步問：「為什麼太陽要遵守牛頓力學？」這時候家長就又要崩潰了：「太陽不遵守牛頓力學還能遵守什麼啊？這是什麼破問題啊？」

實際上，小孩這裡問的又是一個形上學問題：爲什麼物理學規律是普適的？我們爲什麼相信在地球上被檢驗有效的力學原理，宇宙萬物都會遵守？甚至於爲什麼我們相信，那些我們沒有觀測到的宇宙天體，也會遵守同樣的物理規律？我們哪裡來的自信？

這個問題再繼續追問下去，就是在追問這個世界的本質：世界的本質是物質的還是精神的？世界的本質是物理定律還是我們對物理定律的信念？

回答這些問題都是形上學的任務。

「世界的本質是什麼」的問題，在哲學裡又稱作「本體論」。
「哪些知識真實可信」的問題，在哲學裡又稱作「認識論」。

第十二章　我的心靈與我的身體無關

我們知道形上學很重要了，但是，笛卡兒推理出的「上帝存在」之類的結論，感覺沒什麼說服力，也沒有什麼新鮮內容。那這笛卡兒的學說，和我們還有什麼關係嗎？有。透過「我思故我在」，笛卡兒還推理出了另一個結論：「我的心靈」和「我的身體」，是兩種不同的東西。

推理的過程很簡單。

首先，「我」可以想像我的身體不存在。比如在「缸中之腦」、《駭客任務》的思想實驗裡，我們都在想像自己的身體不存在。其次，「我」不能想像我的心靈不存在。因爲「我思故我在」，心靈無法想像自己不存在。

那麼結論就是，我的心靈和我的身體不是同一個東西。

這種觀點又叫做「二元論」。我的心靈一個元，我的身體一個元，一共兩個元。

說白了，笛卡兒拿起了一把大斧頭，在「我們自己的心靈」和「心靈之外的事物」之間，「吭啷」一聲劈了下去，把我們的心靈和外面的世界分成了兩半。因爲分成了兩半，這兩半之間是如何聯繫的，就成了大問題。在後來的好幾百年中，好多哲學家在這個問題上花費了大量的工夫，也很難有一個令人滿意的答案。後來有的哲學家反應過來了，直接反對二元論，認為這種畫分是我們對世界的一種誤解。

其中一個反對二元論的學派，就是我們熟悉的唯物主義。它說世界的本質是物質的，精神世界不過是大腦細胞活動的結果。換句話說，這世上不存在獨立的心靈，所謂的「心靈」，是物質（腦細胞）產生的副產品。這種觀點就叫做「物質一元論」。當然，相應的也有唯心主義的一元論，認為世界的本質是精神的，外面的世界不過是我自己心靈的產物罷了。

我們暫時不討論這些觀點，我們先說說二元論對於我們的人生有什麼切實的幫助。

首先，二元論很容易被我們接受。雖然後面的哲學家們對此有所反駁，但是從我們自己的感覺來說，把自己的心靈想像成一個事物，把自己的身體，乃至於整個外部世界都想像成另一個事物，這很容易做到。

而且，二元論有個比較庸俗的用法，可以幫助我們躲避痛苦。按照二元論的觀點，我們的精神世界是獨立的，那麼外部世界對我們的影響僅僅在於感官體驗。其餘的精神體驗都屬於我們自己的心理活動。

比如有人打了我一下。這個事件對我只有兩個影響：肉體上的疼痛是感官體驗，隨之而來的屈辱是心理活動。

這就是說，我們遇到的所有痛苦都可以分成兩類：感官上的和精神上的。

感官上的痛苦並不難忍受，因爲感官體驗是相對的，得到的快樂越多，人對快樂就越不敏感，就越難以忍受痛苦。反之亦然。這就好比富翁吃魚翅不會覺得快樂，但是餓漢吃一口飽飯就能感到幸福。所以只要不是即將死亡，忍受感官上的痛苦總會爲我們帶來一定的回報。

並且，當我們把心靈想像成獨立於外部世界的時候，感官上的痛苦就會被歸爲一些非常簡單的精神刺激：疼痛、飢渴之類。當你專心應對它們的時候，就容易感到麻木且更能忍受。

相對於感官的，是精神上的痛苦。在客觀世界裡，人的力量終究有限，再厲害的人都無法保證自己永不受苦。而在精神世界裡，只要意志堅定，我們自己就是王。最不好的狀況，還可以選擇當阿Q，透過幻想也可以保證在精神世界裡不受傷害。

當我們把人生痛苦分成感官體驗和精神體驗這兩類以後，就會發現，還有什麼痛苦是不可忍受的？想像一個除了死亡之外，你最害怕的東西——被囚禁？被鞭笞？被凌辱？

是毆打嗎？肉體的疼痛總會終止，要麼是你停手了，要麼是我麻木了。是飢餓嗎？飢餓的結果要麼是死亡帶來的平靜，要麼是一頓幸福的大餐。是羞辱嗎？只要我的意志足夠堅定，在我的精神世界裡，我可以視一切為糞土。他人的嘲笑和蔑視只存在於外界那一元，和我的精神世界無關，那麼又何來凌辱之說？既然肉體的疼痛、飢餓和羞辱都不會傷害我，那貧窮和世俗的壓力又有什麼可怕呢？

更進一步說，二元論能幫助我們的關鍵是：我們在自己的精神世界裡是無敵的，而一切體驗歸根究柢都是精神體驗。

在一般人的觀念裡，外部世界的痛苦令人恐懼，我們不得不一邊使出渾身解數躲避這些痛苦，一邊還要為了它們可能的到來而惴惴不安。但是，外部世界並不由我們隨心所欲地控制。當我們為了趨樂避苦而硬要控制外物的時候，一方面我們要承受巨大的壓力（我們物質生活中的壓力全部源於此），另一方面我們永遠都會遇到失望和挫折。

而在二元論的觀念下，世界被一分為二：外界和內心。痛苦雖然來自外界，但真正承受痛苦的是我們的內心。因此，我們雖然仍舊需要盡力去改變外物，但在客觀世界這一元裡的得失其實不重要，關鍵是固守自己的內心這一元，固守住我們獲得體驗的最後一關。而在內心世界裡，我們自己能完全做主，這就讓人產生了很大的安全感。

舉一個例子，傳統對待生活的方式是，我們想到「考試不及格會給我們帶來痛苦」，那我們的對策就是好好念書，努力通過考試。但辛苦念書會給我們帶來肉體的痛苦，對考試的擔心給我們帶來了很強的不安全感，而且就算考試通過了，人又會自動產生新的欲望和新的焦慮，陷入永無止境的擔憂之中。

而新的人生觀是這樣的。我想：不管考試的結果如何，外界對我的這些影響都只體現在我的精神世界裡。只要我閉上眼睛，專心駕馭我的內心世界，那麼外界發生任何事都不會傷害我。這樣我也不用費心念書去忍受肉體痛苦，不用爲擔心考試的結果而惴惴不安。我不爲任何外物所擾，反倒清靜自在。這是什麼境界？說不好聽了，這是阿Q；說好聽了，這叫「八風不動」，這是古代高人的境界。

從二元論進一步來說，還可以得到唯我論。

笛卡兒從懷疑一切到確信「我在」的論證都是令人信服的，但是他往後的工作都不太可信。假設我們只停留在「我在」的階段，停留在「缸中之腦」的想像裡，那麼我們只能確認我自己存在，外界的一切存在不存在我們不知道，這就叫「唯我論」。比如，我認爲我的生活是一場虛幻的夢境，這就是典型的「唯我論」。

這是懷疑主義常常得出的一種結論，也是哲學家們非常討厭的結論。雖然唯我論明明在理，但是太荒謬了。哲學家們不是神仙，也要吃要喝要生存。而對於一個唯我論者來說，外部世界都不存在，那哲學家到底還吃不吃飯、喝不喝水啊！

不喜歡哲學的人也常常用「唯我論」的荒謬來攻擊哲學：哲學果然是無用的學問，最後的結論還不是個笑話嗎？

其實不是這樣。唯我論雖然很難讓我們完全接受，卻是一個值得認真考慮的世界觀。

首先，和二元論一樣，唯我論很難被澈底反駁。我們永遠都可以質疑自己生活的世界是一片幻覺，或者只是一個夢。當你思考「世界的本質是什麼」的時候，唯我論永遠立在一旁默默地望著你，揮之不去。

其次，唯我論對我們的普通生活也有很大的影響。它可以讓我們變得更堅強。在採用唯我論的時候，我們會感到天上地下唯我獨大，我們不用害怕任何事物，只要面對自己的內心就可以了。唯物主義者會嘲笑這是一種源自無知的幻覺。但我覺得就像有時需要虛構的藝術作品來安慰我們一樣，就算在唯物主義者看來是虛構的東西，對我們同樣有用。

電影《少林足球》裡，谷德昭飾演的落魄胖子在面對困難時大吼：

「這都是幻覺，嚇不倒我的！」

這種吶喊能給人力量，不是嗎？

對於很多人來說，在今天滿足溫飽不是一件特別難的事。也就是說，我們日常的很多痛苦，不是來自挨餓受凍，而是來自精神上的壓力，來自別人對我們的否認、拒絕、孤立、羞辱，來自我們在乎的人對我們的否認和失望。那麼想像一下，假如我們生活在另外一個世界：在這裡，我們看到的所有一切都和眼前一樣，唯一區別是，每個人都不是真實的人，都是電腦控制的機器人。當一個人罵我「垃圾」時，他只是被人工智慧控制的程式，而不是他真的這麼想，那麼，我還會覺得憤怒嗎？我們甚至能感到一種「沒有人注視我」的安全感。

那這個世界和現實之間的差別是什麼？就是「我有沒有認為別人沒有自由意志」，就是一個弱「唯我論」的世界。

所以，「唯我論」可以在我們承受精神壓力的時候，給我們帶來巨大的輕鬆感。

唯我論還可以和目的論結合在一起。

簡單說，目的論就是認為世間萬物是因為某種目的而存在的，比如「世上有蘋果是為了給人吃」。這種觀念經常被宗教使用。既然上帝創造了世界，那麼上帝在設計世界的時候，每一項設計都應該帶著某種目的。當然，隨著神學的沒落，這種目的論很容易遭到抨擊。伏爾泰就諷刺說：這麼說來，神創造鼻子就是為了讓人戴上眼鏡啦？

但目的論可以成為唯我論的好朋友，在堅持唯我論的時候，雖然我們相信自己是天下唯一的存在，但是我們還能看、能摸、能感受到世間的一切。即便這一切都是幻覺，那為什麼要出現這些幻覺呢？

假如我是這世界唯一真實存在的事物，那麼很容易想到，或許這些幻覺都是為了我才創造出來的吧！

電影《楚門的世界》裡，主角從小生活在一個虛假的世界。這個世界裡的每一個人、每一個物件都是被別人布置好的，他的整個人生是一個被精心策畫的電視直播節目。他拜訪哪個商店，哪個商店才開始裝模作樣地運營，他走到哪裡，哪裡才會出現安排好的路人。

假如我們帶著唯我論的觀念生活，也會有這樣的感覺。對於我來說，外界的一切事物，不都是等我感受到的時候才會出現嗎？如果把世上的一切都想像成只為我一個人安排出來的，也可以說得通啊！搞不好只有我才是這個世界上最重要的主角，其他人只是木偶、演員或者是幻象。

張愛玲的短篇小說《傾城之戀》裡，已經是明日黃花的女主角本想靠情場手腕俘虜男主人公，怎奈技不如人，眼看就要錯失良婿，這時日軍突然向香港開戰。在戰火中，男女主角同生共死，得以終成眷屬。

此時張愛玲寫道：「香港的陷落成全了她……誰知道呢，也許就因爲要成全她，一個大都市傾覆了。」

這段話是典型的唯我論和目的論。一場仗全是爲自己打的，這種話千萬別隨便跟人說。你要是跟暴脾氣的人說，他會打你。你要是跟歷史老師說，他會給你零分。你要是照著這種觀念生活，搞不好下次打仗就把命送了。

但是《傾城之戀》反而能夠成爲膾炙人口的名篇，正說明了唯我論和目的論能賦予人生一種特殊的美，能給予我們一個理解人生的全新視角。

繼續說笛卡兒。

笛卡兒從小體弱多病，他出生幾天後母親就死於肺病。笛卡兒受到母親的影響，生下來就咳嗽不止，當時醫生都認爲他沒希望了，只因爲一個護士堅持照顧他，他才活了下來。笛卡兒的全名叫「勒內．笛卡兒」，其中「勒內」意爲「再生」，可能和他多難的出生有關。

雖然活了下來，但是笛卡兒的身體一直都不太好。他年輕的時候，醫生仍舊說他活不長。小時候在教會學校學習時，他成績好，校長還是他父親的遠房親戚，因此笛卡兒受到了特別的照顧。校長看他身體不好，特許他可以不參加早晨的宗教儀式，想睡到幾點就睡到幾點。從此，笛卡兒一生都保持著早晨不起床、躺在床上思考問題的習慣，以致於常常一賴床就到中午了。

後來笛卡兒去當兵，他說自己在當兵的時候，冬天早上要鑽到「火爐子」⑤裡面思考，這點也符合他肺不好的病症，喜暖畏寒。

除了體弱多病這個缺點外，笛卡兒或許是哲學家中最適合當情人的一個。笛卡兒非常勇敢，參加了不只一場戰爭，甚至因為作戰英勇，有個公爵想要授予他中將的稱號。

笛卡兒二十五歲的時候，有一次帶著一個僕從在北歐乘坐一條船旅行。船員看他一副富人的打扮，隨從又少，私下商量要謀財害命。他們沒想到，博學的笛卡兒能聽得懂他們的語言。這時笛卡兒突然拔出劍，強迫船員把船划到岸邊，安然脫險。

笛卡兒也很能打。有一次，一個醉漢侮辱了笛卡兒帶著的女孩，笛卡兒打飛了醉漢的劍，但是饒了對方的性命。笛卡兒說，他沒法在一位美麗的女士面前殺了這麼骯髒的人。

---

⑤有人認為這是一個比喻，羅素說，朋友告訴他當地房子的壁爐確實可以讓人進入。

笛卡兒還特別聰明。有一次，教皇的使節組織一場頂級的學術研討會，其中也邀請了笛卡兒。笛卡兒要求現場的學者提出他們認為絕對正確或者絕對錯誤的命題。然後笛卡兒把這些命題從反面證明了一遍：你剛才說這命題正確，我就證明它怎麼錯；你說它錯，我就證明它是真理。笛卡兒一頓雄辯，讓在場的學者全都驚了。教皇的使節當即對笛卡兒說，與世人分享你的發現是你對上帝的責任，你這一肚子學問要是不發表，你會下地獄的，知道嗎？

不光勇敢，笛卡兒還很有風度，據說有個人因為爭搶女人要找他決鬥。笛卡兒只說了一句話，就消除了那個情敵的敵意。笛卡兒對他說：

「你的生命不應該獻給我，應該獻給那位夫人。」

笛卡兒最浪漫的傳說，是他在四十五歲的時候，認識了二十三歲的伊莉莎白公主。當時兩人都住在荷蘭，笛卡兒擔任公主的老師。他和公主頻繁通信，教給她哲學和數學知識。兩個人在信中有時也會談一些私人生活，漸漸成了無話不談的好朋友。

現在有很多關於兩人的浪漫傳說，比如笛卡兒畫了一個心形的曲線送給公主，但這些都是莫須有的事。伊莉莎白雖是公主，但是她家在權力鬥爭中已失勢，當時正在荷蘭流亡——說白了，伊莉莎白過的是惶惶不可終日的流浪生活，所以精神狀態很不好，在和笛卡兒的交往中，免不了會有精神上的依賴。但從信件看，兩人並無超過朋友的言論，只是普通朋友。

其實我直說了吧，之所以那麼多傳說和八卦，還不是因爲「哲學家」和「公主」這種名號聽著就浪漫。您看，「伊莉莎白」這名多好聽！一聽這名字，直接就腦補出一個樹蔭下穿著白紗裙的優雅美少女。要是這公主名叫「李小花」，也就沒這麼多故事可說了。

當然「李小花」公主本人也確實挺依賴笛卡兒，可這笛卡兒吧，太吸引人了。幾年以後，有個二十三歲的瑞典女王，也喜歡上笛卡兒的才華，非要笛卡兒千里迢迢去瑞典給她做家庭教師。笛卡兒一開始百般推辭，但是這位瑞典女王一而再再而三地堅持，甚至派了艦隊司令和一艘軍艦來接他。對於笛卡兒來說，能得到權貴如此恩寵，這不僅僅是臉上很有面子，而且是用自己的思想去改變世界最好的機會，所以最後就答應了。

但問題是，去瑞典就意味著和伊莉莎白公主遠隔萬里，那時候沒有電話也沒有網路，距離變遠就意味著通信時間成倍增加，兩個人之間再也不可能這麼親密交流了。而且這時候伊莉莎白家裡還特別慘，變故不斷，她在精神上特別需要笛卡兒。笛卡兒不忍心，想來想去，冒出一個主意來：要不乾脆把伊莉莎白一起帶到瑞典得了。那時候歐洲王室之間有千絲萬縷的血緣關係，這瑞典女王的母親跟伊莉莎白還能攀上親戚，而且女王的母親當時還正好在荷蘭探親，正準備回瑞典。你說這不巧了嘛！笛卡兒就極力促成此事，想讓伊莉莎白跟女王的母親一起去瑞典。

結果呢，這貴族之間的人際關係啊……這女生的微妙心理啊……瑞典女王家啊，也沒說不行，但對這事辦的是拖拖拉拉，拖拉到最後，伊莉莎白也看出來了，隨便找了個藉口，說自己無法忍受船的顛簸，決定不去了。從此以後，伊莉莎白就跟笛卡兒分開了，通信交流越來越少。

再說這笛卡兒，扔下了女學生，坐著軍艦吹著口哨，就直奔女王而去。結果一進了瑞典的王宮就傻了。

這瑞典女王是個有名的女強人，用某個數學家的話說，她是「一個有著撒旦那種身體耐力的、肌肉發達的運動員，一個無情的女獵人，一個老練的女騎手」，「就像瑞典的伐木工人那樣不怕冷」。

這瑞典女王要求笛卡兒每週用三天早晨的時間從五點開始就給她上課。您可以打開世界地圖看看，瑞典跟西伯利亞的緯度差多少，照笛卡兒的話說：「在這個國家裡，人的血也要像河水一樣凍成冰。」而且笛卡兒到瑞典的時候還是冬天，去上課的時候還要穿過「斯德哥爾摩最蕭瑟、最多風的廣場」，要命的是這個女王在他上課時還喜歡開窗戶呼吸新鮮空氣……

笛卡兒從小就喜歡賴床，結果現在隔三差五地就要早晨五點前起來到雪地裡吹涼風，沒待幾個月就得了感冒，後來轉成肺炎，治療無效就去世了。

這位瑞典女王在歷史上很有名，是個頗爲傳奇的女中豪傑。她邀請笛卡兒本是爲了求學，但她沒想到，她和哲學史最大的聯繫卻是害死了哲學大師。

好在我們還有後來人。

笛卡兒說過：「不管多麼荒謬、多麼不可置信的事，無一不是這個或那個哲學家主張過的。」

這句話使他不僅成爲偉大的哲學家，還成爲哲學史上偉大的預言家。在笛卡兒之後，我們將會看到更多稀奇古怪的奇思妙想。您會發現，您小時候覺得自己有過的特離奇的想法，這幫哲學家早就想過了。

第十三章　寒冬夜行人斯賓諾莎的救贖

笛卡兒有很長一段時間都生活在荷蘭。在當時，荷蘭是全歐洲言論最寬容的地方，是科學家、哲學家和異端分子的避風港。

在這個背景下，哲學家斯賓諾莎的故事就很諷刺了。斯賓諾莎的父輩生活在葡萄牙，那時候葡萄牙還屬於西班牙統治。當時西班牙的統治者是個狂熱的天主教徒，瘋狂迫害他眼中的異教徒。偏偏斯賓諾莎一家信仰猶太教，無論在新教還是天主教眼中，都屬於異教徒。

在殘酷的統治下，斯賓諾莎的父輩受盡了苦難，一直想找個機會逃出去。終於在一五八八年時，西班牙的「無敵艦隊」被英國打敗，西班牙的海上實力大為削弱。斯賓諾莎的父輩得以找到一艘船，從海上逃到了荷蘭，斯賓諾莎就是在荷蘭出生的。

在荷蘭，有很多同樣來避難的猶太教徒，斯賓諾莎一家自然和教友們生活在一起，算是找到了組織。

這本來是一個美好的故事，但問題出在斯賓諾莎身上。

斯賓諾莎是哲學家，哲學家就喜歡懷疑，喜歡獨立思考。斯賓諾莎經過自己的思考，得出了和教會不一樣的神學觀點。結果他的幾個「朋友」誘騙他說出這些想法，然後跑到猶太教會去報告。

於是，在有自由之都之稱的荷蘭，因爲躲避迫害而聚集起來的猶太教會，卻把斯賓諾莎給迫害了。

客觀地說，猶太教也有自己的壓力。雖然荷蘭的宗教政策甚爲寬容，但畢竟整個歐洲都處於基督教嚴格統治的氣氛之中。在荷蘭的猶太教會希望能在不違反自身教義的前提下，盡量不得罪基督教。而像斯賓諾莎這種敢於懷疑世間一切的哲學家，猶太教會很擔心包容他會觸怒荷蘭的基督教會。

有一個例子可以說明當時荷蘭猶太教會的處境。

在斯賓諾莎十五歲的時候，有一個猶太年輕人寫了一篇評論信仰的文章，那文章並沒有嚴重違反猶太教教義，但是觸犯了基督教教義，猶太教會因爲擔心惹怒基督教，強迫這名青年悔改。具體的悔改儀式是：要這個年輕人躺在教堂門口，讓教徒們一個個跨過他的身體。

那是一個自尊心很強的年輕人，他無法忍受這種羞辱，回家後就開槍自殺了。

這件事，彷彿提前宣布了斯賓諾莎繼續研究哲學的下場。

不過，猶太教會對斯賓諾莎還算寬厚，當長老發現斯賓諾莎有異端傾向的時候，長老並不打算嚴懲他，而是希望能「挽救」他。經過反覆勸說後仍舊無果，長老甚至答應每年給斯賓諾莎一大筆錢，只要他能妥協，哪怕是假裝的都行。

提出這樣的條件，只能說明長老太不了解斯賓諾莎了。

西方哲學史兩千五百多年，我們介紹的哲學家有十幾位。如果把這些人按照品德排序的話，斯賓諾莎就算不能獨居第一，那也絕對是並列第一的。

他性格溫柔，待人寬厚，但又堅強誠實，絕對不可能在教會的壓力和金錢的誘惑下違心撒謊。

他拒絕長老的提議，教會對他失去了信心，在斯賓諾莎二十四歲的時候，教會宣布把他開除教籍。在開除的時候，教會用極爲惡毒的話詛咒他：「讓他白天受人詛咒，夜裡受人詛咒；躺下時受詛咒，起來了還受詛咒；出外去受詛咒，回來又受詛咒……將律書中所載的一切詛咒全堆壓到他的頭上，普天之下都抹掉他的名字……」還禁止任何人與他交談、通信，禁止閱讀他的作品，禁止說明他，禁止靠近他，禁止和他同居一室。

從此，斯賓諾莎在荷蘭的地位一落千丈，人們躲避他、厭棄他。斯賓諾莎的父親也不肯收留兒子，父親去世後，姐姐又要霸占遺產。為此斯賓諾莎和姐姐打了場官司，最後他贏了官司，但是他馬上又把贏得的財產送給姐姐，自己只留下一張床。

斯賓諾莎教過的學生寫信罵他說：「你是世間可悲可憐的小人，而且是供蛆蟲享用的屍骸和養料。」

還有一次，一個狂熱的教徒試圖用匕首刺殺他，幸虧斯賓諾莎在關鍵時刻及時轉身，雖然他的脖子還是受了傷，但僥倖保住了性命。

斯賓諾莎的一個朋友，被荷蘭法院指控反對神學。有一個官員想要連帶指控斯賓諾莎，斯賓諾莎最終脫身。但是他的那個朋友被判了十年徒刑，服刑一年多後就死在監獄裡。

後來斯賓諾莎的著作《神學政治論》匿名發表，剛一發表立刻就進了天主教會的《禁書目錄》，而且人們很快就搞清楚作者的身分。書中違反教義的言論受到了暴風雨般的攻擊，有人說這本書是「一個叛逆的猶太人和魔鬼在地獄中杜撰而成的」。

從他十八歲起開始的三十年間，教會一共頒布了五十道詔令，禁止閱讀和流傳他的作品。在他臨死前兩年的時候，荷蘭的地方政府命令，凡是發現任何有印刷斯賓諾莎作品企圖的市民，都要向政府報告。

用十八世紀的作家萊辛的話來說：

「人們談到斯賓諾莎，就好像他是一條死狗。」

這種種遭遇足以摧毀一個人，或把一個溫厚的人變得暴虐厭世。但當一個人找到自己的哲學答案以後，他是不會被摧毀的。

貧困的斯賓諾莎放棄遺產，一個人搬到荷蘭的海牙，以磨光學鏡片為生。他終身未婚。斯賓諾莎喜歡過他拉丁文老師的女兒，另一個同學則用一條珍珠項鍊奪走了女孩的心，但是最終也沒跟那女孩結婚。

磨鏡片的收入很少，所以斯賓諾莎一生清貧。晚年雖然出名，卻仍過著清苦的生活。曾經有位富商願意資助斯賓諾莎，可被他拒絕了。後來富商臨終時要把全部遺產都送給斯賓諾莎，斯賓諾莎說服他把錢財送給了另一個人。那個人很感激斯賓諾莎，送了他一筆錢，確實缺錢的斯賓諾莎終於收下了這筆錢中的一部分。

斯賓諾莎也有結交權貴的機會。

在他出名以後，神聖羅馬帝國的一位選帝侯稱讚他是天才，邀請他去海德堡大學當教授，講學的待遇很優厚，說只要他講的內容別觸犯宗教信條就行了。但是斯賓諾莎猶豫了六個星期，最後還是拒絕了。他回答說，自己不知道怎麼把握才能不觸犯宗教信條。

法國國王路易十四還暗示過斯賓諾莎，只要他聲明下一本書獻給路易十四，就可以得到一筆豐厚的養老金。斯賓諾莎回答說，我的確需要金錢，但「我只將我的著作獻給真理」。這可不是故作清高，因爲他確實窮。

斯賓諾莎的身體本來就不好，常年打磨鏡片又使得他吸入了過多的粉塵，再加上生活清苦，在拒絕了路易十四的請求四年後，他便在貧病交加中去世，只活到四十五歲。

如果是在寫一篇學生作文，那麼寫到這裡，我們應該讚美斯賓諾莎的美好品格，爲自己的庸俗人生暗自羞愧。但這本書的主題不是求善而是求真，所以更應該引起我們興趣的是：在如此惡劣的生活環境下，斯賓諾莎是靠著什麼樣的哲學信念，才得以保持寬厚的性格和平靜的心情呢？

我們慢慢看。

首先，斯賓諾莎是笛卡兒的繼承者。

我們說過，笛卡兒有一個很棒的想法，就是按照歐氏幾何學的模式來建立哲學體系。具體來說，就是先找出一些不言自明的公設，再以這些公設爲基礎，按照演繹推理的方法建立整個哲學體系。

笛卡兒的想法不錯，具體工作卻做得不太好。斯賓諾莎則完美實現了這個想法。斯賓諾莎最有影響的著作叫《倫理學》，在他去世後才發表。這本書的全稱是《按幾何順序證明的倫理學》。

看明白了嗎？用幾何去論證倫理學（倫理學也是哲學研究的一部分），這不完全就是笛卡兒設計的路數嘛！等翻開這書，你肯定就崩潰了。

書裡沒有一點口語，翻開就是這種形式：

定義1：××。公理2：××。後面則類似於：

命題19：因為××（根據公理1）乃是××（根據定義12），所以（根據命題6）××。此證。

完全就是一本數學書，如果沒有強悍的邏輯思維，根本沒辦法看明白。

我們來看看斯賓諾莎到底說了些什麼。另外透露一句，鑒於後人對斯賓諾莎的批判，斯賓諾莎具體說了什麼其實對我們普通人來說並不重要。這裡介紹他的學說主要是因為他的思路挺有趣的，所以如果看不明白也沒有關係，可以跳到下一段。

我們開說吧。

首先，要找到公設。

笛卡兒把一切都懷疑了，我們就得找到一個絕對存在的、不可能被懷疑的東西為公設。既然這個東西絕對存在，那麼它肯定不能依賴別的物體存在。

斯賓諾莎把這種東西稱作「實體」。

實體的特徵是，這東西自己就是自己存在的原因，不依賴外物存在。這意味著，外物也不可能摧毀實體。否則的話，實體的存在就要依賴於「外物不去摧毀實體」，等於還是依賴於外物了，對吧！

既然實體自己是自己存在的原因，外物也不能摧毀它，那麼實體肯定是永遠存在的。用類似的方法，我們也可以證明出，實體是無限的，是唯一的，是不可分的，是善的。

如果實體是無限的，是唯一的，那麼這就等於在說，世間萬物，我們每一個人都是實體的一部分。因為只是一部分，所以是不完美的一部分。

這麼一個永恆的、無限的、唯一的、不可分的東西，你想到了什麼？就是上帝嘛！

斯賓諾莎就是這麼想的。因為實體是無限的，若真有上帝的話，那它一定是實體本身，不可能不是實體。用個例子說，如果上帝不是實體，上帝又無所不能，上帝不就可以改變實體了嗎？這又和實體的定義不符了。

所以，斯賓諾莎承認上帝，但他心目中的上帝不是基督教或者猶太教中人格化的上帝，而是無所不在的實體。

當然，這種觀點肯定會遭到宗教迫害了。

然而我們也可以理解，斯賓諾莎的世界觀給他帶來了強大的信念。

簡單地說，世間萬物皆爲上帝，我自己也爲上帝的一部分，那麼我與上帝同在，自然充滿無限的力量。其他人即便與我作對，他們也是上帝的一部分，他們的行爲也都是上帝的意志（這點和基督教是相同的）。所以無論外人如何對我，我都應該坦然接受。

複雜地說，實體永遠存在，我屬於實體，那麼我也可以永遠存在。即便肉體消失了，我也是實體的一部分。而且一想到我和世間萬物都是一體的，就可以感受到無限的力量和安全感，也就什麼都不怕了。

再者，實體是善的，作爲實體一部分的事物，即便單獨看是邪惡的，它本身也是爲了善的目的而存在，也是善的一部分。因此無論多麼醜惡的現象，我們都應該寬容接受。

斯賓諾莎的學說大致如此。

順便一說，這種人和萬物一體的觀點在中國哲學裡很常見，中國很多學派都追求「天人合一」。比如莊子講「天地與我並生，而萬物與我爲一」；北宋儒學家張載更認爲宇宙萬物都是一體的。所以我們侍奉父母，友愛他人，就相當於愛整個宇宙了。

佛教也有類似的觀點，大乘佛教認爲感官所見到的萬物之間的區別，都是一種虛假的幻象。世間萬物的本質是一樣的，都叫「空」，這可以理解成萬物之間沒有區別，是一體的。

其實，斯賓諾莎的世界觀離科學家的想像也不太遠。

著名科幻作家艾西莫夫寫過一套史詩巨著《基地》。在後幾本小說裡，艾西莫夫構建了一個神奇的星球。在這個星球上，所有的動物、植物甚至一草一木共同構成了一個整體，大家共用相同的意識、記憶、感情和感覺。星球上的生物個體死亡以後，組成該生物的原子最終會變成星球上其他生物和物體的一部分。所以這個星球上不存在真正意義的死亡，只有各種物體之間的轉化。意識是全星球物體共用的，因此也不會消失。

艾西莫夫的設想可能來自曾經在科學界流行一時的「蓋亞假說」，認爲地球是一個生命體，能夠自動調節地球的環境，爲生物創造生活條件。我覺得這個假說不靠譜，但是艾西莫夫構建的這個世界描寫細緻、設定合理，感覺非常真實，在邏輯上這個世界有存在的可能。

當然，艾西莫夫描寫的世界和斯賓諾莎的哲學體系有一定的區別。斯賓諾莎的哲學指的就是我們自己生活的世界，而不是什麼外星。但艾西莫夫可以幫助我們想像，如果世界真像斯賓諾莎說的那樣是一個實體，那將是種什麼感覺。

哲學史上有個不難理解的現象，生活越是困苦的哲學家，他的學說就越關注個人幸福。反之，生活富足的哲學家，學說更容易脫離現實。斯賓諾莎就是典型的前者。

當斯賓諾莎意識到自己的幸福應該透過理性思考來追求的時候，他發現，在得出最終答案之前還需要很長時間。那麼在這段時間裡，自己該怎麼生活呢？

他總結了幾個可以暫時執行的原則，大意是：

第一，說話要盡量讓別人明白，只要別人對我們的要求不會影響我們實現自己的目標（比如求知），那就盡量滿足。

第二，只享受爲保持健康所必需的生活樂趣。

第三，只求取爲生活和健康所必需的金錢。

這些生活準則並非出於斯賓諾莎的哲學思考，而是他以一個普通人的身分、一個立志求知者的身分思考出來的。這些結論平實樸素，完全就是心靈雞湯的標準素材。所以，不妨參考一下吧。

在斯賓諾莎的時代，哲學有一個非常光明的前途。

按照笛卡兒的設計，斯賓諾莎把哲學研究推上了一條井然有序的道路。其他的哲學家可以像做數學研究那樣，發明新的體系，創造新的定理，或者按照邏輯規則修改、補充前人的成果。如此，哲學成果也就必然會越來越完善，越來越接近真理。人類找到哲學的終極答案不過就是時間問題了。

但是，有人不服。

不服？膽子也太大了吧？要知道，笛卡兒和斯賓諾莎的觀點可是有全體數學家當後盾的。

誰這麼大膽，敢反對數學家？

嗯……是科學家們。

第十四章　科學派VS數學派

爲什麼科學家會反對數學家呢？

當然，科學家並不排斥數學，從事科學研究怎麼可能不用數學呢？然而在科學家看來，數學只是一個工具，並不是真理。這就好比直尺一樣，科學家必須用直尺來觀測自然。但直尺本身不代表任何東西，直尺上的刻度、單位都是人爲規定的。我們完全可以換用帶有另一套單位的直尺，也不影響任何科學結論。

那科學家們是靠什麼做研究的呢？

靠歸納法。

這得歸功於培根，說「知識就是力量」的培根，一位和笛卡兒同時代的知識分子。在培根之前的時代，人們雖然也在研究自然世界，但是很多人並不注重客觀實驗。他們討論理論，關心的是什麼理論更完美、更簡潔，感覺上更舒服。

比如天文學。從古希臘到經院哲學時代，大部分人都相信星球的運行軌道是正圓形，星球做的是均速運動。理由僅僅是，正圓是幾何裡最「完美」的圖形，均速最「自然」。

那時人們在辯論的時候常常說：「你這個解釋在數學上是不對稱的、不完美的，看我這個更和諧更美。」或者說：「亞里斯多德說世界是什麼什麼樣的，你看我的模型可以把亞里斯多德的解釋推廣到全宇宙。」完全是一副清談的做派。

這麼研究，怎麼能發展出科學呢？因此，培根強調要重視事實。而在事實的基礎上進一步形成科學知識，就要靠歸納法了。

歸納法的意思是，人們透過觀察多個個別的現象，總結出普遍的規律。比如，人觀察到，每一次把石頭扔出去，最後石頭總要落地。那麼他就能總結出「空中的石頭總會落地」這麼一條規律來。

與之相對的，就是前面介紹過的「演繹推理」。簡單地說，就是從已知的前提，按照邏輯規則，推理出一些結論。比如，如果「空中的石頭總會落地」是真的，那麼就可以推理出「我扔出的石頭總會落地」。

我們今天取得的所有科學成就，都是綜合使用歸納法和演繹推理的結果。

舉個例子。

科學家先觀察到某些現象（比如木頭用火一點就燃燒），用歸納法假設出一條科學規律來（是高溫引起木頭燃燒嗎？），然後用演繹推理從這個假設中得到一些推論（那麼燒紅的烙鐵雖然沒有火苗，也應該可以用來點燃木頭），再根據這些推論去做實驗，看實驗結果是不是符合假設的理論（哇，果然點燃了）。然後科學家就可以寫篇《論木頭燃燒的原因》發表了。

這套科學方法裡既有歸納法，也有演繹推理，但其基礎、起關鍵作用的是歸納法。科學家們「輕視」演繹推理，關鍵在於他們發現演繹推理有一個巨大的缺陷。

這個缺陷就是，演繹推理不能給我們帶來任何新知識。

數學理論，比如歐氏幾何，都是先想出一些公設，然後就靠純粹的演繹推理來得出其他的內容。但是推理是等價的，所以推理得出的內容其實都包含在它的前提條件裡了。換句話說，一本《幾何原本》的全部知識其實就是開頭的那幾條公設和公理，後面厚厚的十三卷內容不過是在不斷用其他的形式去重複那些公設和公理罷了。

而科學的任務是探索自然界，獲取新的知識。毫無疑問，數學是不可能完成這個任務的。歸納法是科學家們的唯一選擇。

對於哲學領域，數學方法就更危險了。

笛卡兒他們研究哲學，不都先要有公設嗎？問題是，這些公設有什麼根據嗎？斯賓諾莎說世上存在實體，你能做一個實驗給我證明嗎？說白了，笛卡兒和斯賓諾莎構建的哲學世界，整個學說不過只是幾句公設，而這幾句公設還沒什麼根據。

我們說了，研究哲學的原則是避免獨斷論，但數學家這不就陷入獨斷論中了嗎？

對於這一點，笛卡兒時代的哲學家們可能還不同意，因爲他們覺得，歐氏幾何的權威無人能敵，是不可撼動的真理，所以歐氏幾何的公理和公設並不是歐幾里得想當然得出的，而是必然真理（你能想像平行線相交嗎？）。歐氏幾何的成功給笛卡兒那樣的哲學家們信心，他們認爲也可以在哲學領域裡找到類似歐氏幾何那樣絕對正確的公設。

然而幾百年後，數學家們發現了公設體系完全不同的非歐幾何，而且還正好用在相對論上。這說明歐氏幾何並非宇宙中唯一的真理，只不過是人類用來描述自然的工具而已。對於科學家們來說，數學是通向真理的橋梁，但不是真理本身。

這意味著數學派的哲學家們創造的不過是能用來衡量世界、隨便可以用其他系統來代替的直尺，他們卻把這些直尺當作世界的真相。

當然，這些都是後話。在笛卡兒的時代還沒有非歐幾何，所以數學家的底氣還很足。

第一個向數學家發起挑戰的科學派哲學家叫洛克。

洛克不僅是個公務員，還是個醫生，而且醫術高明，治好了一個連御醫都治不好的貴族。洛克具備了一個合格科學家應有的實事求是的精神，所以一看見笛卡兒的觀點就覺得渾身不對勁。

我上小學的時候，老師常這麼教訓我們，說我們現在的心靈就像是一張白紙，在上面畫什麼，我們就會成爲什麼樣的人。這個「兒童心靈是白紙」的說法，追根溯源，可以追到洛克的身上。

洛克說，剛出生的嬰兒，內心就像是一張白紙或者一塊白板，什麼都沒有，人的思想都是靠後天學習得來的。沒有什麼知識是人不用學習，先天就能領悟的。在洛克看來，笛卡兒、斯賓諾莎等人號稱的那些公設，全都是無根之木。

笛卡兒說人的心中天生就有上帝的概念，洛克說這不對，在有些原始部落人的心裡就沒這種觀念。邏輯、理性這些東西原始人也很少提，也不是人先天就有的。

洛克也承認人的本能是天生的，比如直覺之類。但洛克認爲，這些本能就和動物捕食、生存的本能一樣，是一種生理、心理上的習慣而已，並不是什麼比客觀世界高一等的理性，更不可能由此建立起一個哲學世界來。

洛克說的也挺有理，是吧！

順便一說，洛克在政治上的貢獻也很大。他是一個自由主義者，在王權當道的時代就提出了「人人生而平等」、「天賦人權」等概念。他的理論影響深遠，美國的《獨立宣言》甚至直接引用了洛克著作中的話。

洛克的哲學觀點帶有一部分政治內容。他是自由主義者，最痛恨獨裁。所以洛克認爲，如果像笛卡兒等人所說的，有一些真理是不言自明，是人先天就有的，那麼這種觀點可能會被獨裁者利用。獨裁者可以給人民灌輸有利於自己統治的信仰，使得人民不懂得覺醒。

無根之木——科學派對數學派的攻擊非常準確。但是數學派也找到科學派的弱點。

這個弱點就是，科學派沒法保證結論的可靠性。

這是胡說吧？這世上要是科學不可靠，還有什麼是可靠的呢？

數學家們自有道理。

數學家們指出：歸納法永遠都只能立足於有限的事實之上，而不可能把所有的事物全部實驗一遍。比如你說「空中的石子一定落地」，那你實驗過全宇宙古往今來的所有石子嗎？你只是觀察了一部分石子，就得出了這個結論。

所以，科學得出的真理頂多是一種機率真理。科學家不斷做實驗，頂多是把科學理論正確的機率提高了一點，卻永遠不能保證科學理論絕對正確。

用白話說，假設人類已經做過十億次物理實驗，都證明牛頓是正確的，但反對者還可以問，你怎麼能保證第十億零一次的實驗還會正確呢？

當然，有人可能覺得這種反問是找麻煩，很多科學家都不在乎這種質疑。我們今天已有的科學成就已經證明了歸納法的強大威力，光質疑有什麼意思呢？

所以科學家派也挺理直氣壯的。

洛克的學說給當時的哲學界帶來了很大的影響。原本數學家一枝獨秀的哲學界，這時出現了數學派與科學派雙雄爭霸的場面。

由於這場爭論是哲學界的一件大事，所以哲學家們給這兩派學說分別起了名字。

笛卡兒、斯賓諾莎代表的數學派，被稱爲「理性主義」。在歸納法裡，最重要的是實驗資料，是觀測結果，它們是科學理論的基礎和證據。這些東西可以用一個詞來統稱：經驗。

所以洛克代表的科學派被稱爲「經驗主義」。

要特別注意的是，在我們這本書裡，會多次用到「經驗主義」這個詞，它一律指的是我們剛剛說的這個意思，而不是日常生活中的「教條主義」——「辦事只靠過去的經驗，不懂得變通」的意思，不要搞混了。

為了能記得更有條理，我們簡單總結一下這兩派學說的異同：

理論名稱	理性主義	經驗主義
代表人物	數學派哲學家	科學派哲學家
研究方法	演繹法	歸納法
優　點	嚴謹	產生新的知識
缺　點	不產生新的知識，公設未必可靠	結論不能保證絕對正確，永遠有出錯的可能

我們可以用一個比喻來描述這兩個學派的特點。

假如哲學是一座通向終極真理的巴別塔，那麼理性主義者的塔高聳入雲，每搭建一次，都似乎馬上可以觸摸到天堂。但是這座塔的根基卻是幾根破木頭，經驗主義者們經常蹓躂過來，隨便踹上幾腳，這座塔就塌了。

經驗主義者不同，他們的塔蓋得極爲結實。但是由於能力有限，他們只能零零散散地在各地建造一些矮塔，這些塔既連不到一起，又沒法蓋得很高。因此，經驗主義者們的塔雖然結實，卻根本沒法滿足人類的要求，蓋得再多也沒有用。

好熱鬧的趕緊搬板凳，來看看這兩派是怎麼爭論的吧⑥！

⑥這裡用「數學派」和「科學派」來區分理性主義者和經驗主義者，只是為了便於理解而做的一種比方，並不是說數學家都是理性主義者以及科學家都是經驗主義者。

第十五章　萊布尼茲的哲學論戰

上一章我們講到了經驗主義的掌門人洛克，率先舉起了挑戰理性主義的大旗。笛卡兒等理性主義者們剛開始還挺納悶，他們想啊，我們這套哲學都是歐洲最著名的數學家、知識分子研究出來的。那些是什麼人啊，敢跟我們挑戰？

結果他們一看洛克的國籍，就都釋然了。

喔！原來是個英國人啊！

英國人怎麼了？

假如翻開英國的學術史，我們就會發現，這簡直就是「跟歐洲大陸相抗衡」的歷史。英國人和歐洲大陸不一致，是有傳統的。

就說理性主義和經驗主義之間的分歧，其實可以上溯到柏拉圖和亞里斯多德的分歧。他們倆對世界的看法不一樣，一個重視心靈理性，一個重視現實經驗。

以「人」這個概念爲例。

柏拉圖說，「人」這個概念比「張三李四」這些具體的人更真實。「張三李四」生了又死，來去不定，只有「人」這個概念是恆久的。

亞里斯多德則說，「張三李四」是具體的，我們看得見摸得著。而「人」這個概念，完全是我們看過了這麼多具體的人，然後在腦子中產生的。所以真實存在的是具體的事物，不是概念。

亞里斯多德是柏拉圖的學生，但是觀點和柏拉圖相悖，爲此亞里斯多德還說了一句名言：「吾愛吾師，吾更愛真理。」

到了經院哲學時期，英國的神學家就開始和歐洲大陸神學家不一樣了。歐洲大陸神學家繼承的是柏拉圖，英國神學家繼承的是亞里斯多德，兩邊爭執不休。到了笛卡兒時代就順理成章地演變成：歐洲大陸哲學家大都是理性主義者，而英國哲學家大都是經驗主義者。

如果不怕被指責牽強的話，我們還可以說，重視個別經驗、對獨斷論充滿警惕之心的經驗主義，是英國人古板的民族性格的體現。而試圖從萬物根本一勞永逸地建立一個大一統理論的理性主義，正是荷蘭和法國浪漫精神的代表。

我個人以爲，英國之所以總和歐洲大陸不同，是因爲中間隔了一片海。雖然不算太遠，可終究什麼事都得坐船來回，因此英國就保持了一定的獨立性。

宗教改革的時候，英國國王和天主教會有了矛盾。但英國國王也沒轉向日內瓦的喀爾文教，而是宣布英國的基督教改名聖公會，英國國王控制聖公會，這在歐洲大陸上是沒有的。

再比如，荷蘭是當時歐洲最自由的地方，其實英國也比較自由。當時的歐洲大陸，民事法庭可以用刑罰逼供，而英國規定，只有特殊法庭才能用刑。

所以，英國也吸引了一批哲學家和科學家，擁有很強的學術實力。

給理性主義者來了一個下馬威的洛克，氣宇軒昂地站在泰晤士河的入海口，遙指海峽對岸大喝一聲：還——有——誰——

對岸還真有人接招，他是德國人，叫做萊布尼茲。

像笛卡兒一樣，萊布尼茲也是一位數學家，而且還是一個神童。

說到這裡，有一個有趣的小規律：數學家裡特別容易出神童，除了萊布尼茲外，還有帕斯卡、高斯、歐拉、拉格朗日、哈密頓、馮．紐曼、伽羅瓦、維納，以及當代的陶哲軒，這一長串數學家全是神童，每個人的故事都是一個傳奇。相比之下，其他行業裡出神童的比例似乎沒有這麼高。我想，這也許是因爲數學既不像文科那樣需要生活經驗的積累，也不像物理、化學那樣需要實驗資料，所以最容易體現出少年的天才頭腦來。

我們來看看萊布尼茲是怎麼個天才法的。

拉丁文對大部分歐洲人來說都屬於外語，是知識分子才使用的學術語言，而萊布尼茲十二歲就拿本拉丁文的書自己自學——您能想像六年級小學生自己背高中範圍的英文單字是什麼感覺？直接把他的老師給驚著了。那老師不許萊布尼茲看這些書，說這些書不適合他。幸虧有一位大人物正好路過，見到這種情況後對萊布尼茲大爲讚賞，把那老師批評了一頓。

萊布尼茲十七歲就獲得哲學碩士學位，二十歲完成博士學位的學習。但當時的萊比錫大學認爲他太年輕，就沒給他博士學位。萊布尼茲一生氣，轉身就去了外地的另一所大學。在去這所大學的路上，他一邊趕路一邊寫了一篇論文。等到了那地方，把論文一交，人家直接就給了他博士學位，還邀請他當教授。結果萊布尼茲說我不想幹，還給拒絕了。

當時，另一位天才帕斯卡已經發明了計算器，但是這種計算器只能計算加法。萊布尼茲改進了它，讓它能運算乘法、除法和開方。當時很多人認爲，思考和計算是人類獨有的、神祕的東西。而萊布尼茲和帕斯卡兩個人，把這種神祕感給打破了。

總而言之，就是很天才。

在哲學史上，大部分哲學家都安貧樂道。研究哲學嘛！人生都看開了，還在乎什麼名利？然而萊布尼茲這人卻有些市儈。

表面上，萊布尼茲對基督教表現得非常虔誠。他生前發表的著作，寫的都是符合教義的內容，什麼三位一體，什麼聖恩，一點錯都沒有，還大肆攻擊那些和教會意見不同的人。然而作爲一個哲學家，萊布尼茲怎麼可能沒有自己獨立的想法呢？他並不是一個虔誠的信徒，平時很少去教堂。內心裡，他在很多地方都和斯賓諾莎有共鳴。

萊布尼茲還見過斯賓諾莎本人，開始斯賓諾莎並不信任他，但經過長談，萊布尼茲漸漸取得斯賓諾莎的信任，斯賓諾莎讓他看自己的手稿，還讓他抄錄其中的字句。當然，這些事情萊布尼茲生前都沒有說出來。

萊布尼茲還喜歡給各種貴族夫人小姐寫信，用自己的學術觀點取悅她們。信的內容是比較正經的，但一個正經的哲學家也沒必要把時間都花在這上面。我覺得放到今天，萊布尼茲就是那種在社交軟體上加了一大堆女網友，喜歡天天在網上貧嘴，卻又從來不約女網友出來見面的那種人。

還有一件好玩的事：

有個皇族成員想光耀門楣，叫萊布尼茲替他寫一部家族歷史。萊布尼茲滿口答應了（可能還是他主動提出來的）。

您想，其實這不是很簡單嗎？找點史料把他們家誇一頓不就完了嗎？隨便來個會寫字的都能做這件事。然而萊布尼茲是怎麼寫的呢？他說，這個家族的歷史，是整個皇族歷史的一部分，必須和整個皇族的歷史結合在一起寫。但是要研究皇族的歷史呢，又必須先研究地理。然而這片土地又是地球的一部分，所以我們要從地球的形成開始研究。

然後那個皇族成員左等右等也不見萊布尼茲把書寫完，就派人去看看，結果那人一看就崩潰了：萊布尼茲正興致勃勃地寫遠古時代的地球發展史呢！

所以說，古板的知識分子就算是想市儈，結局恐怕也是悲哀。

一般學者如果取得一定的社會地位，往往對名利看得就淡一些，因爲已經有了收入和地位，可以把全部的精力都放在對真理的探求上，這不是最美好的事嗎？

但是萊布尼茲不依，他到了晚年已經聲望很高，甚至一度同時被五個王室僱用，可是他還是非常熱衷於參與公共事務，總恨不得在各種公共事務上刷出存在感來。

萊布尼茲不斷提出各種改進社會的提議，例如：爲德意志地區引進絲織品，在柏林建立公共衛生系統，在維也納修建路燈及國家銀行、傳染病患者隔離病房等等。這些當然都是很實用的建議，對國家和人民也有好處，但是以萊布尼茲當時的地位，這些提議都是他沒法實現的。

典型的例子是，他夢想要在全球各大城市成立科學院，甚至包括北京，他可能還真給康熙寫過一封信。不過這個夢想實現起來比較艱難，在萊布尼茲生前，只有柏林科學院成立了，他成為第一任院長。但是科學院缺錢，他就提出增收各種苛捐雜稅，包括滅火器稅、桑樹稅、燒酒稅等等，結果得罪了不少人，最後科學院成立的開幕式上竟然沒有人請他出席。

混得太慘了……

萊布尼茲是數學家，在哲學上是一個理性主義者。他很快就接受了笛卡兒等人的學說，不僅發展出屬於自己的哲學體系，還和洛克展開激烈的論戰。

洛克說，理性主義者們所謂的一些先於經驗的公設與理念，和動物的本能沒有區別。萊布尼茲針鋒相對地反駁：你知道人跟禽獸有什麼區別嗎？區別就是禽獸做事只憑經驗，人卻能根據經驗總結出必然規律。禽獸不知道思考，總以為過去發生的事情在以後相似的場合下還會發生。所以人可以利用禽獸的習性，去設計陷阱捕捉禽獸。

而經驗主義者只強調經驗，不承認必然規律，那他們的聯想能力不就跟禽獸一樣了嗎？

話說得可真狠啊！

但應該強調的是，在論戰中，萊布尼茲是非常有風度的，他把自己和洛克辯論的書信集結成了一本《人類理智新論》。但是當這本書寫成的時候，洛克已經去世了。萊布尼茲認爲對手不能答辯了，自己發表和他的辯論是不公平的，於是在自己生前一直沒有發表。

當然，除了要滅洛克的威風之外，萊布尼茲還有自己的哲學成果，我們也簡單說一下。但就像斯賓諾莎一樣，萊布尼茲後來也被駁倒了，所以不用仔細看，如果看不下去，跳過去也可以。

萊布尼茲是理性主義者，自然也是使用先公設後推理的那套過程。

萊布尼茲的公設是這樣的：

物質是占據空間的，對吧？那麼只要是能占據空間的東西，就可以被分成更小、更簡單的東西。

物質被無限地分下去，最後剩下的，一定是不占據空間的「東西」——要是占據空間就能再分下去了。

這「東西」不占據空間，所以它不是物質，而是精神。

所以一切物質都是由精神組成的。

嗯……有點扯吧？

萊布尼茲給這些不能再分了的、不占據空間的東西起名叫「單子」，他的理論也就被稱爲「單子論」。

和斯賓諾莎分析實體的方法類似，萊布尼茲用邏輯推導出每一個單子都是不同的。萊布尼茲在給他的貴族小姐們解釋這件事的時候，說了一句名言：「世上沒有兩片樹葉是相同的。」黑格爾說，據說貴族夫人在聽到這個解釋以後，立刻興致勃勃地去公園裡找樹葉，看能否找到兩片完全一樣的。這真是個哲學理論被庸俗化的典型例子。

萊布尼茲的理論讓人想起了斯賓諾莎，兩個人的理論都是靠幾句「凡是……皆……」之類的話推理出來的。然而結論卻相差很大：萊布尼茲的世界是由一群極小的精神組成的，斯賓諾莎的世界裡，所有物體是一個整體。兩個核心觀點基本上是相反的，這怎麼能讓人相信理性主義者所說的公設是真實可靠的呢？

我覺得，這正表明了理性主義者的弱點。因爲理性主義者所有的結論都建立在不一定靠譜的公設上。只要公設、推理過程中有一點兒不可靠的東西，整個體系就不知道扯到哪裡去了。最後得出來的結論也就很難讓人信服了。

笛卡兒時代，理性主義者和經驗主義者在歐洲掀起了一場哲學大戰。像在哲學的童年裡一樣，哲學家們也是一群小孩，問題無論巨細，都喜歡辯論一番。他們透過書信往來和出版書籍的方式，超越了空間的限制，熱情地參與每一個哲學問題的辯論。

假如那時有網路的話，他們或許會蓋出如下的樓來：

標　題：最近有個問題很令人頭痛

發表人：笛卡兒

正　文：最近有個問題困擾了我，請問，除了「我思」之外，這世上還有什麼是不可懷疑？

（1樓）遊客甲：樓主貌似說得很有理，有時我也常想，我是不是生活在夢裡？那生活還有什麼意義？

（2樓）遊客乙：你們這些異端真是不消停，又跑到這裡來發言了。我已經檢舉了。願主懲罰你們。坐等刪文中。

（3樓）笛卡兒：回1樓：我想到一個解決的辦法。我們可以參考幾何的方式，從確鑿無疑的事實開始構建一個哲學大廈。可惜我最近在給瑞典女王上課，我沒有時間。

P.S.[7]提醒樓上，這論壇的伺服器在荷蘭，教會刪不了文章……

---

[7] P.S.是Post Scripts的縮寫，解釋為附言、後記，後演變成注明重要資訊的方式。——編者注

再P.S.瑞典這地方好冷，最近感冒中，求安慰。

再再P.S.人家最近還坐了瑞典女王的軍艦呢！

（4樓）斯賓諾莎：摸摸樓主，感冒要喝雞湯多睡覺喔！你用數學公式建立哲學大廈的設想我已經完成了，給我電子郵件地址，我傳一份給你。

（5樓）笛卡兒：為了上課，我天天得早上五點起床，還睡什麼啊！小時候上學都沒那麼早起過。（>_<）

（6樓）遊客丙：樓上的！還在這裡放毒！別讓老子見到你，見到你一次打你一次！

（7樓）遊客丙：發錯了，是樓上上。

（8樓）斯賓諾莎：回樓主：克制貪睡的欲望，這也是善的一部分呢。（笑）樓上：我們理性討論好嗎？送你最美好的祝福。

（9樓）洛克：笑。又在這裡碰見樓主了，樓主貌似到處發文啊！好吧，我再回覆你一次：你們這些理性主義者太荒謬了。世界建立在定義推理之上？不要用你們的荒誕理論騙人了。我再說一遍：人生是一塊白板！白板懂嗎？你生下來不學習就會思考？真受不了。

P.S.斯哥，鏡片還有貨嗎？再幫我磨點，具體規格給你發站內信了。

（10樓）萊布尼茲：樓上的，又跑這裡來了？上次我們那篇文你怎麼不回了呢？你敢回答這個問題嗎：你說知識都是靠經驗來的，那人類獲得的永遠都是片面的、局部的知識，怎麼可能存在幾何這種具有普遍必然性的真理呢？

（11樓）瑞典の尊貴王室の女王：笛笛！又看到你半夜上網！還不睡覺，明天又賴床！P.S.笛笛你對早起有意見嗎？你知道人家每天幾點起床嗎？我還要化妝耶！再P.S.樓上的幾位注意了，別以爲我查不到你們的IP，誰敢再罵我們家笛笛，小心我拿軍艦轟你們喔！

（12樓）笛卡兒：（⊙_⊙）……我暈了……

第十六章　遭遇最強對手牛頓

十七世紀的歐洲，爆發了一場跨越英吉利海峽的學術戰爭。這是科學哲學家和數學哲學家的戰爭，也是英國和歐洲大陸的戰爭。

英國戰士洛克在和萊布尼茲的辯論中沒有占到上風，可以說，在第一個回合裡，英國人沒占到什麼便宜。但是很快，英國最重量級的選手要上場了。

沒有他，以英國小小的面積，要想對抗整個歐洲大陸恐怕是痴人說夢。有了他，英國學者一下子就成爲全世界最權威、最有話語權的人。

這個威震天下的神仙就是牛頓。

牛頓，曠世天才，偉大的物理學家、數學家、天文學家、哲學家、神學家、煉金術士、世界末日預測者。

對，你沒聽錯，牛頓晚年透過複雜的公式，計算出了世界末日的具體時間，就在二〇六〇年。

呃……似乎就快要到了，好在我們還有時間把剩下的故事說完。

牛頓最重要的成就是力學，他發現了萬有引力定律，洞察了天體運行的規律，所提出的力學定律在長達幾個世紀的時間裡都是不可撼動的。

牛頓的第一身分是科學家，自然，在哲學上他傾向於經驗主義。牛頓熱衷於做實驗，他的成就也都來自實驗，因此他有一句名言：「我不發明假說。」潛臺詞就是，理性主義者們那些坐在屋子裡空想出來的假設，我是不同意的。

牛頓不僅在哲學上傾向於經驗主義，在現實中還是洛克的好朋友，洛克賞識牛頓的才華，依靠他的社交關係提攜過牛頓。一看洛克被萊布尼茲欺負了，牛頓二話不說，挽起袖子就衝上前：

兄弟給你報仇！

牛頓說到做到，只不過……他贏得有點不光彩。

牛頓和萊布尼茲都是數學家，牛頓滅萊布尼茲，就滅在了微積分發明權這件事上。

現代歷史學家普遍認爲，這兩個人各自發明了微積分，所以微積分的基本定理叫「牛頓—萊布尼茲公式」，是用兩個人的名字合在一起表示的。

但當時沒人知道真相。人們只知道牛頓和萊布尼茲都發表了自己的微積分論文，而牛頓的完整論文要比萊布尼茲發表得晚。按照今天的習慣，學術發明權的問題很好解決，誰先發表的論文，哪怕早發表一天，誰就應該擁有發明權。

萊布尼茲的論文呢？比牛頓早了足足三年。

但當時牛頓的聲望、權勢都比萊布尼茲大，再加上很多英國人出於民族主義心理支持牛頓，所以兩個人在學術界大吵了一番。無非就是指責對方某年某月看過自己的筆記、某年某月我給你的通信中透露了我的微積分思想之類。

架吵了很久，萊布尼茲向在學術界有巨大聲望的英國皇家學會申訴此事。

不久，英國皇家學會經過詳細認真的調查後鄭重宣布——牛頓才是微積分的發明者，萊布尼茲是個大騙子。

備註：此時的英國皇家學會會長就是牛頓，而且是他本人起草的這份調查報告。

不僅如此，據霍金說，當時大部分爲牛頓辯護的文章都是牛頓自己匿名寫的。

牛頓的聲望本來就極高，再加上有英國皇家學會的支持，牛頓沒事還使兩招陰的，萊布尼茲的處境可想而知。

這是科學史上一件很不光彩的事，但萊布尼茲在其他場合表現出他的大度，他讚揚牛頓，說他對數學的貢獻是之前人類所有科學成就的總和，這簡直是高到不能再高的評價了。牛頓的學霸行爲還造成了另一個後果。萊布尼茲的微積分符號比牛頓的更簡單易用，當時整個歐洲都採用萊布尼茲的微積分符號，包括我們今天用的微積分符號也是以萊布尼茲的爲基礎。但英國出於民族主義，堅持使用牛頓的微積分符號，使得英國和歐洲大陸之間的科學交流受到嚴重的阻礙。一百多年後，英國實在忍不住，才放棄難用的牛頓的微積分符號，改用萊布尼茲的。這一百多年的死要面子給英國學術的發展造成巨大的損失。

順便一說，這不是牛頓唯一的學霸行爲，他不僅對外國學者狠，對自己的同事同樣毫不留情，比如對勞勃．虎克。虎克也是歷史上有名的大科學家，製作過一些很厲害的機械，還發明了「虎克定律」以及「細胞」一詞。

最開始是因爲一個光學問題，虎克當眾批評了牛頓的觀點。牛頓這個人呢，非常討厭別人批評他，用我們今天的話說叫做「玻璃心」。而且他的玻璃心已經嚴重到有點變態的程度，用一位英國數學家的話說，牛頓被「一種病態的害怕別人反對的心理統治了一生」。誰敢批評他，他會恨死那個人。

當時，虎克和牛頓都是英國皇家學會的成員，可是虎克資歷很深，已經有了很大的聲望，牛頓只是個剛出道的新人。而且牛頓這人還不善言辭，無論是教書還是演講，都很少有人願意聽牛頓講話，甚至因為上課沒聽眾，牛頓有時「只好對著牆壁自說自話」。

於是占盡優勢的虎克就把牛頓狠狠地損了一頓，牛頓非常生氣，卻只能忍氣吞聲。兩個人畢竟都是文化人，又是同事，所以吵了一頓之後，還互相給面子，寫信討論起科學問題來，結果兩個人又因為誰先發現了萬有引力的平方反比定律吵起來了。

吵著吵著，虎克抓住牛頓的一個低級錯誤，在皇家學會當眾宣揚，羞辱牛頓，可想而知牛頓有多生氣，沒辦法，比人家地位低，牛頓還是忍了。

一六八六年，牛頓終於揚眉吐氣，他發表了代表他力學成就的《自然哲學的數學原理》（以下簡稱《原理》），為自己贏得巨大的聲譽。這本《原理》中就包括和虎克有爭議的平方反比定律。當時虎克地位尚在，再加上牛頓好朋友哈雷（就是哈雷彗星的發現人，因為他出的錢，《原理》才得以出版）的調停，牛頓在《原理》中注釋了一句，說平方反比定律也被虎克獨立發現過。

《原理》發表之後，牛頓名聲暴漲，因為《原理》不易得，有一位科學家甚至自己親手抄了一本。虎克見狀著急不已，不斷要求牛頓進一步承認是他先發現的平方反比定律。

此時的牛頓聲望日盛，算是翻了身，已經不用再看虎克的眼色行事。所以牛頓對虎克的回應是：不僅沒承認虎克，還在《原理》中把幾乎所有涉及虎克的注釋都刪掉了。

鬧啊，你還要鬧嗎？

虎克雖然很生氣，但地位已失，回天乏術，牛頓那時的聲望已經無人能敵。

晚年的虎克變得脾氣古怪、憤世嫉俗，找機會就咒罵牛頓，但一直罵到死，也沒有撼動牛頓的一根汗毛。

說牛頓小心眼，是因爲之後還發生了一連串事情。

虎克晚年雙目失明，兩腿浮腫，在倫敦去世。

幾個月後，牛頓成爲英國皇家學會會長。

不久，皇家學會的虎克實驗室和虎克圖書館被解散。

牛頓要燒毀虎克的手稿和文章，但被人阻止了。

虎克存放在皇家學會的研究資料和實驗器材在搬遷中「丟失」。

皇家學會取下了虎克的照片，以致到今天一幅虎克的畫像都沒留下來。

傻瓜都能猜到這些事是誰做的。

虎克也算是一代大科學家，結果身後遭遇如此不堪。論品性，虎克的心胸也未必比牛頓寬廣，只能說成者爲王，敗者爲寇。虎克輸在學問和聲望沒有牛頓高、死得比牛頓早，落下一個連畫像都沒留下的結果。

牛頓能在和他人的競爭中節節勝利，歸根究柢，靠的是他在力學上的偉大成就。別人對牛頓什麼都能質疑，唯有在學術上，誰也打不過他。

但就算是牛頓這麼強的對手，萊布尼茲仍舊給了他一次反擊。

牛頓最偉大的成就是發現了萬有引力，但牛頓還有一個問題，就是沒能說明相隔萬里的星球之間到底是怎麼產生引力。連牛頓本人都不相信，相隔這麼遠的星球在沒有任何媒介的情況下還能發生力的作用，他說：「在我看來，這種思想荒唐至極。」

這也不能怪牛頓，因爲直到後來愛因斯坦發表了相對論原理，對引力才有了令人滿意的解釋。

而在當時，聰明的萊布尼茲立刻發現了牛頓的弱點，他攻擊牛頓說，你如果不能解釋物體之間到底透過什麼媒介產生了引力，那麼你這理論就是一番空話。

萊布尼茲這反駁又準又狠，牛頓真沒法招架。

而法國人同樣有民族偏見。笛卡兒在牛頓之前提出過「漩渦說」，大意是宇宙中充滿了一種叫「乙太」的物質，這種物質形成了漩渦，所以才出現星球的公轉和自轉。不知道是不是為了報復牛頓在微積分上的霸道，法國人在很長一段時間裡都堅持「漩渦說」而排斥萬有引力定律，直到後來伏爾泰對萬有引力大加讚揚，情況才有所改觀。就像英國在微積分上吃的虧一樣，法國的物理學界也因此吃了大虧。

所以說，在學術上，民族主義真是要不得呀！

牛頓和萊布尼茲之間的對戰告一段落。但以牛頓的成就，他對哲學的影響絕不只是辯論那麼簡單。

我們下一章就來講牛頓對哲學的影響。

這一章最後再說點八卦。

除了是科學家、數學家、神學家外，牛頓還是一個煉金術士。牛頓留下了六十五萬字關於煉金術的手稿，據說他的藏書中十分之一都是有關煉金術的。

牛頓和化學家波義耳常年沉迷於煉金術，因為那個時代化學和煉金術還沒有分開。牛頓研究煉金術，是用化學的方法來研究物質，從這個角度上說，牛頓也可以稱作化學家。

然而大經濟學家凱因斯不這麼看，凱因斯收集了不少牛頓的煉金術和神學手稿，寫了一篇〈牛頓其人〉，文章中說牛頓把大量的時間都用在研究長生不老藥、點石成金術和所謂的「哲人石」上（The philosopher's stone，就是《哈利波特：神祕的魔法石》裡的「魔法石」⑧）——這是一種傳說中的寶物，據說法力無邊，又能長生又能點金，一旦在手，要什麼都有。據說波義耳逝世後，牛頓急切地想知道他掌握的一切。牛頓找來了波義耳的大量論文，並想方設法從波義耳的朋友那裡弄來標本，認為這些材料中就可能有「哲人石」。

牛頓去世以後，人們在他的屍體裡發現了大量的汞，很可能是和牛頓長期從事煉金術研究有關。牛頓晚年行事乖僻，舉止古怪，有些人認為這也是汞中毒的表現。

再說一個小八卦。

牛頓被蘋果砸到腦袋，從而想到萬有引力定律的故事，我們已經耳熟能詳。但歷史學家考證，這個故事有很大的可能是子虛烏有。牛頓只和朋友們說過，他看到蘋果落地，從而想到引力問題。牛頓被蘋果砸這件事之所以傳播甚廣，主要是伏爾泰這個大嘴巴到處宣揚。

---

⑧「The Philosopher's Stone」是《哈利波特：神祕的魔法石》原版的書名，美國版改成「The Sorcerer's Stone」，據說是因為美國出版商害怕「The Philosopher」嚇跑了見哲學就頭痛、不愛思考的美國人。

然而，現在的牛頓故居和劍橋大學還各有一棵蘋果樹，成天被遊客們指指戳戳：「瞧，當年牛頓就是在那裡被砸的！」看來，在街邊立個牌子寫上「武松殺西門慶處」這種事，古今中外都是一樣的。

第十七章　萬物皆物理？

大部分哲學家之所以能在哲學史上留下一筆，當然是因為他們親自研究了哲學，就具體的哲學問題提出出眾的看法。

然而牛頓能給哲學留下影響，卻不是因為他進行了什麼哲學研究，而是他在物理學上的成就實在太大，餘波就把哲學給影響了。

這個成就就是他的力學。

簡單地說，我們衡量某個學說、理論、定理是不是好用，有兩個標準：第一看它能否準確地預測未來，第二看它是否足夠簡要。

先解釋第一條。

理論是用來指導行動的，理論好不好用，就看它是否能夠準確預測特定條件下的事實的出現。

比如古代人研究曆法，為的是預測天氣，好指導農耕工作。曆法對天氣預測得越準確，就越成功。

再比如天文學，如果一個天文學理論只能解釋過去已有的觀測資料，這不叫本事。關鍵是看能不能預測到未來的天文現象，預測得越準確，理論就越優秀。

第二個標準，就是一套理論在保持準確性的前提下，越簡練越好。

我們今天都接受「日心說」，知道地球繞著太陽公轉，同時地球自己還自轉。但是不要忘了，運動都是相對的。假如我們以地球為靜止不動的宇宙中心，同樣可以描繪出太陽等星球相對於地球的運動軌道，同樣可以符合天文現象，這不就成了「地心說」嗎？

我們之所以沒選擇「地心說」而選擇「日心說」，並不是因為前者不準確，而是因為在兩者同樣準確的前提下，「日心說」更加簡潔。在哥白尼之前的時代，堅持「地心說」的天文學家們為了讓理論能和觀測結果符合，不得不給太陽等星球畫出非常複雜的軌道來。比如讓太陽在一個大圓周運動上再做小圓周運動，就像螺旋一樣。如果他們按照觀測結果不斷地修正理論，那麼這套「地心說」學說有一天也可以和「日心說」理論一樣準確，但是模型和計算過程就無比複雜了。

如果我們按照這兩個標準去評價牛頓力學，那麼它絕對稱得上是第一流的理論。

我們知道，牛頓的力學定律非常簡單，就三句話，國中生就能學會。

但是就這簡單的三句話，卻可以解釋小到一塊石子、大到一顆星球，乃至宇宙中一切物體的運動規律。而且以當時的觀測條件來看，預測的結果很精確，就算是向來被人們當作神祇的群星，牛頓說它們下一步該出現在哪裡，它們就出現在哪裡。

學會了這幾條公式的人就可以指著天空說：

星辰萬物，皆服從於我。

再龐大複雜的世界，也敵不過幾個數學公式。

從有文明開始，人類面對宇宙的種種奇妙現象只能俯首膜拜，這種情況已經有幾千年了。這時牛頓輕輕一點手指，整個宇宙立刻縮身於他的三條定律中，不敢有半點造次。

就像英國著名詩人波普在牛頓去世後寫的讚詩中的詞句那樣：

自然和自然律隱沒在黑暗中
神說「要有牛頓」
萬物俱成光明⑨

⑨ 這段詩有眾多翻譯版本，本文摘自羅素著、馬元德譯的《西方哲學史》。

這不就是神嗎？

要換成是我，那時候也會成爲牛頓的粉絲，綽號牛腩。天天在虎克和萊布尼茲的臉書上留言：誰說我們頓頓抄襲了，就算是抄，你們有他抄得那麼好看嗎？

西元一六四三年，牛頓出生在英格蘭鄉下的小村子裡，他的母親只想讓他當一名普通的農夫。西元一七二七年牛頓逝世後，被安葬在英國最高級別、埋葬眾多英國國王的威斯敏斯特大教堂裡。英國爲他舉行的是國葬，送葬隊伍綿延好幾英里⑩，爲他抬棺材的是一位公爵、三位伯爵和一位大法官。

一個平民出身的人能獲得比王公貴族還大的榮耀，這就是科學的力量。

就在牛頓下葬的同年，地球的另一端，雍正皇帝正在下詔驅逐傳教士。南懷仁送給康熙爺的各種科學書籍和實驗器具，被清廷貴族們扔到一邊。賢臣們叫著：「其所云人之知識記憶皆繫於頭腦等語，於理實爲舛謬。」——西洋人竟說知識存在於人腦裡，這話太扯啦！

然而，說完這話的一百多年後，侵略者就把按照牛頓力學設計的炮彈，扔向中國的海岸。

我們回到牛頓時代的歐洲，看看牛頓力學在當時造成了什麼樣的影響。

⑩　一英里約等於1609.344公尺。

首先，它大大縮小了神學的地盤。

原先人類難以給現象繁多的物理世界一個滿意的解釋，自然傾向於訴諸神力。如今牛頓給了解釋，而且無比精確。

不僅是物理世界，連靈魂的存在也被局限得很小了。

在古代，人們想當然地認為，沒有生命的物體必須受到外力才會運動，有生命的物體自己就能運動，這就是存在靈魂的證據，靈魂是負責「驅動」身體的（亞里斯多德對此吐槽：那照這麼說，磁石也是有靈魂的，因為磁石引起了鐵的運動）。然而牛頓和他之後的科學家們證明，生物的機體也遵守物理定律，也遵循能量守恆、動量守恆的規律。生物運動可還原為純粹的力學現象，並不需要靈魂的「驅動」。

順著牛頓力學的思路，有人開始想，既然世間萬物都要臣服於運動規律，那麼動物、人類的身體，是不是也會臣服於這些規律呢？進一步想，是不是人類的思想、感情也會符合運動規律呢？是不是我們頭腦中的一切意識其實都不過是物質運動的結果呢？

用物理學來解釋包括人類意識在內的整個世界，這種觀點就叫做「機械論」。

機械論很好理解，我們在學校都學過辯證唯物主義。機械論就是除掉辯證法之後的唯物主義，也可以叫做「機械唯物主義」。

機械論和我們之前說過的經驗主義、理性主義都不太相同。

經驗主義和理性主義關心的是真理的來源，一個說是歸納，一個說是推理。機械論在這個問題上傾向於經驗主義，認為我們能觀測到的東西就是真的。但機械論並不真的關心這個問題，當經驗主義者們討論經驗到底可靠不可靠的時候，機械論者不屑於回答這個問題，他直接說：經驗不可靠還有什麼可靠？

對於理性主義，機械論者就更不屑一顧，他們不相信世上存在高於客觀世界的理性，認為精神是由物質決定的，精神世界也要符合物理定律。所以研究世界只要學好科學就行了。

在哲學史上，機械論並不是一個特別新鮮的觀點，最早從古希臘時代就有了。實際上，今天各個流派的哲學，在古希臘都可以找到源頭。只是牛頓之前的機械論缺乏根據，影響力也就不大，牛頓的出現使得機械論有了堅實的基礎。科學研究不斷證明牛頓力學的成功，也就相當於在不斷擴大機械論的地盤。

有科學在，誰打得過它啊？

就像經驗主義者集中在英國、牛頓是英國人一樣，機械論的急先鋒也是一個英國人，他叫做霍布斯。

霍布斯出生在英格蘭，時值西班牙的腓力二世時代。據說霍布斯的母親因為聽說西班牙的「無敵艦隊」要打過來了，在驚嚇中早產，生下了霍布斯。

霍布斯基本上和牛頓是同一時期的人，霍布斯和笛卡兒類似，不大相信書本上的知識，他說：「如果我讀的書跟別人一樣多，我就不會知道得那麼多了。」霍布斯給培根當過祕書，可想而知他受到了經驗主義的影響。

霍布斯拿鈴聲來說明他的機械論觀點，他說，在「鈴鐺顫動直到我們聽到聲音」這個過程中，鈴鐺只有運動沒有鈴聲，空氣只有運動沒有鈴聲，傳到我們的耳朵裡就產生了鈴聲，所以真正存在的是運動，不是聲音。

作為英國人與機械論者，霍布斯也參與到英國哲學同歐洲大陸哲學的辯論中。他發現理性主義者的空談弱點，說斯賓諾莎的哲學結論並無意義，推理出來的不過是一堆定義。除了霍布斯外，當時還有個叫拉．美特利的法國醫生寫了一本《人是機器》的書，說人體完全按照力學規律運轉，精神只是人腦中肌肉的作用，人跟動物的區別在於人腦離心臟比較近，供血多，所以人就有理性。

這些話放到今天看來就是瘋話，但是今天醫學家對人腦的研究其實仍沒跳出這個思路：大部分醫學家認為大腦的物質運動是產生人的精神和思維的根本原因。

在其他流派的哲學家看來，機械論未免過於冷冰冰，而且後面我們會說到，它還會導向一個非常危險的結論，因此它一直飽受批評。然而我覺得，無論最終對它的評價如何，機械論本身的初衷是很美好的：它要建立一個用數學統治的美麗新世界。

十七、十八世紀的人們崇拜牛頓的學說，那時的機械論也被認爲有著偉大的前途。機械論者希望，有一天在醫學、心理學、倫理學、政治哲學等領域，都可以應用牛頓力學，或者像牛頓力學那樣能用幾個簡單的數學公式去解釋。

到了這時，人類理解、設計社會也可以像用力學去計算天體一樣簡單便捷。人類可以按照這些公式設計出完美的社會。我們可以自信地保證每一個社會政策都是對人類利益的最優解，就像保證每一臺新發明的機械都是對力學的最優解一樣，那樣可以避免多少人間悲劇。

或許有一天，人們發現解讀世間萬物的密碼真的就存在於一組數學公式中，一切都豁然開朗，人類對世界的見解跨入了全新的時代。這夢想不切實際嗎？在牛頓之前人們也沒想過運動的規律原來可以這麼簡單呀！

在我看來，機械論寄託了一個理科生對世界最美好的幻想：偉大的宇宙啊！無論你多麼廣闊多麼複雜，終將歸結於數學公式之中。

機械論，也就是機械唯物主義，它對我們普通人最大的優點是，很容易被接受。人活著就要和物質打交道，這是最基本的事。你想想，假如有一個爲了一日三餐要忍受肉體痛苦搬磚挖牆的工人，他每天最重要的事情就是用勞動技巧來減少肉體的痛苦，想辦法多掙一口飯以滿足口腹之欲。對於這種時刻同肉體感受鬥爭的人來說，你和他講什麼唯心主義，那自然會被當成不知人間疾苦的無聊空談。

而且機械論還有日益強大的科學奇蹟作後盾，只要人稍微了解一下現代醫學，就很容易接受「意識乃是神經活動的結果」這一機械論最關鍵的結論。可以說，我們周圍的大部分人，對生活的看法多少都帶一些唯物的觀點。

然而機械論也有弱點。

雖然人們可以透過實驗證明物質能對意識產生嚴重的影響（比如腦萎縮會降低人的思考能力，打一棍可以讓人立刻昏厥，喝酒、嗑藥可以讓人產生幻覺），可以證明人類不能靠思想意念去改變物質，但是也仍舊不能嚴格證明意志完全由物質決定。

當一個人的身體喪失生理功能而死去的時候，我們看到他一動不動，對刺激沒有反應，我們認爲他的意識消失了。但該如何去證明這一點呢？或許這個人一動不動僅僅是因爲身體失去了生理功能，而不是意識消失呢？雖然這個假設很古怪，但是機械論卻難以反駁。

還有另一個批評。唯物主義說物質不依賴意識存在。但是，當人沒有意識的時候，又怎麼知道那些物質是存在的呢？唯物主義者或許會說，科學可以證明。但是科學要建立在經驗的基礎上。在意識無法觸及的領域裡，自然無法產生經驗。因此，科學對這些事物只能猜測，卻證明不了任何東西。你或許不會同意這個說法。沒關係，對於這一點我們後面還會說到。

第十八章 你相信宿命嗎？

當然，這些反駁和批評只能說明機械論的證據不夠充分，卻難以澈底擊垮機械論的基礎，特別是在牛頓時代，那時人們沉浸在對科學的過分樂觀之中。從牛頓開始的兩百多年中，科學都是一路高歌猛進，科學越進步，機械論的威信就越高。

但是，這不是一件好事。

機械論雖然可以條理清晰地解釋這個世界，但是按照機械論的說法，人類不過是這個世界中可有可無的一個物品而已，和桌子板凳、花鳥魚蟲沒有本質的區別。我們的意識不過是一系列物質作用的結果，隨時可以消失，毫無永存的希望，更談不上還有什麼人生意義。就像世間的其他事物一樣，存在就存在，消失就消失，這很容易推導出虛無主義和享樂主義。

但這還不是最可怕的，最可怕的是這個：

決定論。

決定論的意思很簡單，既然世間萬物都可以用物理規律來解釋，那麼每一個事件之間必然要遵循嚴格的因果關係。如果人的意識是完全由物質決定的，那肯定也得服從嚴格的物理定律。那麼，整個世界該如何發展，該走向何處，都是由自然定律決定好的。就像人們根據力學可以預測星辰位置一樣，人們也可以根據自然規律來預測未來所有的事件。

一個支持決定論的證據是，在二十世紀之前，人們認爲世界上不存在真正的亂數。

我們在生活中可以靠擲骰子獲得亂數，但如果以物理學的觀點看，骰子最終的點數是被骰子的形狀、密度、搖晃它時的手勁等一系列客觀原因決定的，骰子的運動也得嚴格遵守物理規律。只要我們知道之前任何一瞬間的全部物理資料，就可以計算出骰子最終的點數。普通人以爲骰子的點數是隨機的，但其實只不過是因爲所有資料的計算量太大，超過了人類的能力而已。

同樣的道理，我們今天搖五百萬大獎的抽獎設備，無論再怎麼設計，最終落下的是哪一個數字小球，也要被物理定律嚴格決定。只不過人們會把各個小球做得盡可能一樣，以至於搖獎時間的一點點改變或者一丁點兒細微的震動，都可能改變最後的結果。影響最終結果的因素多到人類很難計算的地步，才能導致所謂的隨機效果。

學過電腦的同學知道，電腦裡也不存在真正的亂數。所謂電腦生成的亂數，實際上是取一個現成的數字（比如系統時間），經過一系列固定公式計算出來的。

沒有隨機，那就意味著一切都可以計算。數學家拉普拉斯曾說，只要擁有足夠多的資料，他就可以按照機械定律推出未來世界的全部面貌。這就像某些科幻小說裡設想的那樣，假如有一臺超級電腦，就可以計算出未來的一切。

能預測未來，這聽上去挺美妙的，為什麼可怕呢？

可怕的地方就在於，一旦我們接受了最嚴格的決定論，那就意味著人類沒有自由意志，因為我們的意識是由組成我們身體的物質決定的，組成我們身體的物質又是由物理定律決定的，所以，我們頭腦中的每一個念頭，在前一秒鐘就已經被決定好。如果我們這麼一層一層地回溯回去，那麼我們一生中的一切所思所想、我這本書中的每一個字、您看這本書時在頭腦中迸發出的每一個念頭，其實都是在幾萬億年前的宇宙大爆炸的那一瞬間就被決定好的。且不說這想法很詭異，關鍵是，那人生還有什麼意思啊？

既然一切都是決定好的，那我們為什麼還要努力奮鬥？為什麼還要勞動？如果人類只是被操控的木偶，聽從因果律擺布，死後化為虛無，那還有什麼人生意義呢？

這還算次要的，更要緊的是，人之所以要為自己的行為負責，是因為人有自由，這點我們在講奧古斯丁的時候已經說過了。那麼，假如人的全部意識都是事先被決定好的，人就沒有自由，那不就沒有道德可言了嗎？人就不需要為自己的行為負責了。

這就像有的人在爲罪犯辯護的時候，會列舉罪犯一生的種種遭遇，說他如何被歧視、受到多少不公正的待遇，這才鑄就了他易於犯罪的性格。這麼一看，這人之所以犯罪不是他自己能控制的，都是社會的錯啊！推而廣之，人的任何行爲，我們都可以說是外界環境促成的，那人豈不是做任何錯事都不應該受到懲罰了嗎？

因而，從決定論——特別是從嚴格的決定論所匯出的結論，是荒謬甚至恐怖的。如果按照決定論的觀點生活，人類的社會秩序將會蕩然無存，人類的一切工作都會變得沒有意義，一切罪行都可以得到饒恕，這世界顯然不是任何一個哲學家想要的。

但是，要想打敗決定論又談何容易。我們前面說了，決定論有科學作後盾，更何況還是在對科學盲目崇拜的牛頓時代。什麼人能對抗全體科學家，找到機械論和決定論的漏洞，將其一舉擊潰？

還真有人做到了。我們下章再講。

在進入下一章之前，再說一些關於決定論的趣事。

對於決定論的邏輯我們可能會點頭認同，但大概沒有人會當真，會覺得自己真沒有自由意志。

我們一考察自己的頭腦，就能發現沒有任何東西在控制著我們，明明我們願意想什麼就想什麼啊！你看，我想拿一個杯子，我拿起來了吧；我不想拿，就沒拿吧！誰管得著呀！

但決定論者會說，你感受到的自由其實只是錯覺。比如當我們遇到一個選擇的時候，覺得自己既可以選A，也可以選B，沒任何人干涉我們的選擇，所以我們覺得自己是自由的。但無論你事前怎麼猶豫思考，最終必須選擇一個答案。哪怕你說我不選，或者我兩個都選，總之，只能有且只有一個結果。決定論者會說，如果讓時間回到你未作出選擇的一刻，讓你重新思考一遍，那麼你的思考過程不可能變，依舊會得出同樣的結果。

所以，你覺得自己是自由的，這感覺本身也是被因果律決定好的，連你試圖反抗因果律這行爲本身，也是被因果律決定的。

這很像希臘神話中那些關於宿命的故事，大致的內容都是預言家說出了某個預言，當事人很害怕，就做出了某些自認爲能絕對避免命運的行爲。結果這行爲陰錯陽差，反而讓預言成真，最終預言還是實現了。

說到古希臘，還有段故事。

決定論在古希臘哲學裡也有，當然那個時代沒有牛頓力學，但古希臘人知道因果律，既然凡事有因必有果，那麼很容易想像世間萬物都是在因果律下被嚴格決定的。

那時候有個哲學家叫芝諾，平時總念叨著一切都是注定的。結果有一次，他的奴隸犯了錯誤，他就鞭打那奴隸作爲懲罰。但是他的奴隸很聰明，辯解說：主人，按照你的決定論學說，我犯錯是天生注定的，不是我自己能控制的，所以你不應該懲罰我。

然而芝諾更聰明，他回答說：你說得沒錯。但是按照同樣的理論，我鞭打你也是天注定的，所以你就挨打吧！

決定論對生活也有安慰作用，唯我論把人看得最大，可以安慰人，機械論和決定論把人看得渺小，也同樣可以安慰人。

假如我們生活中的一切都是被決定的，那麼我們也就不需要努力，不需要奮鬥，沒有壓力，一切隨遇而安就好。

決定論和宿命論很像。

當我們遇到挫折的時候，我們常會安慰自己說「這是命」。比如俗語說「人的命，天注定，胡思亂想沒有用」，用來安慰人是很管用的。

然而有些人很狡猾，遇到好事的時候就不說是「命」了，男女相聚，說的是「緣」。緣是什麼？佛教概念裡講的是因果報應。遇到好事講「緣」，意思就是說這是因爲我之前做過什麼好事，這是我應得的。但自己遇到壞事就像前面說的，不講因果改講宿命論，等到討厭的人遇到壞事時，就又是因果了，罵人家這是「報應」，這是「活該」。那麼，要是自己討厭的人遇到好事了，怎麼辦呢？多半心中暗罵：某某某你等著，三十年河東三十年河西，誰笑到最後誰笑得最好——他又開始講辯證法了！

第十九章　幹掉因果律——休謨

挑戰機械論和決定論的人，乃至挑戰整個科學體系的人，馬上就要出場了。

此人叫休謨，是一位天才，在十二歲就進入英國蘇格蘭的愛丁堡大學，但只讀到一半。二十三歲的他完成了名著《人性論》，但是這本書沒人願意出版，休謨非常沮喪，覺得是自己水準不夠。實際上，休謨小瞧了自己，不是因為他的水準太差，而是因為他的思想太前衛。一年後，他刪去《人性論》中可能觸犯當局的內容，以及一些超越時代的觀點，把它改寫成更淺顯的作品，這才得以出版，書賣得也還算可以。

休謨是英國人，也是經驗主義者，但休謨認為他之前的經驗主義者和理性主義者都有根本缺陷。你想，這兩派吵了很久，明明相反的觀點，卻誰也說服不了誰。這說明什麼呢？那些哲學家都是固執己見的笨蛋嗎？這顯然說不過去。休謨認為他找到了原因，那就是雙方討論的問題超出了人的經驗範圍。

休謨認為，你們討論「何事真實存在」之類的問題，實際上這些問題人類根本沒有能力回答，所以你們才能怎麼說怎麼都有理，正反兩面的觀點都能成立。

不但空中樓閣式的理性主義者如此，連經驗主義者也犯了類似的毛病。

舉個例子。洛克有個「白板說」，認爲人的經驗是從後天的客觀世界而來。在洛克之後還有另一個英國的經驗主義者貝克萊，他認爲世界上沒有物質，人的經驗都是心靈中的觀念。

這兩個觀點一個唯物、一個唯心，誰也說服不了誰。唯物者可以說，一個物體你不意識到它，它就不存在？這豈不是荒謬？唯心者可以說，我不意識到它，但它還存在，是因爲還有其他人意識得到它。如果人人都意識不到它，你又怎麼知道它是存在的呢？

這話說來說去就像只是在爭辯了。

於是休謨就說，你們都錯了，錯在你們討論的問題超出了人的經驗範圍。「經驗從哪兒來的」這個問題，我們根據經驗回答不出來，所以，只能老老實實說不知道。

所以在休謨這裡，經驗就是人的感覺印象。我感覺到了什麼就是什麼，至於這感覺從哪兒來的，是真是假，我不知道。

《駭客任務》的世界觀就是這樣，我只知道自己體驗到的世界是二十世紀。至於我體驗到的這個世界是真實存在的，還是電腦虛擬出來的，我不討論這事，因爲這個問題已經超出我們討論的能力了。不管怎麼討論都是空話，所以我老老實實說不知道。

還不止如此。

哲學理論也像是武俠小說中的武功一樣，同一個武功由不同人來施展，效果大爲不同。同樣是經驗主義，洛克只能算是初窺門徑，休謨就能把經驗主義發揮到極致。

笛卡兒說「我思故我在」，就算我們懷疑一切事物，「我」這個概念是怎麼也懷疑不了的。換句話說，「我」的概念可以超越一切事物。

可是休謨覺得這個說法不對。

你現在想像一下，「我」到底是什麼呢？

你心裡肯定產生了很多念頭，或許是自己的名字，或許是自己的身體，或許是過去的一段記憶。不管是什麼，這些念頭都屬於感官經驗，都是由耳朵、眼睛等感官來感受到的。你試試能不能不依靠任何感官經驗來形容「我」是什麼，形容不出來了，是吧？

因此，休謨認爲，我們所謂的「我」，不過是一堆經驗片段的集合而已，並沒有一個獨立於經驗的、實在的「我」存在。

笛卡兒認爲「我」是超越客觀世界的真實存在，實在是太天真。在休謨看來，「我」不過是後天學習到的一堆經驗片段。真正有沒有「我」呢？各位，對不起，我們不知道！

他比笛卡兒懷疑得還要更多啊！

休謨的哲學觀可以用來解決下面這個問題。

我們說過，我們永遠沒法證明自己是不是生活在《駭客任務》式的虛擬世界裡。那該怎麼做才能安心呢？

休謨的回答是：不知道就不知道，沒關係。我們能得到的經驗就是眼前的生活，在有明確的證據證明面前的生活都是幻覺之前，我們就照著自己平時的經驗正常生活下去就可以了。我們沒必要也沒能力去無限地懷疑世界，反正想也想不出結果來，就別想了吧！

比如，如果有學生書念到一半突然產生了哲學思考：「天哪！萬一我生活的世界是一團假象怎麼辦？太可怕了，我該怎麼辦？」休謨的反應跟孩子的媽是一樣的，他會拍桌子：「傻孩子，想那麼多沒用！繼續念書吧！」

話說得遠了點兒，正因爲很多人不接受休謨的這個觀點，才使得文藝創作者們有各種花招可以玩。比如《駭客任務》後兩部裡的招數：讓觀眾懷疑反抗軍的基地也是虛擬出來的。比如《全面啟動》裡，讓觀眾懷疑所謂的真實世界也是一個夢境。

只要我們不接受休謨的觀點，那麼這些花招永遠都是無敵的。我們可以在所有的電影、小說中都搞這一套，在故事結尾跳出一個超出故事世界觀的事物朝觀眾一笑：哈哈哈哈，你所經歷的一切都是假的！（或者都是幕後黑手精心營造的！）

一般觀眾看到這裡或許會鼓掌讚嘆，可我們這些經過哲學反覆折磨的人會覺得，這花招挺沒勁的，是吧？

休謨和笛卡兒一樣被蘇格拉底附體了，他打算用懷疑論來拋掉前人所有不可信的經驗。休謨想，有什麼知識是切實可信的呢？

他找到兩種。

第一種是不依賴於經驗的知識。比如幾何學，它自身是不矛盾的，完全符合邏輯規則，而且不依賴經驗存在。我們前面說過，在現實世界中觀察不到任何嚴格的三角形，但是我們仍舊有三角形這個概念。三角形不依賴外物存在。那麼在休謨看來，關於三角形的知識，就是可靠的。

自然，像斯賓諾莎、萊布尼茲這些人的哲學體系，因爲根基是可疑的，所以不在休謨的承認之列。

第二種可靠的知識是我們自己感受到的經驗，摸到什麼、看到什麼，這些都是可信的（當然，還是那句話，這經驗是不是來自幻覺我們先不管）。

休謨想來想去，覺得可信的知識就這兩種，於是他很彪悍地說了一段話：我們去圖書館隨便拿起一本書，問這些書中包含著數和量的抽象推論嗎？包含著關於實在事實和存在的任何經驗的推論嗎？如果都沒有，就可以燒掉它，因為裡面只有詭辯和幻想。

休謨這麼想有一定的道理。從理性主義和經驗主義的爭論來看，人類僅有兩個獲得知識的辦法，一個是靠演繹推理（而且還沒得到新的知識），一個是靠經驗。休謨把其中最不靠譜的——理性主義者們的那些公設都給去掉了。剩下的除了經驗之外，還留下了純粹靠演繹推理能成立的知識。與激進的經驗主義者相比，休謨已經很厚道了。

下面還有更猛的——休謨要親自與科學辯論。

研究科學，最重要、最基礎的一條規律叫做因果律。就是說，凡事有因必有果。牛頓認為，蘋果落下一定是由於什麼原因造成，這才有了萬有引力定律。蒸汽上升是帶動機器的原因，這才能有蒸汽機。總之，萬事萬物之間必須都存在因果律，我們才談得上科學研究。

但休謨偏偏就拿因果律下手了。

剛才說，休謨認為只有兩類知識是可靠的。一類是像邏輯和幾何那樣，既邏輯嚴謹又不依賴於外物存在的知識；一類是我們感官體驗到的知識。

那麼，因果律屬於第一類知識嗎？我們能不依賴於經驗，只靠邏輯推導出因果律嗎？顯然不能。

一個因果律是否成立，總要關係到具體的事物，我們知道「點燃爆竹」和「爆竹爆炸」兩者之間有因果關係。我們能知道這一點，純粹是靠經驗得來的。假如有一個原始人完全沒見過、沒聽說過爆竹，那他無論怎麼演繹推理，也不可能想出爆竹爆炸的原因。

休謨認為根據邏輯只能判斷事物是否自相矛盾，就像我們可以用邏輯判斷數學知識是否可靠。但如果用邏輯去分析燃放爆竹這件事，就可以發現，我們可以想像沒有點燃爆竹，只是一扔爆竹就爆炸的情景。這個情景並不違反邏輯規則，只和我們的經驗矛盾（比如「爆竹沒有點燃就不會爆炸」，這是來自經驗的知識）。所以只靠理性是無法察覺因果律的。

總而言之，因果律不符合第一類知識。

順便說一下，演繹推理中說的「因為，所以」並非屬於因果律。比如在幾何裡，我們說「∵（因為）兩直線平行，∴（所以）這兩條直線不相交」，這裡面的意思並非指「兩直線平行」這件事導致了「這兩條直線不相交」這件事發生，而是指，當「兩直線平行」這個命題為真的時候，「這兩條直線不相交」這個命題也為真。

那麼，因果律可以靠經驗總結出來嗎？

比如在地球上，蘋果一離開樹枝肯定會掉在地上，我們透過日常經驗就可以認識到這一點。那麼這算不算我們認識到，「蘋果離開樹枝」和「蘋果落在地上」這兩件事中存在著因果關係呢？

休謨說，不能，因爲你就算之前多次看到蘋果離開樹枝落到地上這個現象，你也不能保證，下一次蘋果還一定會落到地上。

你怒了，你說，這不是無意義的辯論嗎？

休謨搖搖頭說，這不是辯論。

什麼叫因果律呢？你不能說因果律就是「一件事的發生是另一件事發生的原因」，這相當於同義反覆，說了跟沒說一樣。

因果律是什麼呢？在經驗世界裡，我們可以把因果律說成：「如果A事件發生了，那麼B事件一定會發生。」更嚴格的說法是：

一、A事件發生在前，B事件發生在後。

二、二者發生的關係是必然的。

比如，蘋果必然落地的事件我們可以分解爲：

一、「蘋果離開樹枝」發生在前，「蘋果落地」發生在後。

二、這個關係是必然的。

想像一下，如果我們是一個一無所知的小孩子，只靠經驗，怎麼能知道蘋果一定會落地呢？唯一的辦法就是，我們一遍又一遍觀察到「蘋果離開樹枝」和「蘋果落地」這兩件事總是緊接在一起發生。我們就明白了，喔！蘋果這東西原來不可能飛上天去。

但問題是，透過經驗，我們觀察到的只是因果律中的第一條：A事件發生在前，B事件發生在後。

那麼第二條呢？

這個關係的必然性我們是怎麼觀察到的呢？

這個「必然」能讓人看見？這個「必然」能讓人感覺到？沒有，「必然」這個東西不在我們的經驗範圍之內。我們之所以認爲這裡有「必然」性，是因爲我們過去無數次地看見了這兩件事連在一起發生，所以就想當然地認爲，這兩件事之間有必然的聯繫，在未來也會永遠連在一起發生。

休謨尖銳地指出：這種「想當然」是錯的。

休謨認爲，人相信因果律其實是一種心理錯覺，只因爲我們發現兩件事總在一起發生，我們就期待它們能再次一起發生，但這其中並沒有可靠的根據。

你也不能說「科學證明了地球有引力，所以蘋果脫離樹枝和蘋果落地之間是必然的因果關係」，因爲牛頓必須先認爲蘋果落地存在原因，才可能去研究這個原因。換句話說，「萬有引力定律」就是揭示物體運動的因果律，自然不能用「萬有引力定律」去證明存在因果律，不然就成了循環論證。

舉例來說，假如有一個沒有科學知識的原始人，他透過觀察發現，公雞啼叫之後總伴隨著太陽升起，沒有一天例外。那麼他會認爲，公雞啼叫是太陽升起的原因，這顯然是錯的。

羅素有一個比喻，假設農場裡有一隻雞，每次一看到農場主人來，雞群就有食物可吃，那麼這些雞就會以爲農場主人和牠們有得吃之間有因果聯繫。結果有一天，農場主人帶來的不是飼料，而是一把獵槍，農場主人把雞殺了。換句話說，雞透過觀察發現，農場主人和餵食這兩件事總在一起發生，便以爲其中有因果關係。但實際上，耗費它畢生時間得到的觀察結果，仍舊不能證明這兩件事之間有必然聯繫或者因果關係。

從邏輯上可解釋爲：兩件事連著發生了一回，經驗只能告訴我們這是偶然。那麼無論這兩件事連著發生幾遍，它還是偶然發生的，因爲再多次的偶然也不可能轉變成必然。

還可以這麼說，我們之所以相信有因果律，是因爲我們認爲，我們將要經歷的事情和之前經歷過的事情是一樣的，我們經歷過的事情肯定會不斷地重複。但顯然這是錯誤的，且不說我們的經驗可能只是片面的（就像農場裡的雞），更何況世界本身也是在不斷發展變化。

休謨的質疑不是爭辯，類似的誤會在生活中常會遇到。

統計學上有一句經典的話，「相關性不代表因果性」。

意思是說，統計結果如果發現，有兩個資料A和B，每當A上升的時候，B也跟著上升；每當A下降的時候，B也跟著下降。一般人會覺得，這說明了「A是引起B的原因」。實際上這是錯的。

比如，某個小鎮過去幾十年的統計資料表明，每當冰淇淋銷量增加的時候，淹死的人數就增加。那麼，能說明賣冰淇淋就是淹死人的原因嗎？當然不是。而是因爲人們在夏天的時候才喜歡吃冰淇淋和游泳，所以「夏天到了」才是淹死人數增加的真正原因。

休謨的意思是，我們在經驗中發現的僅僅是相關性，永遠無法發現因果性。

或許你還是不服氣。

你也許會想，所謂的兩種可信的知識是休謨自己說的，我偏說因果律就屬於可信的知識，你又能怎樣？

你這麼想沒關係，我們還有一種比較簡單的思路。

因果律是怎麼來的呢？是我們先觀察到兩件事總連在一起發生，且這兩件事自己並不會單獨發生，我們就說這兩件事有因果關係，這用的是歸納法。

但歸納法是怎麼回事？歸納法要從個別的事件裡總結出普遍規律來。什麼叫「普遍規律」呢？「普遍規律」就是相信在某個條件下，某件事情必然發生。這不就是因果律嗎？也就是說，研究歸納法的前提，是必須相信存在因果律。

這不就成了循環論證了嗎？

實際上，連歸納法本身都值得懷疑：歸納法為什麼能成立呢？是因為人們相信世界上有一些規律，不僅在過去有效，在未來仍舊有效。有了這個信念，我們才去歸納。可是，我們怎麼知道「有一些規律，不僅在過去有效，在未來仍舊有效」呢？是由觀察現實，發現「哎，有些規律總有效啊」，從而歸納出來的。換句話說，我們「透過歸納法總結出了歸納法」，這不又是循環論了嗎？所以歸納法本身也有問題。

休謨對因果律的討論說明，因果律沒法從經驗中得來。

假如我們要讓因果律成立，那它必然像理性主義者認爲的那樣，屬於超越經驗的規律。但是，理性主義者的那些公設明明又不可靠。這麼說來，可就真的無法可施了。

別著急，我知道你還有些不服氣，看到這裡，覺得好像有道理，但又好像有問題。不用擔心，別說你了，休謨時代的知識分子聽到休謨的論斷後，也都不服氣，因爲這太荒謬了。假如沒有因果律，人還怎麼活著？人爲什麼還要勞動？還要生產？我舉起了杯子，明明我做的「舉」這個動作就是杯子離開桌面的原因，這種顯而易見的事還有人懷疑？更何況那是個科學蒸蒸日上的年代，人們認爲牛頓準確地揭示了宇宙的真理，認爲只要科學不斷前進就可以解答宇宙中的一切祕密。而因果律和歸納法又是一切科學的基礎，統治行星萬物的物理學怎麼可能是建立在完全不靠譜的基礎上呢？

但是哲學家們不這麼認爲。

他們拿休謨的論點一看：理性主義有獨斷論的危險，啊，對！一切都得從經驗出發；啊，對！因果律和歸納法是循環論證；啊，也對！所以因果律不能用經驗證明，所以沒有因果律自然也沒有歸納法；啊……啊……也對啊！

於是哲學家們都崩潰了。

第二十章 哲學遇到麻煩了

休謨把一切都毀了。

首先科學的基礎岌岌可危。

科學研究的前提是：世間萬物必須存在著某種普遍規律。我們必須相信，砸到牛頓的那顆蘋果，和千萬年中掉到地上的無數蘋果之間的運動規律是相同的，這才能去研究力學。

但休謨會問，科學家憑什麼認爲世間存在普遍規律？牛頓認爲萬物都有引力，他說這話有來自經驗的證據嗎？萬一沒有呢？

假如我們真的認同休謨，那就麻煩了。我們做科學實驗還有什麼意義呢？科學家們比較兩個實驗的資料，不管這兩個實驗條件有多像，其實也不過是在比較兩個毫無關係的偶然事件，那怎麼可能得出有意義的結論呢？

然後，休謨把哲學也給毀了。

理性主義已經被駁斥成獨斷論了，還剩一個經驗主義。可經驗主義吃飯的傢伙是歸納法，這回也被休謨給毀了。

萊布尼茲曾經批評經驗主義者說，人和禽獸的區別就是，人能總結出必然規律；禽獸只有純粹的聯想，只知道過去發生的事情未來還總能發生。

休謨要聽了這話，肯定會反駁說：你錯了，我和禽獸不一樣，我認爲過去發生的事情，在未來不會發生。

休謨有句名言——你怎知明天的太陽會照樣升起？對休謨不屑一顧的人，把這句話當作休謨白日做夢的笑話。而對於被休謨說服的人，這句話代表的是休謨結論的可怕結果。

在康德以前，哲學家大部分都是業餘的，因爲那時的大學裡還沒有單獨的哲學系，哲學都是在神學課上教授的。

休謨也是業餘哲學家，他的正職工作是公務員，此外還是一位重要的歷史學家，寫了本非常暢銷的《英國史》。《羅馬帝國衰亡史》的作者吉本就說自己深受休謨的影響。

休謨以一種貴族式的悠閒姿態說，哲學對他而言只是一種個人愛好，在業餘時間玩玩而已。可是他這一隨便玩玩，就把整個哲學都玩進去了。

哲學家們不得不承認休謨的結論在邏輯上是正確的，但僅憑常識就知道這結論是荒謬的。這說明了什麼？這只能說明哲學的荒謬。

我們說哲學的一切都是從懷疑開始的。

近代哲學從笛卡兒的懷疑開始，讓人們覺得有一個廣闊的空間可以施展拳腳。然而一路懷疑下去，到了休謨，把人類所有的知識都懷疑沒了，只剩下荒誕哲學還怎麼繼續下去啊？或許你會說，沒關係，不還是有科學的權威在嗎？科學在不斷地創造奇蹟，足以讓休謨的懷疑論不攻自破。

你不提這事還好，一提更要命了。

休謨說沒因果律，科學非說有。那科學堅持因果律的結果是什麼？前面說了，是決定論，那人就成了傀儡，沒有自由意志了呀！

好啊！在因果律問題的兩端，一邊是沒有因果律，那科學就完蛋了；一邊是有因果律，但就會沒有了自由和道德。你說你相信哪個？兩個都不好受。

當然，我們這些受過辯證唯物主義教育的人，覺得還是有出路可走。我們可以說，爲什麼非要走極端呢？我們可以在極端中間選一個點。比如，我們可以相信意識依賴於物質存在，但是意識不被物質決定，我們的思想是自由的。這樣，我們既在客觀世界裡保留因果律，保留科學，又在自己的頭腦中保留自由和道德。多完美！

這麼想確實很舒服，不走極端，又能左右逢源。然而這種狡猾的選擇也必須付出相應的代價。

我們說過，我們的原則是避免獨斷論。

那麼，當你在左右兩個極端裡選擇中庸的時候，你不能說我隨便選擇中間的哪一點都行，你必須說明白，爲什麼你要選一個點，爲什麼不能更靠左一點，或者更靠右一點。

我們剛才在休謨的懷疑論和科學的決定論中間選了一點，對吧？我們認爲因果律只存在於物質中，不存在於人的意識中，人的意識裡保留了自由意志。那麼我的問題就來了。

我們姑且認爲人有自由意志。那麼請問，動物有自由意志嗎？植物有自由意志嗎？如果說動物有植物沒有，難道是因爲前者能動後者不能動嗎？那微生物有自由意志嗎？或者動植物的關鍵區別是前者有腦？那請問腦的定義是什麼？這定義能決定自由意志的有無嗎？無脊椎動物的神經中樞算腦嗎？魚是脊椎動物，有類似於高等動物的大腦結構，螃蟹、蝦子是無脊椎動物，後者所謂的大腦僅僅是神經節。那你的意思是說，螃蟹沒有自由意志而魚有？或者說，一個只有螃蟹、蝦子的魚缸是決定論的，扔進去一條魚就不是了？

如果退一步，說自由意志的區別在於生命和非生命之間，那去氧核糖核酸（DNA）有自由意志嗎？蛋白質有自由意志嗎？你是說，一小塊培養皿裡的蛋白質有自由意志？

如果進一步，說自由意志的區別在於人和動物之間，那人和動物之間的關鍵區別是什麼？很多高智商動物如狗類會表現出感情，會向人類學習，它們這一切都是單純的生理刺激的結果嗎？如果說人和動物的關鍵區別在於理性，那嬰兒有自由意志嗎？原始人有自由意志嗎？類人猿有嗎？猩猩有嗎？到底是在進化的哪一瞬間，人類和動物之間有了本質的區別？難道你是在說……靈魂嗎？

如果區別在人類和動物之間，這不就意味著，人類在進化中的某一瞬突然「蹦」的一下就冒出自由意志來？我們是不是可以說，宇宙從誕生開始，一直都按照嚴格的因果律按部就班地運動著。突然間，當某個星球出現「高級生命」或者什麼「理性」的時候，從這些「高級生命」中突然迸發出一種東西，澈底地改變了整個宇宙的因果律，從此整個宇宙再也不是按照嚴格的決定論發展了。

你是說……理性可以改變整個宇宙？你是唯心主義者嗎？

如果理性有這麼大的力量，這玩意是從哪來的？換句話說，如果你既是一個唯物主義者，又否認決定論的話，那麼請問，自由意志這東西是從哪來的？如果人的意識僅僅是由腦神經決定的，是由符合因果律的物質決定的，爲什麼它能逃脫大自然的因果律，能夠超越其上呢？那你還是唯物主義者嗎？

……………

這樣的討論還可以無窮無盡地說下去。

明白了嗎?假如我們要取巧,要選擇兩個極端答案的中間一點,那就必須有充分的理由,把那個點分毫不差地標出來。否則就必須面對無窮無盡的詰問。如果你不能圓滿地回答,那麼你的答案顯然是出自想當然,那又和獨斷論有什麼區別?

類似的困境,生活在休謨時代的經驗主義者也遇到過。休謨的懷疑論是經驗主義的必然結論,但經驗主義者不願意也不可能放棄歸納法。於是他們就說,不就是認爲因果律和歸納法本身是循環論證,不能靠經驗證明嗎?那我們就像理性主義者那樣,說因果律和歸納法是人天生就有的理性知識不就行了,反正科學也間接證明了歸納法的成功。這麼一來,整個經驗主義不就都站得住腳了?這有點像懷疑主義者說「所有的話都必須被懷疑」的時候,還必須補上後半句「除了本句話之外」,要不就自相矛盾了。

然而立刻有人會反對說,經驗主義不是說一切知識都得從經驗得出嗎?那你憑什麼又說因果律和歸納法可以是特例?假如它們是特例的話,爲什麼其他知識不能是特例?爲什麼不能一切知識都不從經驗而來?

這和我們前面說過的困境一樣。選擇了中庸之道固然可以避免兩個極端的缺點，但也同時失去了兩個極端的理論支持，很容易被別人駁倒。

順便一說，我們生活中其實存在著很多類似的中庸觀點，聽著很有道理，實際上由於缺乏可操作性，完全就是一句廢話。

比如，今天我們很重視環境保護，面對種種人類行為對自然造成的破壞，有人提出要「敬畏自然」，要「順應自然」。

問題是，什麼叫「順應自然」呢？從人類誕生開始，人類就在改造自然。最基本的農作物、家畜都是人類改造自然的產物。那麼，為什麼我們把經過人類多年培育、離開人類就毫無生存能力的麥子種子放到地裡，這叫「順應自然」，但當我們為了麥子更好地生長而放了一些化肥到地裡，就算「違背自然」呢？假如你說，因為化肥是工業的產物，所以是在「違背自然」，那問題是，農業和工業的區別在哪裡呢？農業用木頭、工業用金屬嗎？用木鋤頭鋤地是「順應自然」，用金屬鋤頭鋤地就是「違背自然」嗎？那麼一個盜獵者用木棒捕殺保育類動物，算是「順應自然」嗎？或者，農業和工業的區別在於後者用機器生產嗎？那機器的定義是什麼？古人用織布機織出來的布就是不自然的嗎？或者你說用非生物能驅動的機器才算工業，那麼原罪是燃燒嗎？難道雷電把乾草點燃了是不自然的嗎……這裡面可以有很多質疑，我們不一一細說了。

所以，什麼「敬畏自然」、「順應自然」也都是美好的廢話。合理的說法是「我們對自然的改造應該給人類帶來好處，不給人類帶來壞處」，這仍舊是人類中心論，「自然」在這裡沒有什麼特殊的高貴地位。

閒話少說，來看看哲學的困境吧！

現在有兩個會嚴重摧毀生活的哲學觀點。一個是休謨的懷疑論，一個是科學的決定論。可怕的是，這兩個觀點正好是互相矛盾的兩個極端。反對一個就等於擁護另一個，採取中庸之道的那些結論，更像是詭辯論而不是嚴謹的推理。

若用遊戲做比喻：這時的哲學世界出現了兩個boss（此處指遊戲中首領級別的關卡怪物），一個是火屬性，一個是水屬性，兩個boss攻擊力超高且屬性相反。一般的玩家別說兩個boss了，連一個都打不過。玩家們紛紛大叫：這就是一個bug（漏洞）啊！根本就打不贏嘛！

就在這時候，一個大家從未見過的新面孔分開了眾人，這人面帶微笑，取出寶劍，一陣閃光過後，兩個boss轟然倒地。

周圍的人們都看傻了，他們擁到那個新面孔面前：「不知少俠貴姓高名？」

那新面孔謙虛一笑，拱了拱手：

「各位承讓，在下康德。」

康德的個人秀即將開始。

在下章開始之前，我們插播一個關於因果律的有趣討論。

還記得前面說過的決定論吧，我們說過，決定論是從「萬事萬物都嚴格服從因果律」這一點推出來的。在這裡，決定論是和因果律緊緊聯繫在一起的。

然而，假如我們相信決定論，又會導致我們永遠無法發現和使用因果律。

這到底是怎麼回事呢？

剛才說了，因果律的意思就是「A發生以後，B必然發生」。我們假設這個世界有因果律，世界符合決定論，那麼科學發現還是要用歸納法，對吧？所以科學家們要發現A和B之間有因果律，就必須不斷地讓A發生，再看是不是每一次B都會隨之發生。

但這裡有一個條件，就是A的發生必須是人能控制的。這樣我們才能不斷地改變A發生的條件和環境，才能絕對保證只有A，而不是其他因素造成B的發生。舉例子就是，我們怎麼知道蘋果離開樹枝是蘋果落地的原因呢？我們得把各種可能同樣是蘋果落地的原因都排除了：天氣、地理位置、蘋果的品種。所以我們得在不同的天氣下，在不同的地區，用不同的蘋果來觀察這個事件。結果發現，所有的條件都可以更換，但是蘋果落地還是緊隨著蘋果離開樹枝而發生。那麼根據歸納法，我們就能知道，蘋果離開樹枝是蘋果落地的原因。

然而，假如我們生活在一個決定論的世界裡，那麼A的發生並不是我們能控制的，因爲我們沒有自由意志。因此，即便我們做再多的實驗也無法確認A就是B的原因。就好比當我們看到蘋果離開樹枝和蘋果落地這兩個事件的時候，這兩個事件的發生其實都已經在宇宙生成的那一刻，由其他的什麼東西（比如叫「原因C」）決定了。無論我們如何更換天氣條件、地理位置、蘋果的種類去做蘋果落地實驗，我們也永遠無法排除那個「原因C」。甚至連我們反覆做這些實驗的行爲也都是「原因C」決定的，因此我們永遠也無法發現因果律。

這意思是，假如我們接受這世界是符合決定論的，那麼我們可以相信這世上的確存在著因果律，但我們卻永遠無法把它們找出來。這並不能推翻決定論，不過可以讓決定論陷入一種很尷尬的境地：在決定論的世界裡，科學同樣是沒有意義的。

沒因果律了不行，因果律太厲害了也不行。那可以迎來康德一掌定乾坤的高潮戲了。

等等，好像還忘了點什麼事……

第二十一章　教會的衰落

那個到處迫害哲學家，並試圖讓全世界只剩下一種聲音的歐洲教會，我們還一直沒往下說呢！

假如我們讓中世紀的教會制定一份「通緝危險分子名單」，我猜想，排在第一位的既不是馬丁．路德，也不會是斯賓諾莎，而應該是古騰堡，那個給歐洲帶來活字印刷術的人。

歐洲教會的尊嚴盡失是從印刷術的出現開始，這有賴那時的歐洲封建領主各自為政，行政效率低下。如果換在乾隆時代的中國，管你什麼活字印刷，一場轟轟烈烈的禁書運動下來，一樣可以給你禁得差不多。

中世紀的歐洲就沒那麼美好了，印刷術的出現造成出版業的空前興盛，從行政成本的角度看，教會不可能在每本書出版之前一一進行檢查，只能等到發現了違禁書籍之後再進行查抄和銷毀。

因此，西元一五五九年天主教會開始推出《禁書目錄》，並且不斷更新它。最後一份《禁書目錄》到了一九四八年還在出版，那時候第二次世界大戰都結束了。

教會規定，凡是印刷、出版、閱讀《禁書目錄》上所列書籍的人，一經發現都會受到嚴厲的懲處。我們之前提過的很多哲學家，比如笛卡兒、斯賓諾莎、洛克、休謨，還有後面的康德、帕斯卡，他們的著作都上過這本《禁書目錄》。

但是《禁書目錄》也造成了意想不到的反效果，這就突顯出中國古代中央集權的優勢。若放到乾隆那兒，這本《禁書目錄》只需要給各級官員當作內部刊物就可以了。而天主教會對歐洲的統治是間接的，它必須把《禁書目錄》公開，讓歐洲人民根據自己的宗教信仰自覺遵守。

因此，在荷蘭、波蘭、德意志那些教會不太管得到的鄉村和城鎮裡，隱藏著大批印刷商和出版商。他們在羅馬安插眼線，一旦最新的《禁書目錄》出版，這些商人立即夜以繼日地印出最新的禁書。就像我們今天的「十八禁」反而成了宣傳賣點一樣，《禁書目錄》也讓很多人起了好奇心。在天主教會管不到的地方，這些禁書的傳播速度反而很快。

當然教會還有別的招數——宗教裁判所，可以透過世俗的力量譴責你、咒罵你、開除你、驅逐你。只要社會上大部分的人都相信教會，教會就有種種辦法給敵人施加壓力。

宣揚「日心說」的伽利略就是這麼被裁判所玩死的。

有人說，伽利略被裁判所迫害，受了酷刑，這是不對的，裁判所沒對伽利略用刑，因為用刑那叫「整」，不叫「玩」。

整人一點技術含量都沒有，玩到你有苦說不出才叫真本事。

說到伽利略，插一句伽利略為人所熟知的一項實驗：從比薩斜塔上扔下兩顆材質不同的球，來證明自由落體的速度和物體的材質無關。

首先，這個實驗伽利略本人從沒有記錄過，最早是伽利略的一個朋友在伽利略死後十二年寫的一本傳記中所提到，歷史學家們大多認為這個實驗是杜撰的。

其次，這個實驗結果也是錯的。因為雖然兩個球受到的空氣阻力是一樣的，但是兩個球受到的重力不同，用重力減去相同空氣阻力得到的合力，不再和各自的材質成正比，所以實際的加速度也是不同的。只要學過物理，列個算式就明白了。

當過伽利略助手的物理學家巴厘安尼曾用兩個體積相同的鐵球和蠟球做過實驗。當落體高度達到大約十五公尺，兩個小球的掉落速度就明顯不同，所以有的書上畫的比薩斜塔實驗，就算拋開歷史因素也是錯的，物理老師用真空管比較羽毛和鐵球的實驗才是正確的。

真正有價值的，是伽利略的另一個思想實驗。當初亞里斯多德認為越重的物體下落速度越快。伽利略就想像，假如金屬球的掉落速度比木頭球的掉落速度快，那麼我們用一根繩子把這兩個球連在一起扔下去，按理說掉落速度慢的木頭球，會拖慢金屬球的掉落速度。也就是說，兩個球合在一起的掉落速度會比金屬球慢。但是，兩個球合在一起不是比單獨一個金屬球更大嗎？那不是掉落的速度又要比金屬球單獨掉落更快嗎？這理論自相矛盾，自然也就不攻自破了。

當然，伽利略影響最大的是對「日心說」的論證。

教會恨伽利略，也就恨在「日心說」上了。

那個時代的教會，其實並不反對科學研究，因爲在他們看來，自然萬物都是上帝的作品，研究自然也是神學的一部分，沒什麼不好。

但是，科學研究的結論絕對不能和《聖經》矛盾。比如，《聖經》明確說「大地靜止不動」，那麼就絕對不能說「地球繞著太陽轉」。

其實，單純講「日心說」教會也能接受，只要把「日心說」當成一個比喻，而不是事實就行。也就是說，你可以說「咱們可以把地球看成是繞著太陽轉的，這樣一來群星運動的公式是……但其實地球是不動的喔！」在伽利略之前，哥白尼提出了「日心說」，教會就允許哥白尼的著作經過修改後繼續使用。

但是伽利略不一樣。

伽利略造出了當時最好的望遠鏡，發現了很多和「地心說」衝突的證據。比如「地心說」認爲地球是宇宙的中心，只有地球不動，其他星球都會動，那爲什麼地球這麼特殊呢？過去的解釋是，群星和地球不是一種東西，地球是由土元素構成的，而土元素有「向宇宙中心運動的趨勢」，所以地球就在宇宙的中心固定不動。而群星呢，是由一種叫「乙太」的元素構成的，可以在天上運動。可是伽利略透過望遠鏡發現，月亮上有和地球一樣的山脈，不是什麼特殊的物質。那「地心說」的理論基礎就不成立了。

諸如此類的證據，伽利略發現了許多，於是他最後認爲，「地球繞著太陽轉」不是一個假設，就是這個世界的真相，就是對宇宙最好的解釋。

教會當然不依了。

伽利略關於「日心說」的名著叫做《關於托勒密和哥白尼兩大世界體系的對話》，但是這本書出版之前，伽利略就因爲談論「日心說」被宗教裁判所請去聊天過一回。

伽利略當然被嚇壞了，拚命辯解自己的研究與《聖經》不矛盾。但是教會不理那一套，判決伽利略的說法是異端，要求伽利略「放棄『日心說』，不准再講授、捍衛『日心說』」。伽利略簽字認罪，這份判決書伽利略拿一份，宗教裁判所留一份存檔。

後來，教會換了個教皇，這人跟伽利略之前還是朋友。漸漸地，伽利略的膽子越來越大，甚至出版了講「日心說」的《對話》。而且伽利略也不傻，他知道教會的底線是不能和《聖經》矛盾，因此在寫作的時候很注意保護自己。他在《對話》的前言中就聲明，他把「日心說」當作純粹的假說——您不是允許「日心說」是假說嘛，那我這回就寫是假說啊！

寫完《對話》後，伽利略先把這本書獻給教皇審查，等到教皇批准之後，這本書才被出版。但是在這裡伽利略做了一件非常奇怪的事，雖然教皇是伽利略的老朋友，但是在這本《對話》裡，伽利略安排了一個愚蠢的角色，在書裡被大大嘲弄了一番，熟悉教皇的人一眼就能發現，這個蠢人的言談舉止和教皇一樣。我不明白為什麼伽利略要得罪這個有權有勢的好朋友，或許是因為他實在看不慣這位教皇朋友對「日心說」的敵視，在真理面前非得圖一個痛快。我也不明白為什麼教皇看了這書後還允許出版，或許是教皇本人沒認真看這書，或許教皇本來覺得沒什麼問題，是後來敵視伽利略的人對教皇進的讒言，把教皇給惹火了。

總之，這本書出版後的第二年，教皇的立場完全改變，命令該書停止銷售，市面上的書全部收回，並命令宗教裁判所把伽利略抓回去，說他違反一六一六年「不能討論『日心說』」的判決。伽利略一聽就急了，回家把自己那份判決書拿出來說：你看看，判決書明明沒有「不能討論『日心說』」這條啊！

這時候裁判所不慌不忙地拿出他們存檔的那份判決書，在判決書的最後，赫然就寫著「不能討論『日心說』」這幾個字⑪。

這都行？

有理沒處說去啊！伽利略只能服軟，在監獄裡自願補寫《對話》，以便讓內容更偏向「地心說」。但是沒有用，他還是被判有罪，判監禁，「刑期以我們認為必要為準」。已經六十九歲的伽利略還遭受羞辱，跪在大庭廣眾之前，穿著代表悔罪的白色長袍，手執蠟燭，當眾表示「公開放棄、詛咒和痛恨地動說的錯誤和異端」。

有人說，在判決幾天以後，當伽利略被押解至某監獄，從囚車上艱難下來的時候，他彎下腰用手指觸地，喃喃地說道：「唔，它還在動。」

後來，伽利略雙目失明，身體十分虛弱。經過了一番折騰，才得以改成回家鄉軟禁，一直被軟禁到死。

伽利略事件震懾了歐洲的學術界，笛卡兒曾經有一個雄心勃勃的計畫，寫一本光聽名字就很霸氣的書——《論世界》，他想要統一他所有的科學理論，其中就包括地球轉動的觀

---

⑪ 教會到底有沒有修改檔案，此事尚有爭議。

點。當笛卡兒知道伽利略被判刑後，深受打擊，不敢再提地球轉動。可是沒了這個理論，笛卡兒的其他科學理論也難以統一。最終，他的著作只寫了一小部分。

其他的哲學家也差不多，要麼聽到風聲不對就往荷蘭跑，要麼就匿名發表作品，或者乾脆終止自己的研究，有些人的作品只能在去世後才發表。

但就算這些人再異端，好歹還是信仰上帝，等機械論和決定論一出，教會就徹底瘋了。

其實決定論倒不一定非和教會矛盾，但它確實沒給上帝留出干涉世界的空間，一切事物都按照自然規律自行運轉。但上帝是全知全能的，上帝也能知道未來發生的一切事情。所以在決定論的世界觀中，上帝完全可以在世界生成的那一瞬間，把後來宇宙萬物的發展都安排好，這也不違反基督教教義。

話是這麼說，但機械論和決定論想拒斥上帝也很容易，特別是機械論，一不留神就會跑到無神論那邊去。

我們前面說過的機械論者霍布斯就是個例子。

雖然霍布斯也信仰基督教，但是他的著作《利維坦》宣揚的是自然神論，也就是說，上帝在創造世界之後，基本上是不干涉世界的運轉。也就是說，人們現在的日常生活跟上帝已經沒什麼關係了。這在當時的教會看來，自然是異端無疑了。

《利維坦》一出來，教會和保守勢力都怒了查詢此人是誰，原來就是一個家庭教師出身，沒權沒勢的，嘿！辦你還不容易嘛！

正好那個時候英國鬧革命，革命黨克倫威爾把英國國王查理一世當眾斬首。過了幾年，克倫威爾又嫌議會礙事，讓軍隊把議員趕出議會，把議會大門鎖上，在門口掛上「吉屋出租」的牌子。最終，克倫威爾成為英國實際的統治者。

正在混亂的時候，霍布斯結束旅居法國的生活回到英國。克倫威爾也信基督教啊！於是，教會和保守勢力就準備趁機對霍布斯下手。

但教會沒想到，霍布斯的《利維坦》除了講機械論，還有一半多在講政治。《利維坦》的政治理論裡有一個觀點，說當君主已無法再保護臣民安全時，臣民可以轉向服從新的君主。這個觀點正好給事實上篡位獨裁的克倫威爾提供理論基礎，所以霍布斯在英國受到克倫威爾的保護。克倫威爾連英國國王都給弄死了，還怕什麼教會勢力？霍布斯自然高枕無憂。

克倫威爾善於打仗，但不善於治理國家。他當上獨裁者幾年以後，國家的問題越來越多，舉國上下怨聲載道。陰謀刺殺、反叛他的人層出不窮，甚至連他女兒都反對他。不久，克倫威爾病倒去世。他死的時候已經臭名昭著，據說死訊傳到荷蘭時，孩子們沿著運河奔跑，高興地呼喊：「魔鬼死了！」

很快保皇黨復辟，流亡在外的查理二世被請回英國。查理二世在他三十歲生日那天，在民眾盛大的歡迎儀式中進入倫敦，當上國王。

查理二世跟克倫威爾的仇恨可深了，克倫威爾殺了查理二世的爸爸，奪了他們家的王位，還到處追殺查理二世。查理二世一度把手臉塗黑，偽裝成貧民，在野地裡露宿。最驚險的一次，他躲在一棵樹上，克倫威爾的部隊就在樹下搜尋，卻沒有發現他。等查理二世好不容易流亡到歐洲大陸以後，也有一段時間過得和貧民一樣，經常吃了上頓沒下頓，吃最粗陋的食物，還經常賒帳。

查理二世復辟之後，為了解恨，讓人把克倫威爾的屍體挖出來，一番上絞刑架之類的折騰後，把克倫威爾的頭顱掛在威斯敏斯特大教堂尖頂上，一掛掛了許多年。

總之，克倫威爾下臺，新國王查理二世恨他入骨。這回霍布斯沒了保護人，教會又準備對他下手了。

但我們之前說過，霍布斯當過家庭教師，他當初教的學生就是查理二世。

教會當時就崩潰了。

查理二世登基後，有一天在街上遇到了霍布斯，認出這就是自己以前的老師。他把霍布斯接到宮中，從此不僅每年給霍布斯送錢，還在寢室裡掛上他的畫像。在查理二世的保護下，霍布斯雖然也受到衝擊，但是影響不大，他失去了出版自由，但還是可以偷偷到荷蘭出書，他的理論早就名揚在外了。

雖然沒遭受到什麼攻擊，但其實霍布斯也挺冤枉，因為機械論的正主牛頓讓教會給放一馬了。

在歷史上，我以為有兩個人對基督教權威的打擊最大，一個是牛頓，一個是達爾文。有意思的是，這個對教會打擊最大的牛頓，卻被教會賜予巨大的榮耀。這一方面是因為英國教會比較開明，另一方面也是因為牛頓本人是個虔誠的教徒。

有的書在講科學史的時候，會把科學家和教會當成不共戴天的敵人，一個無比光輝，一個無比反叛。實際上在那個年代，別說科學家了，連那些被燒死的異端一起算，幾乎每個人都信基督教，而且不少人還無比虔誠。什麼哥白尼、伽利略、牛頓，全是基督徒，拉美特里那樣的才是真正的特例。

開普勒是「日心說」的大功臣，他有個開普勒三大定律，為牛頓研究萬有引力鋪平了道路。但開普勒研究天文可不是出於什麼唯物主義精神，開普勒把太陽看作聖父、恆星看作聖子、宇宙中的乙太看作聖靈。他研究天文學是為了印證他的神學觀：世界是上帝根據完美的數的原則所創造的。

牛頓也是個虔誠的教徒，他的名著《自然哲學的數學原理》中，第一句話就表達自己對上帝的信仰。在他的力學中，像「第一推動力」等地方，都給上帝留下了位置。正因爲他的成就和信仰，所以牛頓在生前就很受教會推崇，死後還被葬在威斯敏斯特大教堂裡。

但是，科學的探索精神注定是不安分的。就算牛頓是個虔誠的教徒，他也不會滿足於常規的宗教生活。人們後來發現，牛頓一生中把很多精力花在神學上，足足留下了一百五十萬字的手稿。他的研究很有趣，其中重要的一項工作是解讀聖經密碼。

所謂解讀聖經密碼，就是透過跳字、斷句之類的方法，從《聖經》中找到隱藏的內容。在我們看來，這種解讀行爲有些荒誕⑫，但是牛頓虔誠地認爲，他的物理學定律和聖經密碼一樣，都是上帝留給人類的神祕線索，研究聖經密碼和研究物理學一樣重要。

而且牛頓還透過複雜的公式計算出了世界末日的時間——二〇六〇年。

⑫在牛頓之後，很多人繼續投入聖經密碼的研究中。有些人透過電腦聲稱找到了大量的資訊，能和歷史事件一一對應上，有很多人質疑這種方法並不嚴謹。其中有一位聖經密碼的發現者Michael Drosnin在接受《新聞週刊》訪問的時候急了，說誰要是能在《白鯨記》裡找到某位總理被刺殺的密碼，他就服。Michael Drosnin這話一出來，就有很多人投入在《白鯨記》找密碼的工作中。結果真有人找出甘地了，而且除了甘地外，還找到了林肯、拉賓、甘迺迪等名人被刺殺的訊息。

不過不用緊張，牛頓在做出預言後又補充說，他並不是想給出具體的時間，他這麼做是為了讓其他預言末日的人閉嘴。

牛頓這麼說是有原因的，因為基督教預言人類將會經歷最後的審判，以後世俗生活就結束了，進入新的時代。所以基督教一直對預測世界末日情有獨鍾。

前面說過，就因為這個信念，基督教才在西元六十四年的羅馬大火中，被認為是縱火者。中世紀的時候，人們不是習慣把遺產捐贈給教會嗎？那時大都要在遺囑的開頭寫上：「因為這世界之末日將近。」意思是，世界末日也快到了，這錢留給後代不如捐給上帝。

不僅是牛頓的時代，在整個歷史裡，每過一段時間西方世界都會出現一些世界末日的預言者，預言末日將在什麼年代到來的都有，這是因為末世論具備了能引起恐慌又無法查證的特點──就像休謨說的，誰能證明明天太陽一定會升起，誰又能證明未來某天不是世界末日呢？所以末日論就跟樓下大媽謠傳「菜價要漲了」一樣，一傳就靈。

總之，教會放過牛頓了。雖然教會沒有放過達爾文，但這無所謂了，我們都知道故事的結局：教會勢力越來越弱，再也沒有能力把人送上火刑架。到了後來，伏爾泰成天咒罵基督教，尼采大喊「上帝死了」，誰都不能把他們怎麼樣。

其實，教會勢衰的徵兆在很多年前就出現了。

這是在笛卡兒出生五個世紀之前，那時候還沒有馬丁．路德，還沒有新教，連贖罪劵都還沒有，就已經有人看羅馬不爽了。

這個人是神聖羅馬帝國的皇帝亨利四世。他覺得自己很厲害，為什麼我的國家非要每年給羅馬教會捐那麼多錢呢？

他開始和羅馬吵，吵到後來他竟然宣布羅馬教皇是僞僧侶，要其下臺。

教皇要對付這種不服的當權者，只有一個辦法：「絕罰」你。雖然教皇翻來覆去只有這麼一招，但這招太靈了。

我們前面說過，歐洲國王管不住自己手下的領主，領主們又信奉教會。亨利四世被「絕罰」後，立刻叛亂四起，他實在受不了了，無奈之下，不得不千里跋涉來到教皇的住所前求饒。貧民出身的教皇拒絕接見他，亨利就在大雪中站了三天三夜（據說還沒穿鞋子），然後教皇才出來讓他吻了自己的鞋，寬恕了他。

這個例子常被提起，用來證明中世紀教皇的權威，但有些文章忘了說故事的後半段。

亨利四世是個很記仇的人，表面上裝作若無其事，但沒過多久，便把當初背叛他的人都給滅了。穩定局勢後，他立刻翻臉再次討伐教皇。

教皇只有一招——「絕罰」！

可是這次亨利四世早有準備。

面對第二次「絕罰」，亨利四世什麼事也沒有，直接帶兵殺到羅馬。教皇只能從羅馬倉皇出逃，最後淒慘地客死異鄉。

當然，這時候教會勢力還很強盛，後來繼任的教皇又把局勢扳回去了。宗教改革的時候，新教還拿這件事出來說，用來激勵日耳曼人的民族情緒，號召人們為亨利四世報仇。

雖然這件事比笛卡兒的時代要早五個世紀，但它已經揭示了教會必然衰落的原因：教權和王權之間有著尖銳的矛盾。在對抗中，教會唯一的武器是信仰，一旦這信仰被哲學、科學和民主思想慢慢消磨掉，教會的權力也就立刻萎縮，說話再也沒有公權力。

率先頒布《禁書目錄》的教皇是保羅四世，他以嚴酷的統治聞名。此外，他還有一大「功績」：

話說有一天，他來到西斯汀教堂，抬頭一瞧，看到牆壁上米開朗基羅所作的絕世精品《最後的審判》裡有好多裸體形象。教皇一看火就上來了：胡鬧！這畫上怎麼有這麼多不穿衣服的！太不像話了！他立刻叫人把畫裡的人物畫上褲子和遮羞布，毀了這幅傑出的作品。

保羅四世任時是羅馬教會嚴酷統治的高潮時期。但就在他死後，羅馬連續四天發生暴亂。人們拆下保羅四世的雕像，把它拖到街上，又丟到河裡。人們還燒掉了宗教裁判所，釋放了犯人，毀掉了文件。

我們在講哲學史的時候說，笛卡兒、斯賓諾莎的時代還在講教會迫害，休謨的書也被教會禁了，但是等到說後面的康德、黑格爾等人的時候，教會頂多就是在《禁書目錄》裡添幾個書名，實際已經不能把他們怎麼樣了。

西元一八三五年，除了羅馬之外，歐洲各地的宗教裁判所都被取消，不久以後，羅馬的裁判所也改換名字，很快就失去逮捕審判的權力，宗教裁判所帶來的黑暗時代就此結束了。

當然，這世上永遠不缺少為了取悅神靈而無所不為的人，他們相信神靈會賞賜給他們幸運、財富、長壽和天堂。他們樂於攻擊一切和經文相悖的東西，認為只要把經文上說過的話重複上一萬次，就可以得到賞賜了。

比如下面這位牧師的話：

「認為太陽的直徑有幾百萬英里，與地球相距九千一百萬英里，這是愚蠢的想法。太陽只有三十二英里寬，距離地球不過三千英里。情況一定如此，完全合情合理。上帝創造太陽，為的是照亮地球，他必然要把它安放在靠近服務物件的近旁。如果有人在齊翁鎮蓋所房子，卻跑到威斯康辛州的基諾沙去安裝電燈為它照明，你會怎麼想呢？」⑬

這話不是說在天主教統治的中世紀，而是在二十世紀三十年代的美國，那時愛因斯坦的相對論已被科學界普遍接受，美國作為二十世紀的科技大國，正在科學的天空中冉冉升起。

說這話的人曾懸賞五千美元要人向他證明地球是圓的，就像那些動不動懸賞幾十萬元挑戰科學院的民間科學家一樣，這人自然不可能相信任何與他相左的言論，也不可能把懸賞給任何人。然後他就可以得意地宣布：誰也拿不走我的懸賞，科學家都是一群懦夫加笨蛋。

順便一說，這個人為了宣傳「世界是扁平的」這個觀點，來了一趟環球旅行。

---

⑬ 引自《西方偽科學種種》（馬丁加德納著，貝金譯）。

第二十二章　宅男拯救哲學

接下來是屬於德國的時代，康德終於來了。

包括康德，以及後面的謝林、黑格爾、費爾巴哈、叔本華、尼采、馬克思、胡塞爾、海德格，還有對哲學影響頗大的愛因斯坦、海森堡⑭，這個超豪華陣容全部都是德意志人。他們中有不少是猶太人，後來希特勒迫害猶太人，結果讓一堆超級智囊脫離德國國籍到英、美去作貢獻了。

想到在這漫長的年代裡，全世界哲學家都唯德國馬首是瞻，想到愛因斯坦外星人般的天才，想到馬克思對全世界的巨大影響，想到德國在第二次世界大戰時超強的工業和科技能

⑭此外，在物理學界還有歐姆、赫茲、亥姆霍茲、克勞修斯；文藝界還有巴哈、貝多芬、華格納、孟德爾頌、歌德、海涅；數學界有高斯、希爾伯特；醫學界有羅伯特·科赫；社會學界有馬克斯·韋伯；政界有俾斯麥。如果算上和德國關係源遠流長、同屬於德意志民族的奧地利，那麼還有維根斯坦、波普，還有莫札特、舒伯特、約翰·施特勞斯、茨威格、卡夫卡、佛洛伊德、薛定諤、包利、波茲曼等。往前，能影響世界史的還有古騰堡和馬丁·路德。

力，這不禁讓人遐想，假如這世上沒有希特勒，假如沒有種族迫害和侵略戰爭，德國那得多厲害啊？

當然，歷史不能假設，只能想想而已。

假如宅男這個行業要拜什麼祖師爺的話，我覺得康德挺合適的。

康德住在當時德國最東邊一個偏遠的小鎮裡，這個地方偏遠到今天已經不屬於德國而屬於俄羅斯了。那個時代，沒有電視也沒有廣播，學者大多會到處遊歷，爲的是增廣見聞，也是爲了和其他學者多交流，就像笛卡兒爲了讀「世界這本大書」而兩次參軍一樣。

康德卻是個另類。在漫長的一生中，他只短暫離開過家鄉的小鎮一兩次，最遠只到過一百公里外的地方。他幾乎一輩子都蝸居在自己家裡，而且終身未婚。其實康德有兩次求婚的機會，但全都因爲他的優柔寡斷而錯失良機——完全就是宅男的典範呀！

你可能會撇撇嘴，說這樣的宅男我見得多了，康德在今天也就算個普通水準，也沒什麼了不起。

不，我敢自信地說，今天所有的宅男誰也比不上康德分毫。

要知道康德那個年代，沒有網路，沒有電話，沒有電視，沒有廣播，連照片都沒有。所以看那個年代的小說和電影，人們沒事就聚會或吃飯——因爲，除此之外，就無事可做了。

偏偏這兩樣康德都不喜歡，宅男康德和這世界的聯繫，除了和友人聊天外，就只有看書和通信了，基本上全是面對著固定不動的文字。那是什麼感覺呢？大概就跟在一個老式圖書館裡住一輩子一樣吧！

你說今天哪個宅男能跟他比？

還有一個細節給了我很深的印象，據他那個時代的人說，康德的睡覺方式是這樣的：

「他先坐在床上，輕輕地躺下，將一個被角拉到肩膀上，再掖到背下，然後特別熟練地將另一個被角用同樣的方法整理好，接著再將身體的其他部分蓋好。這樣把自己像蟲繭一樣裹好後，便等待著睡意的來臨。」

我雖然不會這麼做，卻覺得心有戚戚焉。或許對於一個常年單身的宅男，他睡覺前的狀態是他內心世界最好的寫照。

康德是一個大器晚成的人，若有人覺得自己年事已高卻依舊一事無成，可以拿康德來激勵自己。

康德的父親是馬鞍匠，家境清苦。康德上大學以後，常常因為貧困而中斷學業。在他二十三歲的時候，父親去世，家裡頓失經濟來源，康德不得不中斷學業，自己想辦法謀生。

作爲一個無權無勢的大學畢業生，康德能找到的最好工作是給人當家庭教師。在當了八年家庭教師後，他透過努力，終於回到大學拿到碩士學位，在大學裡當老師。

然而，康德當上的不是教授，而是地位最低的編外教師，學校不發薪水，他的收入由上他課的學生們提供。在隨後的歲月中，康德不斷地申請當教授，但是總是失敗，康德當編外教師足足十五年，直到四十六歲的時候，才獲得教授職位，這是非常晚的。

當上教授以後，康德仍舊拿不出重量級的學術著作來，雖然他當時已經有了一些名聲，但是除了最了解他的少數幾個人外，沒人認爲這個身材矮小、面貌醜陋的老教授，將會是那個一舉打敗兩大哲學怪獸、一統哲學江山的救世主。

其實，康德早就在醞釀一部巨作，朋友們不斷催促他完成，但他本著宅男的拖沓性格和知識分子的優柔寡斷，一直拖著不肯寫完。這一拖就拖了十二年。

那時很多圈內人都瞧不起康德。有一次，康德的學生在柏林一個有很多哲學家參加的宴會上說，康德正在撰寫一本新書，完成後會讓所有的哲學家汗顏。在場的哲學家笑了笑回答說，很難想像一個業餘哲學家會有這樣的本事。

倒也怨不得那些哲學家短視，這時候康德已經差不多五十六歲了，想想笛卡兒、休謨都是什麼時候出的書？和他們相比，康德早就過了創作的年齡。

康德的壓力也很大，看自己這歲數，可能再寫不出來就得把滿腹學問帶進棺材裡。他這才一咬牙，用了短短四、五個月的時間把他最重要的《純粹理性批判》寫完。

大——功——告——成！

寫完後康德心滿意足地等待眾人的反應，結果足足等了一年，才等來第一篇書評，而且完全把康德的意思理解錯了。

爲什麼啊？因爲康德的書太難懂了。

德國古典哲學的一個共同特點是晦澀難懂，不只是康德，德國哲學家全都是這樣，要不怎麼會說德國人缺乏情趣到一定程度呢！而且康德這人尤其無趣，他說他的書是寫給專業哲學家而不是普通讀者看的，因此書裡沒有具體的事例，全都是乾巴巴的理論。而且第一版因爲寫得太倉促，還留下不少矛盾和漏洞。

康德曾經把《純粹理性批判》的原稿給他一個腦子特別好的朋友看，他的朋友讀了一半，實在堅持不下去，把書稿還給康德說：我再讀下去，就要精神錯亂了。

我們學英語的人都知道，英語裡一個句子可以帶上很長很長的從句。德語和英語同屬於日耳曼語系，在句子長度上更是有過之而無不及。想一想，這本《純粹理性批判》裡有的句子長到寫滿一頁還沒有寫完。一整頁的文字你在那兒讀讀讀，讀了五分鐘還沒遇見句號，那是什麼感覺。

我想起一件無關的事。

我上大學的時候一個人吃飯，就打一份飯、一份菜。有一次打了一份小白菜，我咬了一口，嚼不斷啊！我繼續往後面咬，還嚼不斷，我咬啊咬，這菜怎麼這麼長呢？最後一整根菜都讓我塞進嘴裡。我硬著頭皮把這口菜吞到肚子裡，再一看，這碗裡就這麼一根超長的菜，這一口吃完，菜碗已經空了，然後很沒輒地又去打了一份新菜。

不知道為什麼，我就覺得讀康德這長句子的感覺，應該跟我吃小白菜的感覺差不多。當然康德後來是出名了，而且他很長壽，之後又寫了不少重要的作品。我們集中關心一下他到底是怎麼解決決定論和休謨懷疑論這兩個大問題吧！

康德看了休謨的論述後很震撼，認為休謨說得沒錯，理性主義屬於獨斷論，經驗主義又不能證明事物之間存在因果關係。康德想了很久，突然，一個大膽到狂妄的念頭產生。

康德說，當年大家都以為「地心說」正確，可是天文學家根據「地心說」怎麼也計算不出正確的結果。哥白尼大膽地把「地心說」改成「日心說」，一下子解決了問題。那過去的哲學家呢，都認為我們的認識要符合客觀世界，但是討論了半天都沒有結果。

康德認爲，我們應該把主客觀世界的關係顚倒過來。

這……不是瘋話吧？

我們來研究研究康德這個大膽的想法是怎麼回事。

首先，我們得拿出想像奇幻世界的衝勁來，先只當康德是個奇幻作家，爲我們設計了一個架空世界。

這世界是什麼樣的呢？

在這個世界裡，人類是一種非常可憐的生物，永遠無法認識到這個世界的真面目。人類所感受到的這個世界，都是透過人類心靈中某個特殊的機制加工處理過的。

這個負責加工的機制，我們起個名字叫做「先天認識形式」。

世界的真面目，起個名字叫「物自體」（也被譯作「自在之物」）。

人類感覺到的世界，也就是「物自體」經過「先天認識形式」加工後得到的東西，我們把它（們）叫做「表象」。

這幾個名詞，需要麻煩您記一下了。

也就是說，我們生活中看到的桌子啊！椅子啊！這些都是世界的表象。桌子和椅子的真面目是物自體，到底是什麼樣子的我們永遠無法知道。

要特別說明的是，這個先天認識形式，也就是人類心靈對物自體的處理機制，每一個人都是一樣的。這個「先天認識形式」一詞中所謂的「先天」，不是說這東西是生物學上的天生的本能，而是像理性主義者說的那樣，是一種超越了客觀世界的存在，它既不是人類生理的表現，也不是心理的表現，不會因爲人體的變化而改變。所以你說我想改變自己的「先天認識形式」，這是不可能的。

我們再學一個小詞語：「先驗」。「先驗」和「先天」差不多，意思是：先於經驗，說某些東西是在人獲得經驗之前就存在的。這些東西不依賴於人的經驗而存在，而且常常會決定著人的經驗。顯然，先天認識形式就是先驗的。再比如，理性主義者相信的不言自明的公設，一般人理解的絕對真理，也都是先驗的。

回到康德，在康德的哲學世界裡，所有的知識（也就是來自物自體的知識）都要先經過人類心靈的加工，才能被人類認識。所以他自比哲學界的哥白尼，在他的哲學裡，不是心靈去感受經驗，而是心靈加工和生產出了經驗。當然，這加工過程並不是任意的。

我知道您可能還沒看懂，沒關係，我們看兩個比喻。

有一個最常用的比喻，有色眼鏡。

這個比喻說，假設每個人終身都必須戴著一副藍色的有色眼鏡，這個世界上所有的事物，必須都透過有色眼鏡的過濾才能被人看到。那麼所有人看到的就是一個藍色的世界，而世界真實的面貌是人永遠看不到的。

在這個比喻裡，有色眼鏡是先天認識形式，事物原本的顏色是物自體，人類看到的藍色的世界，是表象。

要注意的是，每個人的眼鏡都是相同的，不會有人不一樣。因此，戴著眼鏡其實不會妨礙人類的正常生活，連物理研究的結論都不會影響。反正顏色只是人類自己起的名字而已，戴眼鏡者根本沒法察覺到自己的異常。

還有另一個比喻，假設我們人類都是電腦。

電腦只懂電腦的語言，不懂人類的語言，對吧？那麼怎麼能讓電腦接受人類的命令呢？我們知道，電腦在出廠的時候，就已經在主機板的BIOS中寫進了代碼，這樣電腦才能接受一些簡單的命令，才能安裝作業系統，才能進行更高級的活動。

這個BIOS就是先天認識形式，我們人類的世界就是物自體，而電腦能理解的命令是表象。外界的任何命令都必須先經過BIOS的處理，才能讓電腦明白。所以電腦能理解到的永遠都是一條條程式命令，它不能理解人類世界的真實面貌，但它也不是和人類世界完全分離的，可以透過BIOS的中轉和外界保持互動。

用白話說就是，康德認為，這世界（物自體）是人類永遠無法真正認識的，人類只能看到被扭曲了的世界（表象）。但是由於每個人對真實世界的扭曲方式（先天認識形式）都是相同的，所以人類看到的同一個東西的感受還是一樣的，因此我們察覺不到真實的事物是否被扭曲了，所以這個世界觀並不和我們的生活經驗相悖。

那因果律是怎麼回事呢？

康德認為，我們這個先天認識形式裡，包含了很多用來處理物自體的工具（一共有十二個先天範疇），其中一個就是因果律。而科學家只能研究我們感覺到的事物，也就是說，科學家只能研究表象世界，因此科學家的研究物件都是帶有因果律的。

那麼，人的自由意志又在哪兒呢？

我們自己的意識就是物自體啊！

因果律只存在於先天認識形式裡，並不存在於物自體中。物自體是自由的，我們自己的意識也是自由的。

換句話說，康德讓人的意志受到了先天認識形式的嚴密保護，因果律不能穿透先天認識形式去控制人的內心意志，所以人仍舊是自由的。

當然，這也意味著作爲物自體的自我意識，是沒法被我們察覺和把握的。也就是說，科學是永遠無法研究人的自由意志的。

問題完美解決。

多說一句。

在講決定論的時候，我們說過，我們無法證明自己是否擁有自由意志。這是一個悖論：你怎麼能證明我們此時對自由意志的證明，不是受到因果律的控制呢？

這個悖論是沒法反駁的。

而康德的世界觀說，自由意志屬於物自體。康德又說，我們無法了解物自體，所以我們無法用理性來討論自由意志的問題，正好說明了爲什麼存在這個悖論。

再多說一句，康德認爲表象世界存在因果律，並不能因此說表象世界就是一個決定論的世界。這是因爲，我們的自由意志會影響表象世界：我可以憑藉自己的自由意志，想拿起杯子就拿起來。既然我們的自由意志不受因果律的控制，那麼表象的世界也就不是一個決定論的世界了。

你可能會反駁說，康德的這一套也太想當然了，既然人類誰都不能認識物自體，你憑什麼說有物自體？你憑什麼說有先天認識形式？你憑什麼說先天認識形式裡就有因果律？

康德對這些疑問都給出了證明。但是這些證明很複雜，我不能一一複述，只能挑一些簡單的說明。

康德說，人不可能在大腦完全空白時就直接接受經驗，就好像電腦要先安裝BIOS才能進一步去讀盤、去安裝作業系統一樣（當然這例子是我舉的）。「先天認識形式」是人用來接收外界知識所必備的基礎。

比如空間和時間的概念，就是人在學習一切知識前，必須先具備的先天認識形式。

康德給出了幾種證明方法，我們說兩個簡單的。

第一個證明是，人是有感覺的，而「感覺」暗含的意思是：我們感覺到的是「我們之外」的東西。我們不用人教，就知道自己有意識，自己的意識之外還有一個世界。這「之外」兩個字，就說明我們有空間概念。

換句話說，如果我們沒有空間概念，我們的感受就是一片混沌，連什麼感覺是屬於自己的、什麼感覺屬於外界的都不知道。自然，在這種狀態下，我們也不可能再去學習空間的概念。所以空間這個概念是先於經驗的，而且是每個人必有的。

第二個證明是，人類可以想像不存在物體的空間，但是不能想象不在空間中的物體，這說明空間是不依賴外界經驗存在的概念。

同樣的道理，時間概念也是先驗的。

我們可以理解，「我」這個概念是很多瞬間不同的「我」合在一起，因爲物質隨時都在變化，上一瞬間的「我」和下一瞬間的「我」是不一樣的。如果我們沒有時間概念，就無法認識到「我」是個存在於連續時間裡的整體。而笛卡兒的「我思故我在」證明「我」這個概念不需要經驗就可以存在，既然「我」的概念是先驗的，時間的觀念自然也就是先驗的。

另外，對於時間、空間和因果律的先驗性證明，希爾貝克的《西方哲學史——從古希臘到二十世紀》裡還有一個很不錯的例子，我不客氣地直接拿來談談。

他說，假設出了一個交通事故，有一個員警去調查，調查回來說：這個事故不是在任何時間發生的，也不是在任何地點發生的，也沒有任何發生的理由。

那麼警察局局長一聽肯定氣瘋了，哪怕這員警胡編一個時間、地點和理由，局長也不會那麼生氣。爲什麼呢？假如員警胡編了時間、地點和理由，好歹我們有機會知道他說的是真話還是假話。但他這個沒有時間、地點和理由的報告呢，對我們來說是完全不能理解的。我們根本就沒法理解這麼一句話，這說明一個知識如果不具備時間、空間和因果律的要素，我們就完全不能理解。也就是說，只要我們有關於某物的知識，這知識必定伴隨著時間、空間和因果律等概念。時間、空間和因果律這些概念是先於我們的經驗而存在於我們思維中的。歌德將康德的理論生動地解釋為：「如果我不是從一開始就心裡裝著這個世界，即使睜著眼睛，我也看不見。」

為了證明世界上存在著不可認識的物自體，康德還提出了四組「二律背反」命題。所謂「二律背反」，就是一些關於「空間是不是有限」之類的形上學問題。康德一一討論這些問題，發現這些問題無論是證明為真還是為假，都是成立的。換句話說，要靠理性去研究這些命題，得出的都會是自我矛盾的答案。

康德認為，這背後的原因就是，這些命題討論的內容不在表象世界中，而是屬於物自體的世界，是我們的理性無法認識的。如果我們非要用理性去討論，就會出現這種自我矛盾的情況，這也就是為什麼不同的理性主義者研究這些問題會得出相反的結論。

康德建構的哲學世界看上去很複雜、很抽象，但其實非常聰明。

康德之前的哲學危機，是休謨對因果律，乃至對人類理性能力的懷疑。

康德的解決方法是，他把世界分成了兩個部分：一個部分完全不可知，另一個部分則可以用理性把握。不可知的那部分因爲永遠不可知，所以對我們的生活沒有什麼影響。只要我們在可把握的世界裡生活，理性就又恢復了威力。

這樣一來，既沒有破壞休謨的理論（想破壞也沒那能力），又讓人類重新信任理性，重新踏實了。

康德的學說並不是和我們完全無關的玄學，而是有很重要的現實意義。

假如我們接受康德的世界觀，我們就同意，這世上總有一些東西是我們無法認識的，我們只要安於在能認識的世界裡生活就對了。

這可以用來應對一些沒有確鑿根據的陰謀論，我們的生活中永遠不會缺少陰謀論。比如有人說，我們都生活在《駭客任務》般的虛擬世界裡，又如有人預測某年某月某日是世界末日等等。有的人會覺得，不能證明這些陰謀論爲假，就活得不踏實。

但關鍵是，很多陰謀論是無法證僞的，我們永遠不能證明我們沒生活在虛擬世界裡，也沒法證明我們所看到的世界全都是假象，也沒法證明下一秒鐘世界不會被我們從未認識到的某種力量毀滅。按照康德的世界觀，這些陰謀論正是處於我們永遠無法認識的世界裡。那麼我們該怎麼辦？——何必管它！

陰謀論的真偽問題屬於我們不能認識的領域，費勁去研究它只會徒勞無功。就像研究「二律背反」會出現矛盾結論一樣，當我們談論陰謀論的時候，正方反方都會說出一大堆互相對立的道理來。看著都有理，其實全都是空談而已。我們不需要管它，該怎麼生活繼續怎麼生活就是了。

另外，康德還幫了神學家們一個忙。

教會似乎什麼事情都能解釋，但對於一些現實問題卻是捉襟見肘。

西元一七五五年，里斯本的大地震奪走了幾千名正在周日早晨做禮拜的民眾的性命。這件事怎麼解釋呢？難道那幾千名做禮拜的信眾都罪大惡極嗎？世界上的其他災難又怎麼解釋呢？第二次世界大戰裡死掉的都是惡人嗎？死於大屠殺的平民都是惡人嗎？

對於好人有惡報的情況，基督教的一種解釋是，人類要承受亞當和夏娃當年吃智慧果所犯下的原罪。可要是這麼解釋的話，那一個從出生以後就一直恪守善道、終日虔誠祈禱的小孩，被戰火中的碎石壓倒，看著自己的斷肢，在極度的疼痛、恐懼和絕望中哀號了三天三夜才離開人世，他經受這一切只是因為他的一個祖祖祖祖祖祖祖祖祖祖父在遠古時代偷吃了樹上的一顆果子嗎？如果這些苦難是他進入天堂必經的考驗，那我們能不能換個別那麼殘忍的考驗啊？同樣都是能上天堂的人，為什麼有的人就要受到如此淒慘的考驗，有的就不必呢？給一個孩子如此殘酷的考驗，這算是善良嗎？

萊布尼茲解釋說，世間之所以有這麼多惡，是因為上帝在若干惡的世界中選了一個最不邪惡的給我們，是「所有可能存在的世界中最好的」。

可是，上帝不是全能的嗎？

類似的辯護，總會在邏輯上出現一些漏洞，教會於是說：不可揣測神。意思是，你沒資格討論這些事。

這辯解不太能讓人信服吧？

此外，前面說過，在上帝是否存在的問題上喜歡辯論的哲學家們提出過很多悖論，也是用邏輯無法解釋的。

問題是，上帝一定要遵守邏輯規則嗎？

康德對理性的限制給了上帝可以不遵守邏輯規則的理由，他論證了理性並不是萬能的。比如對於「二律背反」問題，理性就無法討論。因此，並不是一切事物都會遵守邏輯。

上帝既然是絕對的存在，自然是屬於「物自體」那邊的存在，那麼上帝也就用不著遵守邏輯，上述對上帝的質疑也就都不成立了。換句話說，康德用他的形上學把科學和宗教分成了兩個領域：科學研究的是表象世界，宗教面對的是物自體的世界，所以我們不能用科學和理性去質疑宗教，同時宗教也沒有必要打壓科學。

還有一個有趣的問題。

我們生活的空間是三維的。那麼，有沒有四維空間？四維空間是什麼樣子的呢？注意，我們這裡說的第四維不是時間，而是純空間上的四維。

我們想像，假如有一種純二維空間的生物，就好像平面上的一幅畫一樣。它們能感受到什麼呢？它們只能感受到正方形、三角形這些平面圖形，它們永遠感受不到立體。我們去看它們就覺得很可憐了，我們這世界中的一切它們都不可能理解，連這世界的存在它們都不知道。那麼，會不會有一種四維空間的生物，覺得我們這些人類生活在三維空間，永遠不能體驗到四維空間也是一件很可憐的事呢？

挺好奇的，是吧？

其實我們有辦法間接體驗四維空間。

假設有一個二維空間的生物代號為A，它只能理解二維的平面圖形，我們可以給它所生活的平面加入一個時間的維度，給它湊成三維。

比如說，我們有一個正方體想要讓A體會，那麼我們可以讓這個正方體慢慢穿過A所在的平面。這時，A只能看到正方體和平面重合部分的二維圖形，但這個二維圖形是在隨時間不斷變化的（除非這個正方體的一面和A所在的平面平行，並且正方體按照垂直於A所在平面的方向穿過。那麼A就只能看到它的世界裡突然出現了一個正方形，過了一會兒又突然消失。所以別這麼做，給正方體找個「怪」一點的角度）。

雖然A仍舊不能想像三維世界是什麼樣子的，但是透過這種形式，可以讓它間接感受到三維正方體。當然，正方體透過平面的角度和速度不同，A所體驗到的那個不斷變換的二維圖形也是不同的。

同樣的辦法，我們也可以讓一些四維圖形來通過我們的空間，我們看到的是一些不斷變幻的三維圖形，這就是四維圖形在我們世界中的投影。網上可以搜到這類影片，您可以親自體驗一下。

不過您看了大概會失望，因爲您根本看不明白那到底是個什麼東西。我們所看到的就是一個稀奇古怪的在不斷變形的三維體，數學家們告訴我們這就是某個四維空間裡的正多面體，我們仍舊感受不到這東西的真面目到底是什麼樣的。

這就是問題的關鍵，就算再聰明，人類永遠無法從感性上認識四維空間。這就是我們認識的局限，只要我們是人，無論用任何辦法，都超越不了。四維空間裡是什麼樣子、有什麼東西，我們永遠不可能知道。我們只能知道的是四維物體投影在三維空間裡的「表象」。

這不就是康德的世界觀嗎？

康德相貌醜陋，身高不到一百六十公分，如果你在馬路上見到他，搞不好會嘲笑他外形猥瑣。但在哲學史上，康德是一個開天闢地的巨人，是任何後輩哲學家都無法越過的高峰。今天我們在談論哲學的時候，無論討論多麼時髦、多麼前衛的理論，都無法超過康德。用叔本華的話說，任何人在讀懂康德之前都只是一個孩子。

按照學術史的發展規律，面對康德這麼一座高峰，後來人要常年生活在他的陰影之下，只能做一些修修補補的工作。

事實上這工作有人做了，他們就是費希特和謝林。

康德的理論雖然厲害，但還是有缺點。

有一個思維工具叫做「奧卡姆剃刀原則」，它的大意是，理論應該盡可能簡潔，理論中一切不影響結論的多餘部分，都應該被剔除掉。

比如在萬有引力中，人們解釋不出爲什麼引力有超距作用，於是就假設宇宙中充滿乙太，萬有引力是透過乙太起作用的。但問題是，我們不能以任何形式察覺到這個乙太，除了萬有引力這個問題外，其他理論我們也用不上。而且有這個乙太跟沒這個乙太，對萬有引力定律的具體內容也沒有影響，那麼我們就能用奧卡姆剃刀把這個乙太剔除，進一步認爲宇宙裡沒有乙太。

康德的物自體也有這個問題。

康德說，人類用任何方式都無法感知到物自體，那麼這個永遠藏在表象背後的物自體似乎就是個多餘的概念，可以用奧卡姆剃刀除掉。

而且康德還有自我矛盾的地方，他說物自體是產生表象的原因，又說因果律只存在於先天認識形式中，不在物自體的世界裡。那麼，既然物自體世界裡不能應用因果律，他又怎麼能說物自體是產生表象的「原因」呢？

再者，「存在」的概念在康德看來，也只存在於先天認識形式中（「存在與不存在」和因果律一樣，是康德的十二個先天範疇中的一個），那麼，怎麼能認爲物自體是「存在」的呢？說白一點，康德自己說物自體是不可知的，那他怎麼又能對物自體知道這麼多：知道它是存在的，又知道它是表象的原因呢？

費希特和謝林就在不同程度上進行了修補康德理論的工作。假如沒有那個年輕人的話，康德後面的篇章就應該留給費希特和謝林了。

但是，有一個和他們差不多同齡的年輕人橫空出世了，他不屑於做對康德理論進行修修補補的小工作，而是一上來就霸氣地大吼一聲：

「康德錯了，物自體根本就不存在！」

這是誰啊，連康德都想滅？

在下一代王者出現之前，我們先說說康德的八卦吧！

作為模範宅男，康德非常惜命又非常固執。

大詩人海涅說過一個廣為流傳的故事，說康德每天起床、吃飯、寫作的時間非常精確。他每天都要在下午的同一個時間出門散步，一分不差，以致鄰居都根據他散步的時間來對表。有人覺得這個說法有些誇張，不過我想，那時候沒有廣播也沒有電報大樓能用來對表，如果康德真的對時間無比嚴格，那鄰居們把他當成活人報時器倒也合情合理。

在生活中，康德謹慎得過分。僕人把酒杯打碎，康德擔心遺漏的碎片可能刺傷人，要求僕人把每一片碎片都收集到一起拿給他看，還要親眼看著僕人把碎片埋在花園裡才放心。

在穿著上，康德也盡顯「geek」（怪人）風範，爲了防止襪子掉落，他在襪子上繫繩子，穿在褲子口袋裡，末端繫在一個小盒子內附著的彈簧上。

康德還有宅男的悶騷性格，他表面上不苟言笑，其實上課和演講的時候也喜歡講笑話，而且在別人哄堂大笑的時候，他還板著一副嚴肅的面孔，是一個十足的冷面笑匠。

康德特別討厭雜音，據說他忍受不了鄰居的一隻雞啼叫，提出願意用一切代價來買那隻雞，但鄰居死活都不同意。結果他爲了躲避這隻雞，寧願搬家。

康德身體不太好，有幾年，他每個月都要向當地警察局詢問死亡統計數字，以便估算自己的壽命。

但是康德又不信任醫生，就自己規定了很多古怪的守則，而且嚴格遵守。雖然有些守則非常怪，但事實證明康德很成功，在那個醫學不發達的年代，他活到了八十歲。

都有什麼怪規矩呢？——康德覺得藥吃多了對身體不好，他就規定自己，無論醫生怎麼說，一天最多只吃兩片藥。爲了避免傷風，他還規定除了夏季之外的季節裡，自己在散步的時候不和任何人說話。

他規定自己每天只抽一煙斗的煙，但是據說他的煙斗一年比一年大。

他討厭流汗，一旦發現自己要流汗，就靜靜地站在陰影裡，好像在等人似的，一直站到要流汗的感覺消失。

他還在一本小冊子中介紹自己在睡覺時對抗鼻塞的招數：「緊閉雙脣，迫使自己用鼻子呼吸。起初很吃力，但我不中止、不讓步，後來鼻子完全通了。呼吸自由了，我也就很快睡著了。」

對抗咳嗽呢，方法如下：「盡最大的力量將注意力轉移一下，從而阻止氣體噴出」。

其實用一句話就可以概括：有症狀就硬憋著。

這都是什麼治病方法呀！

第二十三章　哲學能囊括一切嗎？

康德的作息時間嚴格出了名，但據說有一件事曾經讓他主動打亂了自己的作息：讀盧梭的《愛彌兒》，他屋裡掛著的唯一一幅畫就是盧梭的畫像。康德非常喜歡盧梭，而且還關注了那個在盧梭的影響下澈底改變世界歷史的大事件：法國大革命。

在康德六十五歲那年某天（西元一七八九年七月十四日），巴黎的百姓走上街頭，推翻了法國王室的統治，這是幾百年來破天荒的事。

在革命剛爆發的那一陣子，康德在他的蝸居裡懷著激動和讚許的心情，時刻關注著遙遠的巴黎。

與此同時，在離康德二千多公里外的德國城市圖賓根的郊外，三個德國年輕人爲了慶祝法國大革命，一起種下了一棵「自由之樹」。

這三個年輕人在未來全都成了名人，一個是大詩人賀德林，一個是康德理論的修補者謝林，另一個就是前文提到的那個聲稱「物自體」不存在的年輕人——黑格爾。

就在法國大革命這一年裡，黑格爾開始閱讀康德的作品。不久以後，他將像法國大革命震撼歐洲皇室那樣，震撼了整個哲學世界。

大革命後期，拿破崙統治了法國，他既是獨裁者和侵略者，也是革命者。不僅征服了法國人民，也征服了黑格爾。不過，黑格爾沒想到拿破崙的上臺會跟他自己寫的書《精神現象學》大有聯繫。

康德還繼續著他的哲學工作，想把自己各部分的理論都統一起來，但是這項工作最終沒有完成。西元一八〇四年，康德去世，留下了許多沒完成的著作和筆記。幾乎是在同一時間，黑格爾開始了《精神現象學》的寫作。

在寫作《精神現象學》的時候，黑格爾還只是個大學教員，經濟狀況吃緊。雖然他有一個大靠山歌德，得到歌德不少幫助，但是因爲黑格爾還年輕，資歷淺，收入很微薄。

好在黑格爾有才，我是研究哲學的，我不能現學現賣，寫本哲學書能賺錢嗎？於是黑格爾一邊寫《精神現象學》，一邊跟出版商簽了合約，打算靠著這本書吃飯。

但是，黑格爾有著和萊布尼茲、康德一樣的毛病：認真、古板。他這本《精神現象學》又不是一般的通俗小說，所以他堅決寧要品質不要速度，結果就拖稿了。

出版商那邊已經把他前半部分的書印完了，就等著後面的稿子，左等右等也等不來，一看都超過約定日期，出版商也急了，威脅說，你要再拖稿就不給你稿費。多虧黑格爾有個朋友在裡面周旋，還自己掏腰包把已經印的那部分買下來，好不容易延長了截稿日期，同時這朋友懇求黑格爾這回千萬別再拖稿了。

黑格爾也明白輕重緩急，趕緊把大部分稿子都寫完寄出，就差最後幾頁了，這時候反法聯盟進攻法國，戰爭爆發。結果拿破崙勢如破竹，反攻進了德國，而且已經接近黑格爾所在的城市耶拿。戰爭一來，郵局也關門了，黑格爾拿著稿子也沒處去寄。

但是截稿時間迫在眉睫，就在必須寄稿子的最後一天，法國的先鋒部隊已經到達耶拿。這時黑格爾也顧不上稿子，法國大兵在城市裡到處晃，有的還衝進黑格爾的家裡，黑格爾連忙拿出酒菜招待那些士兵。結果士兵來了一批又一批，黑格爾一看受不了，跟房東一起收拾收拾東西外出避難，當然沒有忘了帶上那最後幾頁稿子。晚上，黑格爾借著營地裡的火光寫完了《精神現象學》的最後幾頁。

等法國軍隊離開耶拿以後，黑格爾回到家，才發現他的家已經被洗劫一空。等郵局恢復工作以後，黑格爾的那幾頁稿子也超過截稿日期。

然而結局比較意外。

首先，那出版商體諒黑格爾的特殊情況，把稿費如數給他；其次，黑格爾並沒有因此厭惡拿破崙，反倒讚美拿破崙，讚美他所看到的法國軍隊。

要知道，黑格爾是德國人，拿破崙對他來說是貨真價實的外國侵略者，黑格爾自己則是「亡國奴」。而且黑格爾的居所又被法軍洗劫，在這種情況下他竟然還讚美拿破崙，恐怕會有很多人不理解──這黑格爾不就是一個背骨的反叛者嘛！

但黑格爾其實不這麼想，因為他心懷的不是區區德意志，而是全人類、全世界。

他要把全世界都統一到他的哲學理論之下。

那麼，黑格爾的哲學理論又是什麼樣的呢？

我們先複習一下康德的理論，康德的哲學世界可以描繪成這樣一幅圖畫：

畫裡有一塊石頭，石頭旁邊站著一個人，這個人戴著一副眼鏡，正在看這塊石頭。這塊石頭就是世界的本質，就是「物自體」，這個人是我們自己。我們戴著的眼鏡是「先天認識形式」。我們透過眼鏡所看到的畫面，就是「表象」世界。

現在的問題是：這副眼鏡是從哪兒來的？

康德認為，這副眼鏡來自人的「理性」，是人類認識世界的一種能力。問題是，這東西是脫離「物自體」憑空蹦出來的嗎？是我們人類自己創造的嗎？那我們人類哪來的這種能力呢？我們是高於「物自體」的神仙嗎？不對啊，按照康德的理論，我們人類的本質不也是「物自體」嗎？那這副眼鏡，不也應該來自「物自體」嗎？

換句話說，這幅畫裡的石頭、人和眼鏡應該是一個東西，康德卻把它們割裂開了。

於是，黑格爾掏出一支水彩筆，在這幅畫上做了一點點修改：他在這塊石頭、眼鏡和人的上面，都塗上一層藍色。然後說：世界的本質不是那塊石頭，而是這一片藍色。這石頭、這副眼鏡和這個人，全都是世界本質的一部分。

這個世界的本質，黑格爾給它取了名字，叫做「絕對精神」。

那麼，既然眼鏡也是「絕對精神」的一部分，我們也是「絕對精神」的一部分，那我們研究世界的行為本質上是在幹嘛呢？是「絕對精神」自己在觀察自己。

也就是說，在康德眼中，世界的本質好像是一塊石頭，是靜止不動的，等待別人來觀察它。但是在黑格爾這裡，世界的本質是在活動的，是自己在觀察自己。

康德的真理靜止不動，黑格爾的真理是在運動的。

那麼，「絕對精神」到底是怎麼運動的呢？這就要說到辯證法了。

我們對辯證法有種庸俗的理解，說辯證法是「看待事物要分兩個方面」。別人批評一個現象，我非要說「要辯證地看這件事，這件事也有好的一面」。這是對辯證法的誤讀，這不叫辯證法，叫詭辯法。它唯一的作用是把所有的事實都搗成一片糨糊，逃避有意義的討論。

這當然不是黑格爾的意思。

黑格爾的辯證法是什麼意思呢？

傳統的邏輯，也就是我們一般人能接受的邏輯，都要遵守「矛盾律」。「矛盾律」的意思是，一件事不能自相矛盾，事物和事物之間也不能互相矛盾。「我長得漂亮」和「我長得醜」，兩者只能有一個為真，不可能同時為真。否則，「我長得既漂亮又醜」這句話會讓人感到古怪，無法理解。

可是黑格爾說，這並不是世界的真相。

他認為世界不是容不得矛盾，而是反之，到處都是矛盾，矛盾就是世界的本質。

因為我們在學校都受過辯證唯物主義的訓練，所以這個觀點很好接受。我再粗陋地解釋一下。

為何說矛盾可以存在？因為矛盾雙方是互相依存的，「漂亮」和「醜」雖然是矛盾的，可是沒有「醜」就沒有「漂亮」，兩者誰也離不開誰。

為何說矛盾無處不在？因為凡是找到一個概念（漂亮），都可以找到和它相反的概念（見到「漂亮」，可以聯想到「醜」）。若世上沒有醜的概念，那就無所謂漂亮不漂亮了。最適合詮釋這個概念的是傳統的「陰陽說」。中國古人早就認識到，陰和陽無處不在，凡事有陰又有陽。陰陽也不是你死我活的關係，而是在衝突中和諧共存。就像「陰陽魚」所畫的那樣，陰陽你中有我，我中有你，是一種互相衝突又互相產生的動態關係。

黑格爾認為，矛盾的雙方雖然可以共存，但是處在互相衝突的動態之中。事物的正題和反題會發生強烈的衝突，這個衝突的結果並不是一方消滅另一方，而是正題和反題最終化為「合題」，進行了一次昇華。

因為所有的正題都可以找到它的反題，所以新的合題產生之後，它的反題也隨之產生，這樣就又產生了新的矛盾，又要有新的衝突和昇華，再產生新的合題。這樣，事物就不斷地進化，最後達到最高等級，「絕對精神」自己認識了自己，整個人類也進步到最終的狀態，哲學的使命也就完成了。

這個過程，我們可以打個比方。

人是最難認識自己的，蘇格拉底的座右銘就是「認識你自己」。那我們是怎麼認識自己呢？是透過「反思」──「返」回頭思，也就是觀察自己。但是，我們一般情況下是不會反思自己的。尤其是傻吃傻玩特別開心的時候，很多人想不起來應該反思自己這件事。什麼時候會反思呢？一般是在受到挫折的時候，也就是「世界對我的反應，跟我預期不一樣」的時候。比如我們以為自己魅力十足、人緣特別好，結果有一天突然發現，自己其實特別惹人討厭，在別人眼裡就是個小丑。這個時候，我們猛然發現，原來我認識的自己，和真實的自己並不一樣，然後就要開始反思自己了。

注意，這裡就出現辯證法了。

「原來我認識的自己魅力十足」，這是正題。「我發現，別人眼裡的我是個小丑」，這是反題。正題和反題產生矛盾，矛盾產生衝突，衝突的過程就是「反思」：「我到底是個什麼樣的人呢？」

如果我們進行的是一場認真、嚴肅的反思，那反思的結果就不是正題澈底消滅了反題──「我就是魅力十足，那些不喜歡我的人都是嫉妒！」同樣，也不是反題消滅了正題──「完了！我這人什麼也不是，我永遠都是個小丑，我這輩子毀了！」而是一個合題——我認識到一個更豐富、更全面的「我」，這就是合題。我們對自己的認識，比過去更高級。

對於我們的人生來說，因爲生命是有限的，所以這一次次的反思到死亡的時候就結束了。但假如時間是無限的，那就能在一次次的反思中，不斷接近最真實的我。最後，我澈底認識了真正的「我」。我心中的「我」和真實的「我」之間沒有距離，我的所思所想就是真我本身，於是我就完成了反思的全部過程，進入大澈大悟、澈底沒有疑惑的高級狀態。

如果把這裡的「我」改成人類，把「真正的我」改成「絕對精神」，那就是黑格爾對人類命運的預測了。

在黑格爾看來，哲學家的任務，就是按照辯證法的規畫，在一次又一次的哲學研究中不斷升級對世界的認識，最終達到「絕對精神」。我們之前講了好多哲學家，他們的觀點很快又被後面的哲學家所推翻，那這幫哲學家就沒有意義了嗎？在黑格爾看來，不是的。每一代哲學家否定前一代人，都是哲學透過辯證法在「升級」，「升級」到最後，就到黑格爾這裡。黑格爾認爲，他的思想就是哲學進化的「最終形態」，哲學到他這裡，已經發展到盡頭，已經找到最後的答案。

但是剛才說過，在黑格爾看來，最終真理是變化的，不是靜態的，所以最後的哲學答案也不是一句話，而是整個人類的哲學史。

還是用「我認識我自己」這件事來打比方：當我們回顧一生的時候，我們會認為，是過去所有的經歷共同構成了「我」，我們人生裡的所有經歷都是「我」的一部分。而不會認為，我的人生只停留在最近的一瞬，之前都可以忽略不計。同樣，黑格爾認為，哲學就是哲學史，學習哲學就要學習整個哲學史。

這樣的哲學觀對我們也同樣有效。

到目前為止，我們現在學過的，以及接下來要講的所有哲學觀點，都不是最終的哲學答案，都被其他的哲學家反駁過。如果我們是一個反對思考的人，讀完這本書，完全可以大手一揮，說：你們這幫哲學家就是閒著沒事幹！知識分子就是不事生產的矯情怪！——這話其實說起來也沒錯。

但是，當您讀到這裡的時候，您會覺得之前的哲學觀點都白讀了嗎？在這本書的第一頁裡，我們不知道世界的本質是什麼，等讀到最後一頁的時候，其實我們還是不知道。那麼，您會覺得讀之前和讀之後的想法是完全一樣的嗎？中間經過的思考都是在浪費時間嗎？

好像也不是嘛！

但如果有人問你：那你到底都讀了什麼啊？你可能又覺得沒法總結：「呃……好像一句話說不清楚，得把中間思考的過程說一遍。」——這不就是黑格爾的哲學觀嗎？

簡言之，黑格爾認為，他已經找到哲學的答案了。哲學發展到他這裡，已經沒什麼問題。黑格爾建立了一個龐大的學術體系，他把人類所有的知識，從自然科學到宗教、藝術、文化，全都囊括到自己的形上學中，每一門知識都符合他的辯證法、符合他的形上學。

形上學到了黑格爾這裡，變得史無前例的龐大、完善。黑格爾用理性建造一座宏偉的形上學大廈，囊括世間萬物，實現形上學家們多年以來的終極夢想。如果我們想透過研究哲學來找到人生意義，那麼到了黑格爾這裡，感覺是最舒服的：

因為黑格爾自認為找到了絕對真理，唯一正確的答案。

這個真理又不是虛幻縹緲的，而是和現實世界緊密結合的，不會讓我們在空洞的概念中不知所措；

這個真理又是運動的、有方向的，不會讓我們知道答案後無所事事；

那我們就應該按照黑格爾的指導，好好學習他的哲學，最終洞察真理，完成「絕對精神」的自我顯現，這就是人生的最大意義。

哎呀，那我們已經找到了人生意義呀！

完——結——撒——花——
收——工——回——家——
可是，黑格爾說錯了。
首先，黑格爾用他的哲學論證出真理存在，這個真理就是他的哲學，這很像是自說自話的循環論證。在黑格爾之後，層出不窮的哲學家們出來批判他的理論，這些哲學家的存在本身，就說明了黑格爾的理論並不是「哲學的終結」。更要命的是，黑格爾試圖用他的理論解釋世間萬物，解釋自然科學，但是隨著科學的發展，他當初的很多結論現在看來是錯的，這也會讓人懷疑他發現的到底是不是絕對真理。
那真理到底在哪呢？
哲學家們還要繼續尋找。

我們說過康德的著作難懂，但和康德比起來，黑格爾的著作更難懂。黑格爾去柏林大學就職的時候，負責管理他的官員問他：你講的課是否依然「晦澀難懂、亂七八糟、神經兮兮、混亂不堪」？詩人海涅說黑格爾的書：「說實話，我很少看懂……以至我相信他是真的不想讓人懂。」

前面說康德的話太長，黑格爾的話也長。據說有這麼一段故事：黑格爾的《精神現象學》寫完之後，歌德慕名去看。結果剛剛看序言，就看到一大段話，歌德覺得這段話太荒謬，完全不同意，就把這本書扔一邊再也不看了。但這其實是因為黑格爾把句子寫得太長，只要歌德翻到另一頁就會發現，那頁一開始就寫著兩個字——「但是」。

還有一次，有一個黑格爾很喜歡的學生想要申請教職，為此寫了一篇論文。這篇論文基本上是複述黑格爾的思想，黑格爾讀了當然非常滿意，就幫這個學生寫了推荐信。結果論文交上去後沒有通過，審稿的人回答說花了三個小時讀這篇論文，結果連一句都讀不懂。

還有一個騎兵上尉很崇拜黑格爾，特地跑去聽黑格爾的課，黑格爾還專門接見他。讓這個上尉興致很高，跑到書店買了黑格爾的著作讀。結果發現，看了半天一句都看不懂，然後他去上黑格爾的課，幾堂課下來發現，他連自己記的筆記都看不懂。

這可不是別人對黑格爾的偏見，黑格爾自己都抱怨過，說他的學生無法了解他的思想。當他的著作出版後，他說：「只有一個人理解它，而且甚至那個人也不懂得。」

怎麼說呢？當意識到黑格爾的哲學不是絕對真理的時候，甚至能給人一種「幸虧如此，否則今天的學生得多遭罪」的慶幸感。

下篇

理性的隕落

第一章　傲慢的叔本華

黑格爾是形上學的巔峰，他創造了一個史上最完備、最龐大的形上學世界，因此在生前就獲得巨大的聲望。黑格爾五十歲時在柏林大學當教授，不久以後，他將會出任柏林大學的校長，他的學說將被欽定為國家的官方學說。此時的他雖然還沒有混到被舉國崇拜的地步，可名氣也已經很大了。

然而，這時候突然有一個人站出來對黑格爾破口大罵，而且罵得超級狠。

他說黑格爾是「一個平庸、無知、愚蠢、令人討厭噁心的江湖騙子」。

他說黑格爾的哲學是「傻瓜喜愛的最空洞無意義的詞語展示」。

「最討厭的胡言亂語的廢話，使人想起瘋子的囈語。」

「不值一提的陳腔濫調。」

「無聊的喪心病狂的嘰嘰喳喳，在此之前，這些話只有在精神病院裡才能聽到。」

「敗壞了整整一代學人。」

……等等等等。

這人還打聽到黑格爾小時候喜歡看無聊的市井小說，於是他笑黑格爾說，我小時候看的都是古希臘著作，黑格爾卻看那麼爛的書，什麼品味啊！

不光是黑格爾，這人連謝林和費希特都罵了，說那兩個人是吹牛大王。

不過這人這麼跳腳罵，黑格爾也沒理他，大概是因爲這個人名氣太小了，因爲當他來到黑格爾任教的柏林大學時，黑格爾的同事們也沒聽說過他。

那他來柏林大學幹嘛呢？

——來向黑格爾踢館。

這孩子瘋了。

估計當時有不少人都這麼想，大家紛紛開始打聽這個人到底是誰？這人是有背景，還是有靠山啊？後來打聽出來了，這人叫叔本華，沒什麼背景，也沒正經工作，整天閒晃著，出過一兩本哲學書，寫的是什麼，不知道，沒人看過。

柏林大學請他來當教授這點沒錯，不過是編外的，沒薪水。

結果叔本華一來就提出一個條件：我要跟黑格爾同一個時間開課，看看是他的學生多，還是我的學生多。

同事們一聽，全都困惑了：這位小兄弟，你哪來這麼大的自信呢？

了解一下叔本華的家族，你就會明白他為什麼那麼有自信了。

叔本華的父親是個大商人，祖上幾代都是大富翁。有錢到什麼程度呢？俄羅斯的彼得大帝和皇后來訪問的時候，就住在叔本華曾祖父的家裡。傳說叔本華的曾祖父覺得客人住的房間有點冷，於是讓僕人把白蘭地倒在壁爐中燃燒取暖，這樣房間裡就有了酒的香味。

到了叔本華這一輩，他們家依舊很有錢，叔本華的父親娶了個年輕的老婆，這老婆也是個名門閨秀，但比丈夫小二十歲，後來就生下叔本華。

因為年齡相差太大，叔本華的父母之間沒有什麼真正的感情。叔本華的母親年輕，是個浪漫的文藝女青年，耐不住寂寞，喜歡社交。叔本華的父親卻是個古板商人，歲數又大，可以想像叔本華母親的生活是比較壓抑的。

大概在叔本華十七歲的時候，有一天，人們在他們家倉庫後的運河中發現叔本華父親的屍體，沒人知道他到底是自殺還是意外身亡。

這對於叔本華的母親卻是個好消息，她終於可以擺脫丈夫的束縛，還繼承丈夫的一大筆遺產，成為一個富足而年輕的寡婦。在叔本華的父親去世僅僅四個月後，他的母親就賣掉他們家的宅子和商號，搬去威瑪居住。之所以選擇威瑪，是因爲那裡是當時德國的文化中心，住著很多文化名人，作爲文藝女青年的她對那裡已經心儀很久了。

到了威瑪，叔本華的母親開始頻頻出入社交場合，辦沙龍、開party，結交各種文化名人。其中有跟黑格爾關係很好的大詩人歌德，還有寫童話的格林兄弟。歌德的妻子出身低微，上流社會都瞧不起她，叔本華的母親卻願意接待她，這一點讓歌德很高興。

終於，叔本華的母親成爲社交名媛的夢想實現了，她對文藝非常感興趣，在寫作上也算小有成就，大作曲家舒伯特甚至給她的詩譜曲。

我們可以想像叔本華在其中的處境。

一方面，對於熱衷於社交的年輕寡婦來說，叔本華多少算是個累贅，可能歌德對叔本華的讚頌還引起了他母親的嫉妒。另一方面，叔本華也不滿意母親在父親死後忙於尋歡作樂，認爲這是對他父親的不忠。

母子兩人在經濟上還有衝突，由於叔本華還沒有成年，他的那份遺產只得由母親暫時代爲保管。因此，叔本華不願意母親毫無節制地花錢，擔心這會威脅到本該屬於他的遺產。可是與此同時，叔本華常年沒有個正經差事可做，母親因擔心他長大後沒有著落，也限制叔本華的開銷。

叔本華還指責他母親找了她的一個房客當情人，後來這個房客還在叔本華母親的慫恿下，向叔本華的妹妹求婚，叔本華氣得要命，總找那個房客的碴。有一次大家一起吃飯，叔本華跟這個房客吵起來，最終把椅子掀翻，門也砸了。

但是父親的去世對叔本華也有一個「好處」，那就是他可以不聽父親的命令從商，專心研究自己喜歡的哲學。叔本華在二十五歲的時候寫了他的第一本哲學著作《充足理由律的四重根》，寫完之後他給母親寄了一份。

母親並不看好他，評價說：這本標題怪怪的書一定是爲藥劑師寫的。叔本華立刻反脣相譏：我的書肯定會在你的破書被人遺忘的時候繼續流行。

總之，母子間的關係越來越差，叔本華還對他母親說過，將來她只可能因爲他而留名百世。現在我們知道，叔本華是做到了。

後來歲數增長，叔本華終於得到遺產，從此衣食無憂。二十六歲的時候，叔本華離開母親獨自生活。從此以後，直到他母親去世的二十多年裡，叔本華幾乎沒有看望過她。

此時的叔本華不僅在生活上獨立，在哲學的道路上也有了自己的看法。他崇拜康德、鄙視黑格爾。就像我們前面說的，他覺得黑格爾是欺世盜名的騙子。

但是罵歸罵，沒人理他。終於到了三十歲的時候，叔本華最重要的著作《作為意志和表象的世界》出版了。

叔本華特別興奮，覺得自己這本書太了不起，解決了所有哲學問題（他的心態跟黑格爾一樣）。出書的時候他還因為不信任出版商，非常不客氣地對人家提出無理要求，把那個正直的出版商氣壞了，寫信罵叔本華說：「我擔心您的著作印出來只是一堆廢紙，我只希望這個擔心不會成為現實。」

叔本華根本不信，我都終結整個哲學史了，還廢紙呢，你懂個什麼啊！書一寫完，他就瀟灑地去義大利旅遊。第二年回國的時候，一路上想像著自己的書已經獲得巨大的成功，回去之後將面對潮水般的喝彩，從此就成為學術名人，走上人生巔峰。想想還有點小激動呢！

結果一下車他就困惑了：迎接我的綵帶呢？圍追我的記者呢？追捧我的女學生呢？

怎麼一個都沒有呀？

等回家一打聽，他那書一本都沒賣出去，文化圈也沒什麼人回應，也就歌德有捧場。就像那位出版商所擔心的，過了許多年後，這本書的大部分都被拿去化為紙漿了。

我們還記得類似的情況休謨也遇到過，休謨因此喪失信心，覺得自己不行。叔本華正好相反，他為此寫了一大堆文字，把讀者形容成笨驢，說自己是偉大的音樂家，世人都是聾子，又說他如何超越了這個時代，所以被世人所不容。總之，他認為自己的學說不被接受全是世人的錯。

就在這本《作為意志和表象的世界》裡，他還讚美自己說：「一個天才是很難合群的，因為除了他的獨白之外有什麼對話能如此智慧而有趣呢？」

叔本華因過於自信而朋友極少，他說：「我沒有朋友，因為無人配得上我的友誼。」

又過了一年，叔本華得到了一個難得的機會，他被柏林大學聘用（沒薪水）。正像前面說的，叔本華終於可以和自己的宿敵黑格爾當面對決了，於是他要求校方把自己的課和黑格爾的課安排在同一個時間。

前面說過，連黑格爾自己都抱怨學生們學不懂他的課，而且黑格爾說話還有很重的口音，所以他講課別人更聽不懂了。那時候黑格爾的學生不算多，一堂課也就只有三百來人。那麼叔本華的課上有多少人呢？

基本不超過五個。

只教了半年，叔本華就崩潰辭職了。

太丟人了。

當然，我猜想，叔本華肯定會把一切原因都歸結爲自己太超前、學生太笨之類，他才不會認爲教不好是他自己的原因。

反正也有錢，不愁吃喝，從此以後叔本華的哲學事業就透過寫書來完成，他也絲毫沒減少對名聲的關注。三十四歲的時候，叔本華打算去義大利旅行，去之前還專門託朋友查一查當地書報提到他的情況。結果呢，自然沒查到多少。

在快四十歲的時候，叔本華眼瞧著自己在哲學界沒什麼希望，決定改行當翻譯家，但他翻譯的作品也屢次被出版社拒絕。

他在四十歲時安慰自己：「任何有出息的男人過了四十歲……難免會有點憤世嫉俗。」

這期間叔本華還有過一段情史。

三十三歲的時候，叔本華喜歡上一個十九歲的年輕女演員，但是那個女演員是個很會在男人中周旋的人。她懷孕過幾次，還有私生子，但孩子的父親不是叔本華，這讓叔本華非常嫉妒。即便如此，叔本華還是很喜歡她，一度考慮和她結婚。

十年以後，歐洲爆發一場大霍亂，成千上萬的人因此死亡。當霍亂來到柏林時，叔本華決定逃跑。他想帶著那個女演員一起逃，但他提了一個條件，要女演員把那個孩子留下來。

作爲一個有人性的母親，女演員當然拒絕了他的要求。叔本華也不猶豫，毅然拋下這對母子獨自逃跑，從此以後他們就斷絕了聯繫。

不過結局還算不錯。到了晚年，那女演員在報紙上看到了慶祝叔本華生日的新聞，兩個人又恢復了通信，後來叔本華在遺囑中還給她留了一筆財產。

雖然叔本華獨自逃跑這事不太仗義，但逃跑的決定還是挺明智的，因爲正是這場霍亂要了黑格爾的命。

傳染病似乎是黑格爾的命中剋星。黑格爾六歲的時候曾經得過天花，差點因此喪命。十一歲的時候，全家又感染了瘟疫，黑格爾的母親就在這場瘟疫中去世。然後就是在這場歐洲大霍亂剛開始的時候，黑格爾就染病去世了（也有一說是因爲胃病）。

黑格爾的時代結束了，不過叔本華的時代還要遲一些才能到來。

叔本華仍舊一天到晚混著。

就在爆發霍亂的那年，叔本華才拋棄女演員母子，轉身又喜歡上一個十七歲的女孩（跟他爸爸一樣，喜歡小女生）。叔本華送給那女孩一串白葡萄，但那個女孩在日記中寫道：

「我並不想要這串葡萄，因爲老叔本華接觸過它，我感到噁心。」

當然叔本華還在繼續他的哲學事業。

五十六歲的時候，《作為意志和表象的世界》第二版出了，結果只賣了不到三百本。

等到他六十三歲的時候，他出了一本《附錄與補遺》。這本書以格言體寫成——彷彿我們今天的人生小感悟，裡面都是諸如什麼〈論人生〉、〈論女人〉這種小文章。這是他所有作品裡最容易讀的一本。他得到的全部稿酬是免費拿十本書。

不過，還是人生小感悟的力量比較大。過了一段時間，這本《附錄與補遺》終於讓人們接受了叔本華。六十五歲的時候，叔本華出了名，慕名者越來越多，人們爭相寫信給他、拜訪他。大畫家主動免費給他畫像，有人聲稱要專門為這幅畫造一間房子來收藏它。

渴望名聲的叔本華終於出名，雖然對他來說晚了一點，但總比沒趕上要好。他引用詩人彼得拉克的話說：「誰要是走了一整天，傍晚走到了，那也該滿足了。」

第二章　悲觀主義不悲觀

我們來討論一下爲什麼叔本華能這麼有底氣的罵黑格爾，以及爲什麼他在最後能夠贏得巨大的名聲。

叔本華罵黑格爾，自然也不會喜歡黑格爾的哲學。叔本華是康德的繼承者，他繼承康德的世界觀，但是有一個區別，叔本華認爲我們可以認識物自體。爲什麼？道理很簡單：

因爲我自己就是物自體。

我的各種思想、行爲，我腦海中的每一個念頭，都是物自體的反映，怎麼能說我沒法認識物自體呢？

當然，物自體是超越理性的，所以不能用理性直接描述物自體。換句話說，如果我用文字把我每天的行動、腦海中的每一個念頭都記下來，那這些文字都屬於我的「表象」，還不是物自體。但是，我還可以用非理性的方式認識我自己，我可以用「直覺」去審視自己的內心，閉上眼睛，直接去感受自己本心裡的東西，用白話說就是「捫心自問」，當我們處於這種狀態的時候，就可以認識到物自體。

那物自體到底是什麼呢？叔本華給它起了名字，叫做「生命意志」。注意啊，這裡的「生命意志」是一個專門的術語，和字面意思不一樣，「生命意志」也就相當於是叔本華體系裡的「物自體」。

該怎麼解釋這個「生命意志」呢？

簡單地說，是一股永不停歇的力量，這股力量驅使著萬物去運動，去發展。

最典型的就是我們的欲望，我們爲什麼非要吃、非要喝，吃飽喝足了又要玩，玩夠了又有虛榮心，等功成名就什麼都有了，還想要追求留名青史、萬世不朽呢？在叔本華看來，這背後驅動我們的，就是「生命意志」。

而且不僅我們自己有「生命意志」，萬事萬物的背後都有，而且都是同一個「生命意志」。這又是爲什麼呢？

因爲宇宙萬物背後的物自體是同一個。

前面講康德時那個「藍色眼鏡」的例子，可能會讓我們認爲物自體有很多個，而且和表象裡的事物一一對應。比如，桌子有一個它對應的物自體，「我」也有一個「我」對應的物自體。

叔本華說，這是不對的。

因為我們在區別兩個事物的時候，離不開空間概念。比如兩個東西形狀不同，擺放的位置不同等等。可是物自體不具備空間屬性，所以我們不可能把物自體區分成一個一個不同的樣子。

叔本華認為，萬物的物自體是統一的，只有一個，就是「生命意志」。

既然萬事萬物背後的物自體都是「生命意志」，我們又透過觀察自己，發現「生命意志」是驅使我們去運動、去發展的欲求，那麼也就可以推理出，連沒有意識的小草、沒有生命的石頭背後，也有驅使它們運動、發展的欲求。

叔本華列舉了很多自然現象來說明這一點。

動物求生、小草生長，這些現象表現了求生的欲望，反映的就是「生命意志」。

那你會問：沒有生命的物體，比如石頭呢？它又不會動，哪來的「生命意志」呢？

叔本華的回答是：這些物體的運動遵守物理定律，驅動它們運動的是各種力，比如引力、磁力。那這些力的背後的本質是什麼呢？是物自體對吧？那物自體怎麼還能弄出力來呢？叔本華就說了，這種帶有驅動性的「力」，就證明了物自體是一種有衝動、有運動傾向的「生命意志」。所以叔本華指著沖刷石頭的激流說：你看這激流在沒有人干涉的情況下，還能自發地運動，這就是萬事萬物背後有「生命意志」驅動的最好證明。

孔子曾經站在大河邊上，忍不住感嘆：「逝者如斯夫，不舍晝夜！」叔本華會說：「你看大河晝夜奔流很奇妙吧，正是因為背後有永不停息的『生命意志』啊！」

聽完了叔本華的這一番大論，我不知道您作何感想，反正我是有一種「盲點好多，一時不知道該從哪裡吐槽」的感覺。說石頭和溪水運動的背後有「生命意志」，感覺牛頓會忍不住站出來說兩句。但是我們先不討論這些沒生命的東西，我們先從自己說起。

叔本華說，人這一輩子都是被「生命意志」控制的，無法反抗。我們或許會反駁說：「不對啊！我可以用理性來控制自己。我可以先用理性想好自己應該去做什麼，然後靠意志力命令自己去做，這就克服『生命意志』了。而且這不就是人類和動物之間的區別嗎？小到鍛鍊減肥，大到遵紀守法，這都是理性的功勞。文明社會，不就是靠人們的理性來建設和維持的嗎？這怎麼就不行了？」

叔本華會說：你幼稚。

在叔本華看來，理性固然厲害，可是在生命意志面前卻處於全面劣勢。

首先，在叔本華的世界觀裡，生命意志是本質，而我們所看、所想的世界，都是建立在生命意志之上的表象。包括我們的理性，也是生命意志創造出來的。叔本華又認為，生命意志本身有自己的欲望和目的。那我們想，生命意志爲什麼要創造出理性呢？答案是：用來滿足它自己的欲望。

這就好比說，我們以爲自己生活、戀愛、結婚、工作是根據我們的理性選擇的。而叔本華認爲，隱藏在這些理性背後的真正原因，還是各種欲望：生殖的欲望、享樂的欲望、征服的欲望等。你以爲你在靠理性生活，實際上還是在滿足生命意志。所以理性以爲自己克制了生命意志，其實還是在生命意志的操控之中。

其次，人類用理性去描述事物，必然是破碎的、片面的。比如欣賞一件藝術品，無論我們用多少理性的詞彙去描寫它的美，還是不能盡情描述出來，只有親自去欣賞這個藝術品，用非理性的、直觀的感受去自己體驗，才能真正感覺到美的原貌。所以叔本華認爲理性和直觀相比，理性的謬誤更多，非理性的直觀更接近真理。

人類只能在短暫的時間裡保持理性。在很多情況下，比如無夢的睡眠裡，理性是停止的，生命意志卻持續不斷，一直影響著人類。另外，隨著年齡增長，腦力衰弱，人的理智會變得衰弱乃至終止，生命意志卻不會。所以就算理性不服管，生命意志也終將戰勝理性。

當然，叔本華不會認爲理性一點用都沒有，他的形上學就是理性的產物呢！那他認爲，生命意志和理性之間是什麼關係呢？

我們可以打個比方。

意志是個充滿欲望的君王，但是它頭腦糊塗，只知道發布命令卻不知道該怎麼去達到目的。理性是個頭腦清醒的老臣，他雖然對君王的命令有意見，但是限於身分，只能偶爾勸諫君王，大部分時候都是在用他的聰明才智去滿足君王的欲望。

理性不是沒有用，它只是實現意志的工具而已。

舉個例子。

我們平時和別人發生了爭執，我們說服別人用的是理性嗎？絕大多數時候，靠的不是理性而是利益。比如鄰居用雜物占了我們家地方，有幾個人能用邏輯，用「不侵占公共空間的善是一種公德心」來說服鄰居的？真正能說服別人的，靠的是利益的威脅（再占我們家地方我就告管理會去）和誘惑（您看鄰里和睦的生活多好）來說服對方的。

而利益是什麼？就是滿足欲望，就是生命意志。

實際上縱觀人的一生，學習就業、結婚生子，哪一件事歸根究柢不是為了滿足自己的欲望，追求利益呢？

或許有人說，你舉的這些例子都屬於世俗生活，在純學術中，理性總能大於感性衝動吧？我單純地進行學術討論，這時總是純理性行為了吧？

可你想過沒有，你進行學術討論的目的是什麼呢？學生學習哲學理論，不就是為了考試畢業嗎？我們普通人讀哲學，不就是為了告訴自己「我連康德都知道，我好了不起喔」！不就是為了能在和朋友聊天的時候給自己爭點面子嗎？

你也許會說，我學哲學真沒這麼功利，是為了求知與對世界充滿好奇才學哲學的。可是，再仔細想一下，求知的根本目的是什麼呢？比如我學哲學，是因為我對人生充滿困惑。因為「人為什麼活著」這個問題困擾著我，讓我充滿焦慮。而回答這些問題，是為了消除這些焦慮，讓我內心平靜。

歸根究柢，驅使我們求知的，還是「消除焦慮」之類的欲望。

接下來，叔本華就推理出他的悲觀主義了。

在叔本華看來，我們人類只是「生命意志」實現目的的工具。就像人類不會在乎工具是不是快樂一樣，「生命意志」也不會在乎我們人類是不是快樂。它讓我們產生欲望的目的不是讓我們高興，而是讓我們動起來別停。

所以，人不會因為滿足欲望而停下腳步。滿足不了欲望，人會痛苦。滿足了欲望，人又會產生新的、更高的欲望，還是會痛苦。

叔本華比喻說，滿足欲望就好比施捨乞丐一個硬幣，維持他活過今天，以便把他的痛苦延續到明天。叔本華還引用一句法國諺語，說明人們無止境的欲望：「更好是好的敵人。」如果人滿足了全部的欲望，而且沒產生新的欲望，人會幸福嗎？不會，人會感到空虛和無聊，這也是痛苦。

所以快樂只是暫時的，痛苦才是永恆的。用叔本華的話說，人生就好像在痛苦和無聊之間不停擺動的鐘擺。這種情景就像王爾德說的，「人生有兩大悲劇：一個是得不到想要的東西，另一個是得到了」。

而且前面還說過，生命意志還是不可抗拒的。人類被這麼一個沒法打敗又只能帶來痛苦的東西終身控制，那人生自然是一個悲劇。

悲劇的一個表現，是人沒有自由意志。我們記得，康德費盡千辛萬苦，才給人類找回了自由意志。而在叔本華這裡，自由意志又沒了。在叔本華看來，人雖然表面上是自由的，但其實是在受生命意志的控制。人類就算有自由，也是一種被奴役的、極爲悲慘的自由。

欲望除了能給人類帶來無盡的痛苦，還會帶來自私和競爭。生命意志就是不顧一切讓自身生存的意志。因爲生命意志的驅使，每一個生物都爲了自己的利益去爭搶。人和人之間會因此互相傷害。物種間也是這樣，比如一個物種吃另一個物種。對於獵物來說，被吃的痛苦巨大，但是對於捕食者來說，進餐的快樂卻只有一點點。

叔本華也不看好愛情。在他看來，愛情是生命意志為了引誘人們生殖下一代所行使的騙術。為了愛情而結婚是非常傻的行為。既然是騙術，那麼愛情也不會持久，早晚會幻滅，追求永恆的愛情是徒勞的。因此，如果非要結婚的話，還不如出於功利目的去結婚。

更可怕的是性欲，滿足性欲的目的是誕生新的生命，而新的生命又意味著新的痛苦。所以叔本華認為，生殖行為就好像人和生命意志簽訂的賣身契。因此，在人類社會裡，性行為總和羞恥相連。（我想很多人類學家不會同意這句話）

順便一說，因為叔本華認為生殖衝動是生命意志的陰謀，所以他說：「天才總有超越自己的生殖衝動，所以天才和女人之間存在著敵意。」——你瞧，這個一輩子被女人拒絕的老單身漢，成功地利用形上學把自己歸為天才了……

叔本華的生命意志學說大致如此，您或許會覺得有一些可疑的地方。別著急，待會我會和你一起反駁它。我們先順著叔本華的思路繼續探討下去，在他看來，我們該怎麼擺脫生命意志呢？

首先，世俗的成功沒有用，不僅沒有用，還會助長生命意志。因爲叔本華認爲，追求成功也是生命意志的表現。人越成功，就意味著他的生命意志越強烈，從而也就意味著人生越痛苦。

用通俗的例子說，人的欲望是無窮無盡的，在追求成功的道路上，人會產生更多的欲望，有更多的壓力和痛苦。

那麼學習有用嗎？叔本華說，沒用，知識越多反而越痛苦。比如植物就沒什麼痛苦，而越高級的生物痛苦就越多。（我想說這論據著實沒什麼道理）

可能有人會說，既然生命意志是求生的意志，那麼我克服生命意志，自殺怎麼樣？叔本華說，自殺也沒有用。因爲肉體可以死亡，但是生命意志是不會死的（因爲是物自體嘛）。自殺不會消滅意志，反而說明人對抗拒生命意志失去了信心，是屈服的表現。

那什麼辦法管用呢？

最根本的辦法，是消滅欲望。

注意啊，是消滅欲望，不是克制。克制欲望的時候，人還是有目標、有欲求的——欲求的是「無欲的狀態」。這還是沒有逃出生命意志的陷阱。我們應該追求的，是澈底沒想法、沒自我，不在這個世界裡追求任何事情、做什麼都無所謂。

這種狀態很像是東方的修行者，不是咬緊牙關「啊啊啊我要忍受欲望」，而是進入安詳寧靜、「物我兩忘」的狀態。

叔本華認為，如果我們真的能進入這種狀態，那麼我們就能和生命意志合二為一，進入長久的平靜和安詳。

這種觀點，和我們熟悉的東方宗教很像，叔本華描述的這種狀態，很像是得道高僧頓悟的樣子。實際上，叔本華的哲學觀點深受了印度宗教的影響。「人生皆苦」、「摒棄欲望」、「追求無我」都和印度宗教的觀點類似。據說他的書桌上經常擺放的是一尊康德像和一尊佛像。

當然，能達到這種境界太難了。叔本華認為，還有一種簡單的辦法，就是欣賞藝術。他認為，人在欣賞真正藝術的時候，內心是不帶欲望的，也是忘我的。這也就能暫時達到前面說的境界，暫時脫離生命意志的控制。

為什麼藝術這麼厲害呢？

因為最偉大的藝術家都是在努力審視自己的內心，表達自己內心深處最真實的感受。而且藝術是非理性的。剛才說了，叔本華認為，人在非理性狀態下審視自己的內心，才能感受到生命意志。所以，最偉大的藝術品反映的是生命意志的真相。

在所有的藝術中，叔本華最推崇音樂，也就是我們今天的古典音樂。我們今天投入地聽古典音樂時，的確會感到心曠神怡，能把各種欲望、名利、貪心都暫時拋到一邊。當然，這些藝術裡不包括那些故意刺激人感官的作品，因爲這些作品的目的是縱容欲望，在叔本華看來，它們是讓人對生命意志屈服的壞東西。

叔本華的形上學可以簡單地這麼概括：

康德說物自體是人不能認識到的，叔本華卻詳細描述了一番物自體，指明了物自體就是生命意志，體現在人的身上就是各種欲望。

叔本華的理論和其他學科的一些觀點有些像。

叔本華強調非理性的欲望比理性對人的影響更大，這和後來的佛洛伊德強調潛意識的觀點很像。但現在的心理學一般認爲，潛意識雖然會影響我們，但沒有叔本華的生命意志那麼無孔不入，人類理性的控制力還是很強的。

叔本華的理論和進化論也很像，都強調物種的生存本能。但我們後面會講到，其實進化論的很多結論可以用來反駁叔本華。

叔本華用他的「生命意志」解釋宇宙萬物，但是在今天看來，解釋萬物最簡潔、最準確的工具是物理學。在物理定律之中，並沒有「生命意志」的位置。

叔本華用「生命意志」來解釋人類的欲望，但在今天看來，用激素來解釋要更加準確一些——比如，靠吃藥甚至直接切掉某塊神經，就可以讓人進入「無欲無求」的狀態。這說明即便有「生命意志」，我們也可以用物理的手段輕鬆控制它。

從邏輯上說，叔本華是怎麼知道「生命意志」的樣子呢？他是打坐參禪，進入非理性狀態悟出來的？他對「生命意志」的描述用的都是理性的文字，可是，「生命意志」不是說不能用理性描述嗎？他論證「生命意志」的論據，都是他對世界萬物的觀察，但是世界萬物不都是「表象」嗎？那在「康德－叔本華」的系統裡，怎麼能用表象來論證物自體呢？

總之，叔本華的悲觀主義固然有點道理，卻不能把它當成對這個世界的終極解釋。

不過，悲觀主義對於我們來說仍舊有現實意義。

首先，叔本華的悲觀主義從某些角度上看是成立的。雖然說理性未必就一定會敗給欲望，但對於大部分人來說，欲望的確是生活的主題。很多人都是爲了獲得盡可能多的安全感、爲了有更好的物質享樂、爲了和別人攀比，才會去忍受無窮無盡的艱辛勞苦、在各種挫折中垂頭喪氣，又因爲不斷產生的新欲望而苦惱。很多人奮鬥一生，最後仍舊對某個欲求念念不忘，抱憾而終。仔細想一想，這輩子確實有點不值。

所以叔本華的世界觀對於大部分人來說，是對的、沒問題的。

叔本華提出的解決方案也沒問題：既然滿足欲望是一條不歸路，那我們就應該早點看清這一點，不要再被欲望驅使。但我們會對欲望不能滿足而感到痛苦，那就可以像叔本華建議的那樣，用無關欲望的藝術品來獲得暫時的解脫。

這也是被社會普遍接受的生活觀。

人發財了，整天酒池肉林，追求物質享樂並不是個長久的選擇。不管多好的享樂，玩一陣子就會覺得沒勁了，感到空虛無聊。

有一些有錢人想不明白滿足欲望是條不歸路，還在不斷追求更強烈的刺激，滿足更大的欲望。可是享樂的標準不斷升高，每一次獲得相同快樂所需要的金錢越來越多，最後總有一天會捉襟見肘，財產見底。同時，人的精神和肉體所能承受的刺激也是有限的。不斷追求更高的刺激，最終只能挑戰死亡——賭錢、飆車、冒險、吸毒。但是欲望還是不會停止，再往前走，就只有自我毀滅一條路了。

另一種有錢人，當他們玩了一會兒後，發現縱欲也不過如此，就不再追求物欲，而是改成追求藝術，這是古往今來很多有錢人的選擇。

對於普通人來說，整日辛勞是為了養家糊口，但在溫飽之後，誰沒有發財的欲望呢，有了這欲望，就會產生貪婪之心、攀比之心。這時候不妨提醒自己，貪婪是一條不歸路，不如多尋找日常的快樂，聽聽相聲、唱唱歌、見見朋友、喝喝酒。功名利祿談笑中，不勝人生一場醉，快意恩仇地痛快活一生，這不比汲汲營營一輩子更有意思嗎？

悲觀主義的世界觀對我們安慰自己也很有用。

一般人大概都會排斥悲觀主義，覺得人活著就是爲了追求快樂，爲什麼要故意悲觀呢？要笑對人生，要有「正能量」嘛！

其實，悲觀主義能給我們帶來很大的安慰。

悲觀主義讓我們把整個世界都看成是一個很差的地方，那麼，我們就不必對這世界期待太多。當這世界傷害我們的時候，我們也不會感到不公或失望。同時，我們對這世界的期待小了，生活壓力也就小了。因爲人生再怎麼折騰也是悲觀的，那我們何必一定要奮鬥？

如果相信叔本華的理論，你會覺得，即使掙再多的錢、獲取再高的社會地位，得到的仍舊是不能滿足的欲望和空虛，不比混吃等死好到哪兒去，反而還會因爲追名逐利而放縱了自己的欲望，讓自己更加痛苦。這麼一想，也就沒有什麼生活壓力了。

悲觀主義的另一個好處是，它能讓你意識到世界上的其他人和你一樣注定痛苦，無論那人多麼有錢多麼風光也是一樣。那麼相比之下，自己的痛苦也就會好受一點。嫉妒和憎恨是一般人難以擺脫的痛苦之源，當你意識到你所嫉妒或者憎恨的人也注定擺脫不了悲觀世界的時候，心裡也會好受一些。

接下來講點好玩的事。

叔本華告訴別人要禁欲，要苦修，然而有意思的是，叔本華本人完全沒能以身作則。透過前面的故事您也能感覺到，叔本華很自負，關心名聲，喜歡罵人，脾氣也不怎麼好。

或許是因爲叔本華言行不一，各類哲學史都特別喜歡收集他的負面故事，不好說這是不是後來人的偏見。我收集了一些故事，您就當趣聞看看吧！

首先是叔本華非常謹愼膽小，這點挺像康德的。叔本華擔心各種可能會傷害他的事，處處留心，簡直事無巨細。

比如他的住房必須在底層，以便遇到危險的時候能迅速逃離。

睡覺的時候，床邊總是藏著上了子彈的手槍。

他還故意給私人筆記寫上錯誤的標題，給自己的物品貼上錯誤的標籤，比如在茶葉罐子上貼上「毒藥」，爲了迷惑可能到來的小偷。

他從來不讓理髮師的剃刀接近他的脖子。

他的墨水瓶下面藏著幾個金幣，以備不時之需。

外出的時候，不管到哪兒都自己帶水，以免喝到不乾淨的水。

他害怕自己還沒真的死亡，就被人粗心地埋起來。於是他特別囑咐說，當他死後，在他的死亡確認無疑之前，裝他的棺材不能蓋上。

歐洲爆發革命，叔本華害怕街頭憤怒的群眾會損害自己的財產，於是歡迎政府軍進入他的房間射擊示威群眾。政府軍官需要觀察敵情，叔本華立刻遞給軍官一個觀看歌劇時使用的雙筒大望遠鏡。

叔本華宣揚禁欲，但他本人很會享受。他經常去最上等的飯館吃飯，點昂貴的飯菜，有時還會點兩份主食。在西方，人們習慣吃完飯把小費放到桌子上。叔本華呢？他每次吃飯前，先把一枚金幣放到餐桌上——注意，是金幣喔——看得侍者們滿眼發光。但每頓飯吃完以後，這位大哥又把金幣放回自己的口袋裡了。

有一次有個侍者實在崩潰了，問叔本華到底是什麼意思。

叔本華白了他一眼說：這是我自己跟自己打的賭，一旦有一天在這裡吃飯的英國官員在馬、女人和狗之外還談點別的東西，我就把這枚金幣捐到慈善箱裡去。

叔本華很精於計算。

他怕人騙他，他是德國人，記帳就使用英文，後來又改用更生僻的拉丁文和希臘文。他也不信任銀行，要求銀行職員每個星期把財產利息送到他家裡，讓他親自數一數。

還有一個故事：

叔本華的母親和妹妹的全部財產，以及叔本華自己三分之一的財產都存在同一家銀行裡。銀行按時給他們一家人支付款項，供他們生活。結果這家銀行因為經營不善，無法再給叔本華家付錢。

銀行家給叔本華的母親和妹妹提出一個建議，答應還給她們一部分錢，從此大家兩清。銀行家的意思是，你們要是不接受這個條件，我就破產了，到時候你們一分錢也沒有。

這個合約中沒有叔本華什麼事，在叔本華的妹妹看來，她簽署這個合約是拋棄了叔本華，光在為自己和母親爭取利益。

然而當過商人的叔本華更加老謀深算，他知道這個合約後，沒有出言阻止。不久，銀行家和叔本華的母親、妹妹簽了合約，理清了債務，銀行的經營漸漸又上了軌道。叔本華找到銀行收入的證據，突然冒出來找銀行家要錢。這時銀行家沒有理由不付款，只好乖乖地把叔本華的錢全都支付了。

這事的結果是，叔本華的母親和妹妹損失了全部財產的四分之三，而叔本華一分錢都沒有損失。在這件事裡，叔本華等於間接地利用了母親和妹妹的損失保護了自己的財產。而他在銀行裡存的錢，不過是他全部財產的三分之一而已。

叔本華也很刻薄。

叔本華不信任朋友。他說：「凡是對敵人保密的事也要對朋友保密。」還很毒舌地說：「患難之交真的那麼稀有嗎？恰恰相反，我們一旦和某人交上了朋友，他就開始患難了，就向我們借錢了。」

他主張和別人交往的時候，要帶著一點輕視，這樣才能讓對方珍惜友誼，因為「不尊崇別人的人會受到別人的尊崇」。但是當這個人有利用價値的時候，就該隱藏對他的輕視。

有一次叔本華要開除他的女傭，只是因為女傭違背了不許給書房的佛像撣灰塵的命令。

叔本華特別不能忍受雜訊，他說「一個人能安靜地忍受雜訊的程度同他的智力成反比」，他看戲的時候對各種腳步聲、咳嗽聲感到非常憤怒。他還寫信給當局要求採取嚴格措施制止這些行為。

說到他的刻薄，還是下面這件事最有名。

有一次，叔本華的鄰居，一個四十七歲的女裁縫在叔本華的房間外一連幾天和朋友聊天，叔本華嫌她太吵。兩個人在爭執中，叔本華把她扔下樓梯，造成她終身殘廢。

扔了人之後，叔本華拒絕承認是他幹的。官司打了五年，最終叔本華被判每一季都要向受害人支付一筆錢。對於叔本華來說，這完全是筆小錢，但是可以想像叔本華對此有多惱火。女裁縫去世後，叔本華用押韻、對稱的文字寫道：「老婦死，重負釋。」（Obit anus, abit onus）。這段故事因爲被羅素寫在《西方哲學史》裡，所以被引用的次數特別多。不過也有同情叔本華的人認爲，是這位女鄰居趁機敲詐，沒病裝病。

叔本華的八卦說完了。

叔本華晚年成名，他的思想隨著他的作品遍布歐洲大陸。在他去世五年後的一天，在德國萊比錫市的一家舊書店裡，一個青年鬼使神差地拿起了一本《作爲意志和表象的世界》。在這一刻，另一個震驚世界的哲學家誕生了。

第三章　尼采瘋了

這個年輕人就是尼采。在萊比錫的舊書店裡看到《作爲意志和表象的世界》的時候，他才二十一歲。

尼采回憶說，那天他無意間拿起《作爲意志和表象的世界》，突然有一個聲音在耳邊響起：「拿起來吧，拿回去讀吧！」

於是他買下這本書，並立刻跑回家讀，很快就對叔本華的學說著了迷，甚至崇拜叔本華本人，模仿叔本華那極有規律的生活。

一年以後尼采參軍，他把一張叔本華的照片放到自己的桌前，一遇到困難就大叫：「叔本華，救救我！」

毫無疑問，在哲學上，尼采是站在叔本華那邊的。

尼采和叔本華一樣，也是幼年喪父。但和叔本華不同的是，失去父親後，尼采一直被母親、妹妹等人照顧。

尼采是一個充滿激情的人，他喜歡音樂，喜歡爬山，崇拜音樂家華格納，他大喊「上帝死了」，還自比是太陽。但是與激情的理論相對的，是他溫厚的性格，這或許和他從小生活在女人圈中有關係。由於樸素的生活、溫厚的性格和堅強的意志，尼采常被稱為「聖人」。

這是兩個常被誤解的人：

叔本華，一般人以為他是一個悲天憫人的慈祥老頭——不！生活中他暴躁刻薄。

尼采，一般人以為他是一個放蕩不羈的狂人——不！生活中他是一個溫和的智者。

尼采一生只當過很短一段時間的教授，大部分時光都是在旅行和陪伴朋友中度過的。早年對他影響最大的人是著名音樂家華格納。

尼采認識華格納的時候，華格納已經如日中天，尼采還是一個無名小卒。尼采非常崇拜華格納，跟華格納的見面總是讓他激動異常，據說他還為華格納跑腿買過絲質內衣。

華格納正好和尼采一樣喜歡叔本華，他的人生和創作深受叔本華的影響。兩個人有共同點，雖然年齡相差很大，但還是結成深厚的友誼。

在很長一段時間裡，尼采總和華格納以及華格納的妻子科西瑪一起遊玩。

順便一說，這個科西瑪的身世也很神，她是大音樂家李斯特的私生女（華格納和李斯特就差兩歲……）。科西瑪先跟音樂家彪羅結婚，婚後出軌和華格納私會，甚至在離婚前就為華格納生下了好幾個孩子。彪羅一開始百般遮掩，甚至對外聲稱華格納的孩子是自己的。但是擋不住科西瑪的鐵石心腸，最後彪羅只好同意和科西瑪離婚。

回來說尼采。

尼采和華格納相聚的時候，華格納經常勸尼采結婚，但是尼采一直沒有答應。實際上，尼采暗戀著科西瑪，還給科西瑪遞過紙條表白，但是對方沒有理睬他。

後來由於理念不同，尼采和華格納分道揚鑣了。

三十八歲的時候，尼采找到了新的夥伴。他經常和一個叫莎樂美的女孩以及好友保羅一起遊玩，尼采對保羅說自己愛上了莎樂美。然而尼采不知道，保羅曾經向莎樂美求過婚，但是被她拒絕了。保羅知道尼采的愛意後，便向莎樂美告狀說尼采並沒有誠意，只是想占她的便宜。

想攪局的人還不止一個，尼采的妹妹出於嫉妒，對尼采說莎樂美是個蕩婦，又給尼采的朋友、親人寫信說莎樂美的壞話。

莎樂美本人也不想就這麼跟了尼采，她希望能和兩個男人都保持曖昧的關係。但是這怎麼可能嘛！雖然兩個男人表面上也同意，但其實三個人越處矛盾越大。後來，尼采和保羅經常互相攻擊對方，最終莎樂美帶著保羅跑了，留下尼采一個人痛苦萬分。

富於激情的尼采基本上度過的是悲劇的一生，他一生不被人理解，著作無人問津。他最重要的著作《查拉圖斯特拉如是說》印完之後，別說賣了，送也只送出去七本。在他寫作生涯的最後三年，他前後花了五百個銀幣出版自己的著作，沒拿到半分稿費。

尼采二十一歲那年，發生了一件可能影響了他一生的事。有一次他在科隆遊玩，無意中闖進了妓院。據尼采自己說，他在妓院中慌慌張張地彈了一首鋼琴曲就出來了。但是很多人認爲尼采就是在這個時期染上梅毒的。

尼采原本就身體孱弱，年輕時他當過兵，在騎術訓練中受了傷，動手術後落下病根。再加上可能存在的梅毒，隨著年齡的增長，尼采的身體越來越差。據說，他還不斷顯現出類似梅毒的症狀①。

尼采的家族裡，有好多人得過精神方面的疾病。在尼采快四十五歲的時候，有一天他在都靈看見一個馬夫在虐待一匹馬。尼采跑過去抱住馬的脖子，昏了過去。

從此以後，尼采瘋了。雖然受到母親和妹妹的照料，但他很少恢復過理智。

然而，這對於一個曾經充滿激情和絕望的人來說，或許是一種幸福。

---

①關於尼采患有梅毒的事頗有爭議。有人說是先天性梅毒，有人說他的症狀也可以用其他病來解釋。

據說有一天，尼采的妹妹坐在尼采身邊，看著發瘋的哥哥忍不住流下了眼淚。尼采望著他的妹妹大惑不解地說：

「伊莉莎白，你為什麼哭呢？難道我們不幸福嗎？」

諷刺的是，在尼采瘋了以後，財富和榮譽接踵而來。人們像對待聖人一樣崇拜他，王公貴族爭相拜見他，就好像只要看一眼這位失去神志的可憐人，就能沾上一點哲人的仙氣。

在這個時期，尼采的妹妹扮演了一個很不光彩的角色。

尼采發瘋以前曾經哀求過妹妹：「請答應我，我死後，只有我的朋友才准站在我棺材的周圍，不允許好奇的人們圍觀。」然而他妹妹卻故意把瘋了以後的尼采打扮得像展覽品，讓尼采穿上白色的袍子。尼采原本就有一把濃密的鬍子，這下更像是古代先知了。

我們都知道，尼采的超人理論後來被希特勒利用，成了納粹理論的一部分，但其實尼采本人非常憎恨反猶主義者。

當年尼采的妹妹和一位反猶主義者結婚，受到了尼采的強烈反對。尼采甚至稱他妹妹是「心懷仇恨的反猶母鵝」。在尼采發瘋以後，他妹妹利用整理尼采著作的權利，任意增刪、篡改尼采的作品及信函，編成了適合她自己口味的《權力意志》。

尼采的妹妹把尼采的學說變成了種族主義者的武器，法西斯分子紛紛拜在門下。尼采的妹妹八十五歲生日的時候，墨索里尼致電祝賀，還贈送了二千里拉。希特勒甚至暫時中斷競選活動，專程去看望她。尼采的妹妹去世時，希特勒帶著大批納粹黨人參加她的葬禮。

因爲尼采妹妹的這些行爲，尼采的「學說」成了法西斯政權官方鼓吹的哲學理論。第二次世界大戰結束，尼采的名聲也隨之一落千丈，直到後來才慢慢恢復。

其實這種種興衰榮辱，和他本人早就無關了。

第四章 「上帝死了」

尼采到底說了什麼呢？

尼采生活在一個思想特別混亂的時代。

黑格爾曾經預言，「絕對精神」最終會統治所有哲學，人類的歷史也將走向終結。所以當拿破崙橫掃歐洲的時候，黑格爾爲之歡欣鼓舞。在黑格爾看來，拿破崙要把理性帶到整個歐洲，人類就應該奔著「絕對精神」一路而去了。

然而，拿破崙很快就失敗。拿破崙的帝國崩潰後，歐洲各國的貴族雖然重新掌權，卻陷入迷茫之中。因爲這時資產階級已經崛起，歐洲已有大量的工廠和工人，大家心知肚明，不可能再回到過去那個封建貴族的時代，但是新的世界應該是什麼樣的？人們眾說紛紜。

各種政治學說紛紛湧現，我們今天很熟悉的保守主義、社會主義、自由主義、無政府主義，都在那個時代出現了。這時的歐洲，好比走到一個岔路口。接下來的岔路朝向四面八方，每個方向都有人指著說：「這才是最正確的道路。」而且說得還都挺有理，可是大家分別指的方向，差得有點太遠了。

照理說實踐應該能檢驗出是非對錯吧？結果在隨後的幾十年裡，各個主義不僅沒有達成一致，還掀起了一場席捲歐洲的革命──歷史上稱爲「一八四八年歐洲革命」。革命結束後，大家不僅沒能統一想法，反倒是更亂了。

那真理到底在哪兒呢？

尼采下了斷言：真理根本就不存在！他有一句名言：「上帝死了。」爲什麼這麼說呢？因爲在過去的二百年裡，科學、理性不斷地發展，人們越發相信理性勝過信仰。從笛卡兒開始，越來越多的哲學家試圖用理性證明上帝的存在。看上去，好像這些哲學家都是在幫著教會鞏固信仰，是在向教會示好，但是我們反過來想：當上帝「需要」被證明存在的時候，不也就意味著「有可能」不存在嗎？

更要命的是，哲學從笛卡兒一路發展到黑格爾，並沒有得出統一的答案。這就好比一百多個人各自用不同的方法證明一道數學命題，討論到最後大家都沒有形成統一的答案。那這件事是說明這個命題可靠呢，還是很可疑呢？

就在這個時候，物理學還打了上帝一棒：科學的突飛猛進，讓人們越發相信這個世界是與機械論的觀點相一致的，自然萬物嚴格遵守物理定律的約束。這樣一來，自然界裡也就失去了上帝的位置。上帝只負責創造最開始的世界，後面的事就必須撒手不管——這就是前面介紹過的「自然神論」。在尼采生活的時代裡，「自然神論」非常流行。這種觀念把上帝從現實中請出去，其實和無神論已經差不多了。

另外，隨著科學的發展，有越來越多的學者從科學的角度考證《聖經》。有人發現，《聖經》裡的一些神話故事，其實在其他民族的傳說中也有類似的情節；還有人考證，《舊約》中最重要的「十戒」其實並非出自摩西之口；達爾文的進化論，更是宣稱「上帝創造人類」的情節是錯的。所有這一切，都動搖了人們的信仰，很多人即便繼續相信宗教，也是出於「信教是善的」、「不信社會會亂」之類的理由，而不是真正相信《聖經》裡的每個字都是絕對真理。

所以尼采喊「上帝死了」，並非在宣布新發現，只是挑明一個大家都心知肚明的事實。

可是就算「上帝死了」，又能怎麼樣呢？

這事在我們看來，會覺得沒什麼：科學戰勝宗教，這不是進步嗎？這不是挺好嗎？

問題是，在過去的一千多年裡，宗教一直是歐洲人信念的基石。別說普通人了，就算前面說過的那些哲學家和科學家，他們那麼喜歡懷疑、辯論，可是思考到最後的落腳點，還是要想方設法地證明上帝存在，怎麼都不敢把上帝澈底轟出去。甚至可以說，歐洲人其實早就有一個人人都相信的形上學真理，那就是「上帝存在」。

現在突然沒了。

打個不恰當的比方，在那個時代喊出「上帝不存在了」，就像今天世界上最權威的科學家突然宣布：「物理學完了！物理定律全都沒用！」而且別人還覺得他說得挺有理。

那你聽完會是什麼反應？完全不知所措了呀！

在尼采看來，歐洲的精神危機，就是人們集體不知所措。

對於歐洲人來說，上帝都不存在了，那還有什麼可以相信的呢？哲學嗎？可是它搞了半天也沒搞出正確答案來，哲學家們自己還都不能說服自己。

在尼采看來，之前哲學家們聲稱找到的答案，都是騙人的。既沒有上帝，也沒有哲學真理，這世界也不存在什麼意義，整個世界都是虛無的。

但是虛無也不可怕。

雖然世界是虛無的，但是我們可以選擇面對虛無的態度。

尼采認爲，面對虛無就好像面對一頭怪獸一樣，我們有兩種面對虛無的態度。

弱者的態度，是陷入絕望之中自暴自棄，要不隨便接受一個別人替你設計好的、虛假的人生意義，自欺欺人地過一輩子，就像那些「朋友都在炫富，所以我要買買買，不能讓人比下去」的人，那些「看了火紅文章或者感人電影或者朋友圈裡的金句，便淚流滿面地說：『我就應該這麼活。』」的人，就是「我的長輩／老師／偶像／歷史上的英雄為我指明了人生方向，從此我就一條路走到底」的人——如果這些關於人生的答案沒有經過認真的質疑和思考，只覺得一頭熱就認爲自己找到正確答案，那在尼采看來，都是錯誤的選擇。

正確的選擇是什麼？

尼采認爲，正確的選擇是面對虛無這頭怪獸，你不能頹廢，你得站起來，去戰鬥、去征服。去當政治家、思想家、藝術家、哲學家，犧牲自我、拯救他人、改變人類的命運。虛無又怎麼樣？我用雙手創造出意義，不就不虛無了嗎？

我們可能會問：爲什麼就非得站起來啊，爲什麼就不能躺下啊？

尼采說，是因爲我們每個人的身體裡都有一種叫做「權力意志」的東西。「權力意志」這詞指的並不是政治權力，而是一種類似叔本華的「生命意志」的物自體，是一股要讓自己變得更強大、更有創造力的，永不停息的欲望。我們每個人都有突然不甘心、不服輸，燃起雄心壯志的時候，這就是「權力意志」的表現。

尼采認爲，每個人內心都有「權力意志」，但是外在的表現不一樣。弱者表現爲追求自由、解放，就好比一個奴隸對奴隸主憤憤不平地說：「憑什麼這樣對我！」而真正的強者，就像剛才說的，表現爲征服和創造，這種人往往是歷史上有名的偉人、英雄和藝術家。

因爲有了「權力意志」，所以我們面對虛無就得戰鬥，不能躺下。

說到這裡，你可能會打斷我：「等等，剛才不是說，尼采認爲不存在絕對真理嗎？不是認爲我們不能跟隨別人給的人生意義嗎？那尼采憑什麼說人人都有『權力意志』呢？又憑什麼教育我們應該征服、創造呢？」

這裡就顯現出尼采的特色了。西方歷史上絕大多數哲學家，他們的觀點都要遵守邏輯規則，他們的作品都是在論證。但是尼采是極少數不論證的哲學家，他的文章不像是教授在四平八穩地上課：「因爲這個這個，所以我是對的。」而像是一個激情的演說家，在抓著你的衣領大喊：「大哥，世界是這樣的啊！是這樣的啊！」

所以爲什麼有「權力意志」？尼采沒有論證。即使歷史上的英雄人物可以當作「權力意志」存在的例子，但也沒有嚴格論證。再說想論證也論證不出來——因爲沒有絕對真理。尼采就拍著胸脯說：「我就認爲我說的是對的！」至於願不願意相信，就是聽者自己的事。

我們繼續說尼采的觀點。

根據對「權力意志」的不同態度，尼采把人分成強者和弱者。強者的特徵是積極向上、勇於進取、勇於犧牲、善於創造。弱者相反，特點是膽小、保守、善妒、虛僞。

傳統歐洲人相信基督教的普世精神和盧梭的人文主義，兩者強調的都是對弱者的關懷，強調人人平等。尼采特別反對這一點，他認爲，同情弱者沒錯，但同情不能過度，弱者不能以此爲理，去要脅、榨取強者，去拖強者的後腿，這樣做是可恥的。

打個比方，強者看待弱者，就跟人類看待猿猴一樣。猿猴對人類有用嗎？如果不關在籠子裡而和人類混居，那一定會給人類添亂。強者眼中的弱者也是一樣的，對弱者不應該光是憐憫，還應該限制他們的能力，免得他們給強者搗亂。

所以尼采把道德分成兩種。

第一種道德是屬於弱者的道德，尼采叫它奴隸道德（又叫「畜群道德」）。表面的內容是同情、仁慈、謙卑、平等，其實本質上，是弱者爲了掩蓋自己對強者的恐懼、嫉妒和自私，借助奴隸道德去限制強者。

有很多道德都是禁止型的命令，如「不許占有別人的財產」、「不許欺騙」。這些禁令不是在保護強者──強者不會讓財產被別人占有──保護的是那些不能保護自己的弱者。

弱者對強者感到恐懼，因此奴隸道德強調「仁慈」、「謙卑」，把強者和特立獨行的人看作危險人物，要求社會限制他們的能力。

弱者又因爲自私，因此強調「同情」、「分享」，要求強者給弱者分一杯羹。

我們現在都講「人人平等」，尼采卻反對平等。他認爲平等主義者的本質是嫉妒成性，看到別人有什麼，他們就也想有什麼。

實際上我們細想，這個所謂的「奴隸道德」，不就是我們人類社會的傳統道德嗎？所以尼采說：「迄今爲止用來使人變得道德的一切手段都是不道德的。」

第二種道德是強者的道德，尼采叫它「貴族道德」（又叫「主人道德」）。這種道德鼓勵人們積極進取、特立獨行、崇尚強大、鄙視軟弱、追求創新、拒絕平庸，代表了生命積極的一面。

奴隸道德和貴族道德最明顯的區別在於，奴隸道德總是在禁止——不許人們做這做那，貴族道德則是在鼓勵。

尼采並不完全反對奴隸道德，他反對的是把奴隸道德普遍化，把奴隸道德強加在強者的身上，他認爲這會限制人類的發展。

那有人說了，尼采的道德觀不是會造成弱肉強食嗎？不是會造成強者欺凌弱者嗎？尼采的回答是：人的本性就是殘忍的。

這是因爲，弱者也擁有「權力意志」。弱者的本性也像強者那樣，希望能彰顯自己的意志，駕馭別人。但是弱者他弱啊！沒能力啊！因此只能躲在「奴隸道德」下，隱藏自己的殘忍。弱者是虛僞的，而強者的殘忍是彰顯自己的本性，這才是正當的。

尼采的觀點有「人性本惡」的含義，我們未必會同意。而且就算我們同意「人性本惡」，也不意味著用道德去壓抑惡、追求善是不對的。但是尼采的主張的確有現實依據。在日常生活裡，確實有一些人，與人爲善並非因爲他們本性善良，而是因爲膽小懦弱。這些人一旦搖身變爲強者，往往會加倍地兇狠殘忍，對此有個成語叫做「小人得志」。

就在法國大革命期間，帶著「民主」之名的雅各賓派進行了恐怖統治和血腥屠殺，這讓很多歐洲思想家看到了「多數人的暴政」的危險。在尼采看來，法國大革命就是他理論最好的注腳：最聰明、最有創造力的人在這個社會裡是少數，庸人總是多數。原始的民主模式總是要少數人聽多數人的話，這就等於讓少數的聰明人屈服於庸常的大多數。

尼采推崇強者，可是他發現，大部分強者都被奴隸道德壓抑著，不能擺脫弱者對他們的束縛。因此，尼采希望「超人」出現。

「超人」這個詞在尼采的理論裡，不是指擁有強大能力的人，不是說這人一定要當總統、當將軍。而是指能夠完全按照自己的意志行動，能充分發揮自己的創造力，並且能擺脫奴隸道德，不被弱者束縛的強者。超人是尼采對人類的一種理想，在尼采眼裡，整個人類歷史裡只有極少數人能成爲真正的超人，比如：耶穌、凱撒、歌德。而我們今天，在大眾的心目中最符合這個形象的，可能是創造蘋果公司的賈伯斯——充滿激情、極富創造力、自信又自我、不遵守尋常的社會規範。

總之，尼采和叔本華一樣，認爲這世界是悲觀的，人生是痛苦的，但他們的解決方法不一樣。尼采認爲，叔本華主張的禁欲、欣賞藝術，都是膽小者的逃避，一個強者應該選擇迎難而上：

> 人生虛無，那就用我的雙手創造意義；人生注定是苦，那我就迎接痛苦，因爲痛苦是我變成強者的必經之路。

尼采反對宗教、推崇超人的觀點雖讓很多人覺得極端，但和我們的生活並非沒有關係。在談論宗教的時候，有時我們會遇到這麼一類人：他們一旦遇到你的說法和他們的「師父」不一樣，立刻會驚慌失措，也不聽你的辯解，只知道大聲說你這是「魔道」、「是要下地獄的」，或者有一些膽小的人，立刻捂住耳朵，大喊：「別說了！我不聽！」或者說：「快點向神佛謝罪！」

他們這些理直氣壯的怒氣和謙卑來自哪裡？是來自對宗教真理的追求嗎？不是吧，更像是來自對神佛懲罰的恐懼和對宗教獎賞的嚮往：只想靠祈求、討好、獻媚來獲得舒適的來生，沒有想過要靠自己的力量去奮鬥和爭取。

這種來自怯懦的謙卑必然導致反智主義：他們拒絕任何和權威不同的觀點，拒絕思考，拒絕變化。嚴重一點地說，這種怯懦精神是人類一切進步的阻礙。即便從宗教內部說，如果所有的神學家都是他們這副畏畏縮縮又自以為是的模樣，那基督教就不可能有宗教改革，佛教也不可能出現禪宗了。

再比如那句可怕的「敬畏」。

有些從不學習科學的人遇到了科學進步，他們不是感到欣喜，而是會膽戰心驚地說：「科學家，你別搞了，你得敬畏呀！」——你得敬畏大自然，敬畏傳統，敬畏神祕……總之就是崇拜所有已經存在的東西，恐懼一切變化。

問題是，在旗幟鮮明地反對一件事情之前，難道都不需要知道自己在反對什麼嗎？可是這些人在發出哀號的時候，並沒有先去了解相關的科學知識。其實，這些知識都公開、免費地存在圖書館、論文數據庫裡，只要有心學習，觸手可及。可他們爲什麼從來都不學，只喊敬畏呢？

事實上是，這一類人因爲自己懶，不去了解現成的知識。又因爲膽小，沒頭沒腦地反對一切新變化，甚至把自己的怯懦堂而皇之地搬出來，起名叫「敬畏」，還要逼迫那些有進取心的科學家去接受，這些人不正是尼采所說的弱者嗎？

尼采的觀點也順應了歷史的發展。

尼采所處的時代，正是西方自由經濟崛起的時代。我們知道，自由經濟強調的是競爭，強調勝者爲王，只有這種價值觀才能充分發揮自由經濟的優勢。資本主義社會的一大價值觀是「成功至上」。我們在外國的電影、廣告中經常可以看到這樣的價值理念：商場上、政界裡，都是大魚吃小魚，能夠不惜一切代價打敗弱者的人，就是勝者，就能被社會承認、尊敬。換句話說，社會認爲這樣的人是「好」的。而失敗的人呢，只能被人鄙視，所以美國的電影裡「loser」這個詞可以用來罵人。換句話說，弱者是「壞」的。

這種鄙視弱小、仰慕強者的價值觀，就和尼采的觀點類似。

當然，現代社會的價值觀是多元的，除了崇拜成功外，也有推崇人性、親情的，對拜金主義的反思，這樣的文藝作品也不少②。但是，推崇成功是現代社會和過去的基督教社會最大的區別之一，是西方社會價值觀最大的變革之一。在這個背景下看，尼采自然會贏得西方社會的廣泛接受，甚至可以算是一個預言家。

② 但要注意，在商業社會裡，商業化的文藝作品都是為了銷量製作。富人和窮人購買同一本書、同一張電影票的花費是一樣的，因為窮人數量最多，所以這些作品必然要取悦窮人。因此，雖然外國有大量反思成功主義的商業作品，未必就能說明社會大眾內心深處也是反成功主義的。一個典型的例子，是動畫電影《汽車總動員》，這部電影的主題是「成功沒有友情重要」。主角在故事的開頭追求成功，在故事的結尾為了友情放棄了名次。但要注意的是，在故事最後的決賽中，主角先取得絕對的優勢，讓全場都認清他是貨真價實的冠軍，最後才放棄成功，選擇友情。換句話說，他既享受了勝者的榮譽，又獲得友情，而觀眾表面上得到了「友情更重要」的價值觀，實際上還同時得到了成功的快感。試想一下，假如主角最後是個失敗者，他也選擇了友情，這部電影又能達到多少票房呢？其實，好萊塢主流的親情電影、愛情電影，最後的結尾雖然要鄙視成功，但整個故事一定要讓主角克服一個巨大的困難，消滅一個強大的敵人，才能構成讓觀眾滿意的高潮結局。這表明了每個人的內心深處都渴望成功，渴望成為強者，正是符合尼采的觀念。

尼采的真理觀也可以一說。

在尼采看來，人類的知識，如形上學、科學理論都是理性的，可是作爲世界本質的「權力意志」是非理性的，因此這些理性知識也不是真正的真理，只是「權力意志」構造的假象而已。

「權力意志」爲什麼要構造這些假象呢？

「權力意志」是征服的意志，在「權力意志」的驅使下，人類去研究世界不是爲了簡單地求知，而是爲了能更好地控制世界。比如：人研究世界就要給世界下定義，這些定義是人強加給這世界的，這便是「權力意志」控制世界的表現。

既然人類的知識只是「權力意志」用來控制世界的工具，那麼也就根本不存在什麼真理。人們追求所謂的真理，只是因爲人們需要用真理去征服世界。所以尼采說：真理就是一種如果離開它，某種生物便不能活的錯誤。

換句話說，在尼采看來，所謂的真理和錯誤的區別是，真理有用，錯誤沒用甚至有害。比如因果律的問題，尼采的解釋是，根本就沒有因果律，相信因果律是因爲，我們不相信它，就沒法生活。

理論說完了，再說一點八卦。尼采和叔本華還有一個共同之處，他們都鄙視女性。

其實，歧視女性是那個時代普遍的現象，比如康德就很瞧不起自己的妹妹。那時的男人都覺得女人沒頭腦、沒文化，不是値得與之聊天的對象。很大一部分原因在於：婦女在那個時代被歧視在先，因而普遍缺少教育，這點反倒又成了性別歧視的依據。只不過在眾多性別歧視者中，叔本華和尼采罵得尤其狠。

尼采說：「婦女是貓、鳥、母牛，是男人的『一件危險的玩物』，『男人應當訓練來戰爭，女人應當被訓練來供戰士娛樂。其餘一概是愚蠢』」。

叔本華則說：「只有男性的智慧爲性衝動所蒙蔽時才會以佳人來稱呼那些矮身材、窄肩膀、寬胯骨、短腿的性別」、「女人最適於擔任養育嬰兒及教育孩童的工作，爲什麼呢？因爲女人本身就像個小孩，既愚蠢又淺見……她們的思想介於男性成人和小孩之間。」

叔本華還覺得女人虛僞、善妒、喜歡奢侈、不懂得欣賞藝術，認爲「女人缺少任何高等的能力」這話，「除了少數的例外，是不容否認的事實」。

尼采歧視女人，或許是因爲他覺得女人不會成爲強者。不過，尼采這麼說真是不知感恩，他一生全賴女人的照料，尤其是他的母親。尼采的父母都是虔誠的教徒，尼采攻擊基督教的言論深深地傷害了母親，但她一直都全心全意地呵護照料著自己的愛兒。

叔本華對女性的偏見從他和母親的關係中可以找到些許緣由。此外，還有更深的原因，在叔本華的理論裡，性欲是生命意志的代表。在叔本華的年代，女人主要的任務是結婚生子，因此叔本華認爲，女人並不具備真正的美，她們的美是用來誘惑男人產生性欲的，她們是生命意志的幫兇。所以女人一旦生了幾個孩子，完成了生命意志的任務以後，也就不再美了。這種觀點相當於把女人物化，而且還把男人對欲望的屈從全賴在女人的身上。當然在今天看來，這是非常無恥的觀點。

在這點上，全世界的古代男人都是一個德行，中國古代的帝王毀滅了國家就說紅顏禍水，都是女人害的。實際上叔本華還真這麼說過，他說，就是因爲從路易十三起，法國宮廷中的女人太奢侈浪費，才最終導致了法國大革命。

叔本華也承認他年輕的時候很喜歡女人，但又補充了一句：

「如果她們願意和我交往的話。」

我們聯想起他的戀愛史可以確定：那是沒戲了。

第五章　齊克果與「信仰的飛躍」

叔本華討厭黑格爾，尼采喜歡叔本華，也討厭黑格爾。現在我們要講的，是第三個討厭黑格爾的人，他叫齊克果，和叔本華約在同一個時代，比尼采大一輩。

齊克果的父親是一個虔誠的基督徒，他父親小時候家境貧寒，靠放羊為生，後來發了財，光在哥本哈根就擁有六處房產。在原配妻子去世後，齊克果的父親娶了已經懷孕的女傭為妻，這個懷著的孩子就是齊克果。在家裡，齊克果排行最末。

後來，齊克果的哥哥姐姐相繼去世，都沒有活過三十四歲——這是耶穌被釘上十字架的年齡。最後家裡就剩下老父親、齊克果和他的一個兄弟。

齊克果的父親童年放羊的時候，因為生活艱苦，曾經在荒野中詛咒過上帝，但此後不久他就發財了。這讓齊克果的父親非常恐懼，他感到上帝是存在的，上帝幫助他，他卻詛咒上帝，這罪行有可能被寬恕嗎？

另外，齊克果的母親是未婚先孕，他父親覺得，自己和女傭私通這件事也是難以被饒恕的罪。

果然，他的親人逐一離去。齊克果的父親認定這是上帝的懲罰——上帝把財產留給他，卻把親人都奪走。因爲有這些想法，老父親在負罪感和恐懼中常年惶惶不可終日。

齊克果對父親非常崇拜，父親的抑鬱性格也深深影響了他，而且齊克果自幼體弱多病，駝背跛足，這讓他相信自己也受到上帝的詛咒，也會像自己的兄弟姐妹一樣活不過三十四歲，而且死後會下地獄。這些遭遇讓齊克果一生非常憂鬱孤僻，在二十三歲的時候還試圖自殺。

齊克果二十六歲的時候和一位政府官員的女兒訂了婚，兩個人都深愛著對方，但是齊克果堅信自己會短命，死後又會下地獄，另外，他早年還曾經到妓院裡荒唐過一段時間。他認爲應該把這些事情告訴未來的妻子，但是他的未婚妻太年輕了，那時只有十七歲，齊克果覺得未婚妻不會相信他所說的話，因此，他雖然在衝動中求婚成功，卻又馬上後悔了。

經過痛苦的抉擇，無法撒謊又無法吐露真相的齊克果毅然退掉婚約，這在當時是非常不成體統的事。更要命的是，兩個年輕人的感情仍舊很深。雖然婚約退得比較順利，女孩也寄還了婚戒，但是有一天，那女孩來找齊克果，正好齊克果不在家，女孩留下一封情書，說沒有齊克果，她就無法活下去，要是齊克果拋棄她，那會要她的命。

那女孩可能永遠也不會明白齊克果拒絕她的原因，齊克果不願意違背自己的良心，就只能做一個全天下最難做的壞人。他故意在那女孩面前扮演討厭鬼的角色，想讓那女孩忘記他。這活脫脫是一齣灑狗血的大戲，但主角糾結的出發點不是沒來由的自作多情，而是信仰與良心。

後來齊克果去了一趟柏林，我們說過，那時的德國是歐洲哲學的中心，齊克果在那裡接觸到不少哲學名人。且在那段時間裡，他仍舊不斷透過書信，從朋友的嘴裡打聽女孩的情況。當朋友告訴他女孩生重病（其實是誤傳）的時候，齊克果立刻匆匆忙忙趕了回來。

在去柏林的前後，齊克果和女孩在小小的哥本哈根經常相遇。齊克果仔細記錄了每一次見面的細節，回想女孩是否看了他，是否向他笑過。他還幻想著能和女孩建立一種類似兄妹的新關係。

然而有一天，齊克果突然在報紙上看到了那女孩和別的男人訂婚的消息，這件事重重打擊了他，讓他一輩子念念不忘。後來在他的一生裡，他仍舊把這個女孩當成自己的未婚妻，最後臨終的時候，還把全部的財產都留給她。

感情是澈底結束，但是打擊還不止如此。

三十三歲的時候，齊克果得罪了一家名不見經傳的小報社。那家報紙在整整一年裡，不斷刊登各種貶斥齊克果的負面新聞，搜羅他的隱私，還用了當時剛流行的新形式——諷刺漫畫。漫畫裡把齊克果畫成了外貌猥瑣、舉止色情的小丑。市井小人對這種生動形象的新事物津津樂道，全然不顧它對一個好人的傷害。

之前的退婚事件，再加上齊克果和教會決裂，這些都加劇了社會對齊克果的攻擊和排斥。經過小報的惡意宣傳，齊克果的形象更加不堪，乃至街頭的頑童都輕蔑地戲弄他。

齊克果相信自己活不過三十四歲，但是他活了過來。他認爲，這可能是因爲上帝賦予了他特殊的使命，讓他去闡述基督教的真義。帶著這種自許的使命感，他把精力投入闡述基督教大義的寫作中，直到四十二歲去世。

我們之前在說斯賓諾莎的時候提到，越是生活痛苦的人越關心個人幸福。齊克果的遭遇如此痛苦，可以想像，他對個人幸福、個人命運會有多麼關心。他又受到他父親的影響，非常關注信仰。

因此他非常不滿意黑格爾。

他不滿意的地方在於，黑格爾把全體人類都納入他宏大的形上學和歷史決定論中，把每個人都說成是歷史棋盤上的棋子。個人意志、個人幸福和個人信仰在這個宏大的歷史中微不足道，沒有自己的位置。

在黑格爾的形上學中，每個人都得屈從於必然的歷史進程，於是個人失去了選擇的自由。尤其是黑格爾把宗教也納入自己的哲學系統中，好像人類信仰宗教不是自覺自願的，而是在絕對精神的駕馭下，被動地去信仰。

齊克果不同意黑格爾的這些說法。信仰是很個人的事，怎麼能不經過自己的選擇，被動地信仰呢？

齊克果身邊有很多這樣的人（我們身邊也一樣），他們信仰宗教並非經過自己獨立的思考，而是人云亦云，別人都信，他就跟著信。齊克果認為，這些人喜歡混在團體裡，透過集體的暴行來彰顯自己的強大——這讓人想到齊克果被一群人譏諷嘲笑的境況。幾乎就是在齊克果的同一時期，勒龐寫了著名的《烏合之眾》，也持類似的觀點。

齊克果強調個人的選擇。黑格爾說一切事物與人類的行為都要符合辯證法的必然規律。齊克果反對此說法——假如人的行為必須符合必然規律，那人類還談什麼自由呢？

齊克果說：每個人都有選擇的自由，也有選擇的責任。有些人隨波逐流地活著，拒絕做出自己的選擇，那種人就如同行屍走肉一般，不叫真正的活著。真正活著的人，必須做出自己的選擇。

更重要的是，這個選擇不能是純理性的。真正的選擇超越了理性，真正的信仰也超越了理性。齊克果說，真正的選擇是一種飛躍，信仰上帝這件事，是一個「信仰的飛躍」。

更進一步說，上帝擁有無限可能性。自由的選擇是實現無限可能性的過程，這個行爲本身就是在接近上帝。

齊克果「信仰的飛躍」的宗教觀不難讓我們接受。

我們前面說過，「論證」信仰這個行爲本身，就意味著信仰有可能是錯的。而真正的信仰應該是無條件地相信。所以從邏輯上講，我們可以靠論證接近信仰，但是不可能直達信仰。在「論證」（討論信仰是否可信）和「真正的信仰」（拒絕討論是否可信，甚至「因爲荒謬，我才相信」）中間，還有一段邏輯的空白，需要「一躍而過」。「嘎嘣」一下，沒道理地突然就信了。

而且，這個飛躍其實不限於宗教，對於任何我們死心塌地相信的東西，尤其是「人生意義」這樣的大問題，很可能都需要這樣的一躍。換句話說，齊克果在提醒我們：我們前面對

「人生意義」的長篇討論，僅僅是思想上的熱身。而最後的人生答案，不在討論之中，而在討論之外的「精神一躍」。

不只是齊克果這麼想。

在和笛卡兒同一時代，有一個數學家叫帕斯卡，他也是一個超級天才。十二歲輕鬆讀完了《幾何原本》，十四歲出席法國頂級的科學研討會，十六歲出版數學專著，其中就有被後人用他名字命名的「帕斯卡定理」。十九歲發明了世界上第一臺手搖計算器，可以計算六位數的加減法，後來，他還把這臺計算器獻給了瑞典女王——對，就是那位凍死笛卡兒的女王。如今電腦程式設計裡的「帕斯卡語言」就是為了向他致敬。另外還有數學上的「帕斯卡三角」、概率上的「帕斯卡分布」、物理學上的「帕斯卡定律」、用他名字命名的壓強單位……總之就是科學史裡一大堆東西都用他的名字命名。

此外，帕斯卡還和數學家費馬一起創造「概率論」這門學科，把賭博變成一個數學問題。

而且，帕斯卡還把他的概率知識用在信仰問題上。

對於「該不該信仰上帝」這個問題，帕斯卡的思路是：上帝可能存在，也可能不存在。那麼，如果我們信仰上帝，假如上帝存在，我們就會獲得巨大的好處；假如上帝不存在，我們也不會因此失去什麼，最多是增加進教堂的時間、多遵守教會規範而已。反過來，如果我們不信仰上帝，假如上帝存在，我們會下地獄，受到巨大的懲罰；假如上帝不存在，我們頂多省去進教堂的時間和精力。所以從「賭注」的角度講，信仰上帝比不信仰更划算。

帕斯卡這種對宗教冷酷無情的思考方式，可以算是用理性思考信仰問題的極端。

但是帕斯卡本人不是這麼走進信仰的。

在帕斯卡三十一歲的時候，有一天，他駕駛的馬車突然失控，領頭的兩匹馬衝向橋邊，而且已經撞開欄杆，馬上就要落到河裡了。就在這千鈞一髮之際，連接馬車的馬匹之間的挽繩突然斷了，馬車奇蹟般地停了下來。驚魂未定的帕斯卡認為，這是一個神諭，是上帝警告他要懸崖勒馬。之後，帕斯卡放棄世俗生活，選擇皈依。

也就是說，帕斯卡用自己的實際行動證明了齊克果的觀點：再多的理性思考也無法直達信仰，最後的確需要「信仰的一躍」。

從更深的層次講，齊克果的思想揭示了一對矛盾：形上學和自由意志的矛盾。

形上學的目的是什麼？

是用理性的方法找到終極真理，這個真理至高無上，可以指導我們的一切行為。

好，經過了這麼多代哲學家的努力，黑格爾好不容易給你們找到答案了。結果呢？

結果齊克果偏偏不滿意了！

齊克果的意思是，如果存在一個能指導一切，包括指導個人行爲的終極真理，那不就意味著個人的自由都被束縛了嗎？

假如我們沒有自由意志的話，那我們不就是木偶了嗎？

有人說了，那要是有某種形上學，也給自由意志留出空間行不行呢？

我回答：你既然不能干涉每個人的自由意志，那你不就只能干涉物質世界了嗎？

那這不就是科學嘛！

或許有人會商量著說：我的形上學只干涉一部分自由意志行不行？譬如我告訴你人生意義，但選不選，由你自己。

這個觀點的問題是：不能成爲普遍真理的人生意義，還能是真正意義上的「人生意義」嗎？它還能解決我們對人生的困惑嗎？我們追問人生意義，是在面臨困惑的時候，想要找一個高於其他答案的指示，好指導我們前行。結果你說，這答案並不是絕對正確的，只是眾多答案中的一個，選不選由你，這不又變成宗教型的信仰了嗎？

我們來看看形上學的窘境吧！

第六章　向科學求救

叔本華、尼采和齊克果從不同的角度動搖了形上學。

康德的形上學很厲害，可是叔本華說的似乎也有道理，控制我們生活的，似乎是不受抑制的欲望，而不是冷靜的理性。尤其是第一次世界大戰和第二次世界大戰，世界到處都是癲狂、絕望與毀滅，這怎麼能讓人相信世界是在純理性的形上學的統治之下呢？這更像是控制不住的生命意志在到處肆虐吧！

黑格爾也挨了歷史一記悶棍。

黑格爾說世界上一切事物的發展都要符合他的預言，對於人類歷史，他認爲普魯士王國是世界歷史的頂點。因爲有人把納粹德國看作普魯士王國的繼承者，所以在希特勒時代，黑格爾好像還有可能「正確」。

但第二次世界大戰的結果是，納粹德國完蛋了。

再說了，納粹德國造成全人類的災難，就算黑格爾預測對了，這也是給人類帶來恐怖的邪惡哲學，誰會屈從於它的統治呢？

第二次世界大戰之後，社會格局、人類思想變得越來越多元，沒有什麼能統治全人類的思想，各種新思潮層出不窮，我們看不到某種形上學統治人類思想的樣子。從這個角度說，尼采才是偉大的預言家，他要毀滅傳統的價值觀，寫了一本《重估一切價值》。第二次世界大戰以後的現實確像他所說的，所有的傳統價值都崩潰了，一切價值都應當重估。

齊克果更不用說，直接認爲形上學和自由意志矛盾，拋棄形上學才是上上之選。

總而言之，按照這些哲學家的看法，形上學沒戲唱了。

好在我們還有科學。

在近代，建立在理性基礎上的科學創造了各種人間奇蹟，這是理性蘊含無窮力量的最好證據。多虧科學的成就，人類在歷史上從沒有像近兩百年這麼自信過。在今天，誰能不相信科學的力量呢？羅素說，如果有一個國家完全不相信物理學，那麼另一個國家只需要靠幾個物理學家就可以把前一個國家滅了。換句話說，你要是不相信科學，你在這個世界上連生存都談不上，就更別提其他了。

科學是堅持純理性的，科學使用的是歸納法和演繹推理，所有的科學理論，都必須用理性的文字表達，都必須經得住嚴謹的實驗。

科學創造的奇蹟，就是理性創造的奇蹟。

前面說過，形上學必須使用理性工具——否則就無法經得住蘇格拉底式的懷疑。那麼，形上學的潰敗，也就意味著哲學家手中的理性工具並不好用。然而，與此同時，科學正在用一個接一個的奇蹟來捍衛理性的尊嚴。

哲學是時候向科學求救了。

我們來看看在第一次世界大戰之前，科學的新發現爲我們提供了什麼有用的東西。

第一個是物理學的進步。

力學在牛頓之後的兩個世紀裡基本沒受到什麼質疑，很多物理學家認爲牛頓力學已經揭示了世界的真實面目，此後的物理事業沒有太多可發展的餘地，不過是修修補補，把物理數據弄得更加精確。因此有科學家說過，牛頓既是天才也是幸運的，因爲只有一個宇宙可以供人發現，而牛頓已經把最重要的規律都發現了。

不過即便在牛頓力學的影響下，物理學仍舊有重要的發展，就是能量守恆定律和品質守恆定律。這兩大定律進一步擴大了物理學的影響力，再次讓人們發現，人體和其他無機物在物理上沒有什麼區別。

第二個是進化論的發現，科學將觸角伸向了有機體，我們待會專門拿出一章來講。

第三個是心理學的發展。

這回，科學直接染指精神領域了。

現代心理學使用的是科學的研究方法，研究成果很豐碩，很多原本神祕的心理活動如今也有了清晰的規律，人們已經可以適當地干涉、改變人類的內心活動。

比如「巴夫洛夫的狗」，科學家巴夫洛夫一邊餵狗一邊搖鈴，最後把狗訓練到一聽鈴聲就會流口水。這就等於可以用科學的方法去改變動物，也包括人類的本能，使得人類對生物的干涉前進了一大步。（順便一說，有些書上關於這個實驗的插圖，是畫了一隻流著口水的、可愛的狗。實際上，巴夫洛夫做實驗時，是把狗的喉嚨打穿，安上一個導管，過程是很殘忍的。）

這樣一來，人們對科學的自信心變得出奇的高。人們相信，只要假以時日，科學可以解決一切問題。就算是藝術、哲學那些過去被認爲科學難以碰觸的領域，將來運用心理學也可以解釋了。

科學的發展給哲學帶來了兩個影響：

第一個影響是打擊了歐洲人民對宗教的信心。

科學打擊宗教的方法主要有兩個，一個是不斷創造科學奇蹟增強人類的自信心；一個是公布各種和《聖經》記載矛盾的科學結論，比如日心說之於地心說，進化論之於神創論。另外新大陸的發現也踹了宗教一腳，因爲《聖經》裡並沒有記載新大陸。

當然科學還不是萬能的，宗教信徒有一個無敵的說法是「這世上還有很多東西是科學沒法解釋的」。這話說得對，確實還有很多東西是科學解釋不了。

但是科學此時解釋不了並不意味著未來解釋不了，也並不意味著神學能解釋，更並不意味著神學的解釋就是正確的。這有點像芝諾的那個「知識越多越無知」的規律一樣。科學願意承認自己能力有限，正是它的優點。

更何況，科學可以創造出各種人間奇蹟，宗教一直號稱神蹟可以讓人們獲得豐收、治癒疾病。但在近代，是科學不斷在提高糧食產量、治癒疾病，而祈禱並不是每次都管用。

科學發展的第二個影響是，隨著科學的觸角越來越廣，機械論和決定論必然重新抬頭。就像前面說的，隨著科學成就的增加，人們相信科學可以解決一切問題。甚至有人提出來，以後沒必要有哲學這個科目了，哲學問題不過都是人的心理活動而已，以後哲學只作爲心理學的一個分支就足夠了。這種用科學代替哲學的想法，被稱爲「科學主義」。

但是我們說過，用機械論去解釋世界，會產生幾個問題。首先是置此前哲學家們的思考於不顧，根本不去回答笛卡兒和休謨的懷疑論。其次是它消滅了人的自由意志，讓人們感到絕望。因此，機械論視角下的世界並不能讓我們滿意。

更值得關注的科學成果是進化論，它不僅僅是科學的重要進步，也影響了我們對哲學乃至人生的看法。接下來，我們花上一點點時間來看看進化論都說了什麼。

第七章　你真的了解進化論嗎？

歷史上，有兩次撼動人類世界觀的環球航行。您肯定能想到，其中一次是麥哲倫的航行，它證明了地球是圓的，但很少人會知道另一次航行。

它發生在西元一八三一年年底，此時的東方，道光皇帝正開開心心地統治著他的大帝國，根本意識不到在九年後，鴉片戰爭的第一枚炮彈就要落在中國的土地上了。在地球的另一邊，一艘名爲「小獵犬號」的英國軍艦開始了它的第二次航行。這次航行意義之大，以致在一百多年後，英國人把自己的火星太空船命名爲「小獵犬2號」。

在「小獵犬號」上，有一個叫做達爾文的年輕人，他是個博物學家。

「博物學」是那個時代特有的學科，自然科學的發展，以及地理大發現帶來的大量新奇事物，讓當時的學者對大自然產生巨大的興趣，於是誕生了負責觀察、記錄自然萬物的「博物學」。這個達爾文就像普通的博物學家那樣，每次船到了一個新地方，他就下船來收集各種動物，製作標本，挖掘化石，把自己的所見詳細記錄下來。包括達爾文在內，此時沒有人會想到，這些看似並不驚人的舉動最終卻改變了全世界。

一方面是達爾文需要時間醞釀思考，另一方面是他被自己的理論嚇到，直到航行結束二十多年後，他才發表了進化論。

我們今天已經習慣「人是從猿猴演變而來的」這種說法，但不難想像，人類第一次聽到這種說法的時候，絕對像是聽到瘋話一樣，更不用說進化論直接和《聖經》相抵觸了。因此，進化論一發表，立刻引來了暴風驟雨般的攻擊。

一次最有名的咒罵是在進化論發布不久，一個護教人士毫無教養地攻擊維護進化論的赫胥黎說：「你的人猿祖先是你祖父那邊的，還是你祖母那邊的？」赫胥黎反擊說：「如果讓我從人猿和你那樣的人當中選一個當祖父，我寧願選人猿。」

「小獵犬號」的船長是一位虔誠的教徒，他不認為能搭載達爾文是一項可以永載史冊的榮耀，反倒認為這是令人無法忍受的褻瀆。他當眾舉著《聖經》大聲疾呼，要求人們不要相信達爾文的異端邪說。

但是再多的咒罵也扼殺不了進化論。

達爾文之厲害，和歐幾里得一樣，不僅因為他設計了一個超強的理論，還因為他的理論在後世幾百年中不斷被人們攻擊、討論。結果越討論，證明它正確的證據就越多。

一開始有人質疑：按照達爾文的理論，地球生物進化需要上億年。可是按照當時地質學的研究，地球的年齡遠遠到不了這個數字，因此進化論顯然是不成立的。達爾文當時沒有能力反駁這個詰問，直到後來地質學有所發展，才發現地球的年齡其實很長，足以完成進化。

還有人問，達爾文說生物每代之間有遺傳和突變，這過程是怎麼在生物身上實現的呢？按照當時的技術條件，這個問題也不好回答。多年以後，人類發現基因。基因攜帶上一代生物的全部特徵，在產生下一代的時候又會產生隨機的變化。基因的特性與達爾文的理論完全吻合。

當時還有人質疑：既然達爾文說生物都是進化來的，那麼就應該存在大量處於進化中的過渡型化石，而這些化石又在哪裡呢？當時達爾文只能解釋說，因爲保存下來的化石很少，所以過渡型化石也很難被發現。這點聽上去很像是狡辯，後來，越來越多能爲進化論作證的新化石被發現，其中也包括很多過渡型化石，最著名的就是「始祖鳥」。

現在，我們來具體討論一下這個聽上去很熟悉的理論。

要說明的是，進化論是一個被不斷發展、完善的學說。我們所講的是以達爾文主義爲核心、經過後人進行一系列修補的主流觀點。

進化論的關鍵內容有這麼幾條：

第一、生物的基因資訊可以遺傳給下一代。

第二、在遺傳的時候，基因會發生不可控制的隨機變異。

第三、整個生物種群都面臨著巨大的生存壓力，因為食物有限、天敵捕食，每一代誕生的新生物中的大部分都會死掉。又因為生物內部的生殖競爭（比如雄性搶奪雌性），每一代又有很多生物無法生出後代，繁衍自己的基因。

第四、生物後天的變化在大部分情況下不能改變基因。

生物進化的過程是這樣的：

因為每次遺傳都會產生一系列的隨機變異，所以每一代新生物都會有一些個體的生理特徵不同於父母輩。說白了，總有些個體長得「怪」。又因為生存壓力特別大，每一代裡的大部分都會死掉，因此假如這些長得「怪」的地方正好能適應當時的環境，那麼擁有這些「怪」基因的生物就有更大的機率存活下來，這些「怪」基因就會因此保留下來，從而成為這個生物基因中的一部分，生物就完成了一次微小的「進化」。

進化論是一個假說，但也是一個絕妙的假說。

牛頓力學用一個極爲簡單的理論完美解釋了複雜的物理世界，但牛頓力學還沒有攻克生物世界。牛頓力學能解釋生物體中的細胞是如何運動的，卻不能解釋生物爲什麼會長成這樣或那樣。當人們觀察大自然的時候，會發現生物的每一個細節、每一個器官的特性都恰到好處，都在以最有效的方式保證個體的生存（假如你沒有這種感覺，隨便去看兩集《動物世界》就明白了）。生物世界中處處充滿了絕妙的「設計」，這無法用常理解釋，很容易讓人想到，是不是有一個萬能的上帝設計出了這一切？

進化論把神祕性給打破，就像牛頓力學那樣，把多姿多彩的生命世界解釋得極爲簡潔。只要這個世界上偶然出現了一種大型分子，這種分子能把周圍的分子聚集成和它一樣的結構——說白了，就是能複製自己。那這種大型分子就是生命的最初形式，因爲現實世界存在「複雜性」，反覆聚集的過程一定會產生誤差。所以，只要這種分子在歷史長河中沒有滅絕，那麼假以時日，就會創造出無數多姿多彩的生物，甚至是智慧和文明。

在這個過程裡，沒有任何外力的干涉，沒有任何智慧的設計，一切都是順其自然地產生，而且完全符合我們觀測到的大千世界。

從理論的簡潔美妙上講，它可以和牛頓定律並駕齊驅。

不過，進化論也是一門被廣泛誤解的理論，我們要拿出一點篇幅來澄清這些誤解。

誤解一：進化論就是生物「從低級到高級」的「進化」。

實際上，「進化論」這個詞不太準確，更準確的叫法應該是「演化論」。進化論的意思僅僅是基因中那些適合環境的部分被保留下來，不適合的部分被淘汰，這之間並沒有高級和低級之分。

有些人會覺得從單細胞生物進化爲人類，是從「低級」生物「進化」到「高級」生物的過程，人類比單細胞生物更「高級」。然而，人類的身體構造雖然比單細胞生物更複雜、人類比單細胞生物更具智慧，但這並不一定就是進化的方向。

假如「高級」生物指的是更複雜的生物體，並且進化論是「從低級進化到高級」的話，那麼經過幾千萬年的「進化」，爲什麼今天還會有細菌、昆蟲呢？爲什麼比細菌構造更複雜的恐龍反倒滅亡了呢？其實，爲了生存，有很多生物的構造會從複雜演化爲簡單。

達爾文在《物種起源》中畫了一張插圖，畫的是一棵巨大的樹，樹根是原始生物，越往上樹的分叉越多，生物越複雜。這張圖暗示生物是從低級向高級「進化」，生物越進化，構造越複雜。這是《物種起源》裡唯一一張插圖，有的書上也有這張圖，然而這張圖是錯的。目前生物學界更喜歡的畫法是把所有的生物畫成一個圓形，越靠近圓心的生物在地球上生存的時間越早，人類和今天所有的動植物平均分布於圓形的邊緣，看不出誰比誰更高級。

這幅圓形圖的意思是說，不管生物的構造是否複雜，大家都是演化的倖存者。

正因爲有些人誤以爲生物在演化的過程中有一種從低級到高級的趨勢，所以產生了一系列誤解進化論的結論。比如在基督徒那裡，從低級到高級的趨勢成了上帝意志的體現；在叔本華那裡，這成了所有生命都有某種生命意志的證明。澄清了這個誤解，這些觀點也就不成立了。

還有一個常見的問題：「今天的猿類爲什麼不會再變成人了？」這個問題的錯誤之處就在於把進化的過程想像成是一棵大樹，根部的生物都要想辦法向頂部生長，所以誤以爲任何時代任何情況下猿類都有變成人類的可能。如果換成圓形圖，就不會有這個誤解了。人並不比猴子更高級，因此猴子即便再進化，也不一定就會朝著人類的方向進化。到底進化成什麼樣子，取決於它們受到什麼樣的生存壓力。

誤解二：生物的後天努力可以改變基因。

這種觀點叫做「拉馬克主義」。我們都知道「用進廢退」的說法，如果我們總用左手工作，那麼左手就會比右手更粗壯、更靈敏。拉馬克主義認爲，這種「用進廢退」的現象會影響到下一代。也就是說，以前的長頸鹿因爲搆不到高處的樹葉，就使勁地伸脖子，把脖子伸長了，它生出的下一代的脖子也就變得更長。

達爾文的進化論則認爲，長頸鹿並不是自己把脖子伸長的，而是每一代新出生的長頸鹿因爲基因的變異，脖子有長有短。在食物短缺的時候，脖子較短的長頸鹿吃不到高處的葉子，死亡的機率更大，因此長脖子的基因更容易留下來。久而久之，長頸鹿的脖子也就越來越長了。

這個假說很容易反駁，有人把每一代小老鼠的尾巴都剪短，堅持了好幾十代，最終生下來的老鼠卻仍舊長出尾巴。

雖然理論不成立，但是拉馬克主義在感情上更容易被接受，因爲它賦予生物在進化道路上的主觀努力，讓人覺得，生物在進化中是「奮勇向上」的。相反，在達爾文這裡，生物的進化完全是被動的、無知的。基因並沒有「想」變成什麼樣，完全是隨機變成各種樣子，再由殘酷的淘汰——生物個體的死亡——來把不適合生存的基因淘汰掉。

雖然達爾文的理論很冷酷，但是他的理論很簡潔，進化完全是客觀發生的，不存在主觀因素的參與。

最後要說明的是，關於拉馬克主義，目前還有一些新的理論，認爲部分性狀的後天改變是可以遺傳給下一代的。這是一個還在發展中的理論，即便成立，對我們後面結論的影響也不會很大。

誤解三：是上一條衍生出的結論。

從個體看，基因進化完全是無序、隨機的，生物根本不知自己該進化到什麼方向。但是從宏觀看，從成千上萬代生命的總體性上來看，基因又好像是有意識的，似乎是基因在努力延續自己，不斷把自己變得更有競爭力，更有適應能力。

後者完全是一種錯覺，但是我們在宏觀上討論進化的時候，是可以這麼理解的，並不會導致錯誤的結論。然我們時刻不要忘記，這意志其實並不存在。

誤解四：機關槍這麼厲害，按照「優勝劣汰」的原則，動物爲什麼沒能進化出機關槍呢？眼睛這麼複雜的器官，只靠基因突變就有可能進化出來嗎？

這是一個問題的兩面。

對於第一個問題的回答是，單一的機關槍零件並不會對生物的延續有什麼益處，所以即便生物隨機突變出單個的機關槍零件來，也顯不出生存優勢，反而會因爲累贅而被自然界淘汰。另一方面，基因突變的能力並不是無限的，基因可以使下一代的某個骨頭更長一點或者更短一點，但是沒法一下子進化出機關槍這麼複雜的新東西來。所以，雖然不同生物之間的特徵千差萬別，我們卻能找到很多相似的地方，比如脊椎動物的骨骼結構都差不多。陸生動物向鳥類進化的時候，只能讓身上的羽毛越來越厚，讓前臂逐漸變成翅膀，而不能一下子長出全新的翅膀來。

那麼，由此就會產生第二個問題：眼睛這種非常複雜、少了任何一個微小部分就沒法看東西的器官，是怎麼進化出來的呢？解釋是，如果我們詳細分析眼睛就會發現，每一個微小的局部在進化過程中都有一定的作用，比如增強一點點感光能力之類，不會存在沒有任何作用的進化。

誤解五：那麼雄孔雀的尾巴呢？這玩意純粹是累贅！

這個疑問乍看的確是對進化論非常有力的攻擊，所以達爾文說：「每當我凝視雄孔雀的尾羽，總感到一陣噁心！」

解釋是，進化中除了生存選擇外，還有生殖選擇。

說白了，決定某一種基因能不能流傳下來的因素，首先是前面說過的生存壓力，帶有不實用基因的個體都會死掉。此外，還有第二個因素，就是看帶有這一基因的個體和異性交配的機會是多還是少。

對於有性繁殖的動物，雄性交配的成本很低，幾分鐘後就沒自己的事了。雌性則不同，成功受孕直到生出下一代，這段時間裡都不能再重新受孕。所以在生殖這件事上，雌性算是稀缺資源。也可以這麼說：雄性個體要把自己的基因傳遞下去，最優的策略是尋找盡可能多的未孕雌性交配。雌性個體的最優策略，則是千挑萬選，尋找基因最優秀的雄性交配。

那麼雄性想要讓自己的基因遺傳下去，就必須和其他雄性競爭。最常見的競爭方式是武力搏鬥，也包括用華麗的外表、漂亮的巢穴等東西去吸引雌性。所以在有性繁殖的動物裡，我們會發現，最漂亮的動物常常是雄性，和我們今天的社會正相反……。

你可能還會問，那雌性爲什麼會對有華麗外表的雄性感興趣呢？比如，爲什麼雌孔雀會對有大尾巴的雄孔雀感興趣？這樣的雄孔雀不是生存能力更差嗎？這還符合進化論嗎？

這個進化過程可能是這樣的：最開始雄性孔雀的尾巴還沒那麼長，雌孔雀選擇尾巴漂亮一點的雄孔雀，是因爲漂亮的尾巴代表雄孔雀身體裡沒有寄生蟲，身體健康。所以雌孔雀的基因促使它們對尾巴漂亮的雄孔雀感興趣（那些對漂亮尾巴不感興趣的雌孔雀基因，因爲有更大的機率去和不健康的雄孔雀交配，所以被淘汰掉）。剛才說了，在交配中雌性是稀缺資源，那麼同樣都是尾巴漂亮的雄孔雀，就只有最漂亮、最顯眼的那一隻被雌孔雀挑中。長此以往，雄孔雀的尾巴就像長頸鹿的脖子一樣，越來越大、越來越漂亮了。

當然不要忘了，決定基因遺傳有兩個因素，生存壓力是第一位的。之所以雄孔雀的尾巴能進化到嚴重影響生存的地步，這是因爲孔雀的生存壓力很小。假如生存壓力大，當雄孔雀的尾巴進化到讓自己不容易逃跑的時候，大尾巴的雄孔雀就都被吃掉了。孔雀的尾巴只能變大到剛好不會成爲逃跑累贅的大小，就停止變大了。就比如公雞的雞冠、公獅子的毛髮，都起到吸引異性的作用，但大小沒那麼誇張，不會影響逃生和捕食。

和孔雀例子類似的是，爲什麼人類進化以後，毛髮會越來越少？我們知道，毛髮能耐磨、能禦寒，好處很多。之所以人類的毛髮越來越少，這可能是因爲只有毛髮少的人類才能向異性更好地展現自己的基因優勢：體型勻稱、體色正常、沒有皮膚病等。

當然，這肯定還和氣溫變暖、人類學會用火和衣服禦寒有關，否則人類中的大部分都被寒冷奪去生命，那麼毛髮少的人類也就不會生存下來了。

誤解六：進化論還只是一種未經驗證的假說。

反對進化論的宗教人士特別喜歡這麼說，有兩個解釋可以反駁它。

第一，所有科學理論都是假說，這就是爲什麼要費力氣解釋進化論的細節，我是想讓大家明白，達爾文進化論是目前最合理、證據最多、反證最少，也是最簡潔、最聰明的假說。

第二，有越來越多科學發現增加了進化論的可信度。除了現實中可以觀察到活生生的進化過程外，最有力的證據，是在不同地質層裡發現的化石都符合進化論的預言。就像有人吐槽過，假如這世界裡的動物真的像《聖經》裡說的是被上帝一次性創造的，那麼上帝還得按照不同的地質年代和生物進化的規律，費盡心機地把不同進化階段的生物化石分門別類地放好，再設定好碳—14的放射量，以便讓人類誤以為進化論是對的……。

另一個有力的證據是人工培育。我們今天接觸的大部分生物，糧食、蔬菜、瓜果、家畜、寵物，全都是人類選育出來的。今天的小麥也好，家豬、寵物狗也好，放到野外去就都不可能生存了。人工選育的過程是加速版的進化論，是進化論的應用和證據。

另外在生物研究中，我們還會發現很多笨拙、無用的設計。之所以笨拙，是因為它們是在漫長的演化中，一點點隨機應變「湊合」出來的，並非一開始就計畫好。假如生物真的是由一位最智慧的神靈設計出來，這些地方本可以被設計得更好，這也可以反駁「神創論」。

誤解七：把進化論推廣到社會學領域。

在接受進化論以後，有些人試圖把這一理論應用到其他領域，就像哲學家把力學應用到機械論世界觀中一樣。其中給人類造成最大惡果的就是社會達爾文主義了。

簡單地說，社會達爾文主義的意思是，我們的社會也應該像遵循優勝劣汰的大自然那樣，有很高的淘汰率，把不適合生存的人都淘汰掉，以便達到最高效的進化。其中最具代表性的就是納粹的種族主義。納粹認為只有「優等」種族才有權利在資源有限的地球上生存下去，其他的「劣等」種族必須淘汰掉，以免他們和「優等」種族搶奪資源，或者以通婚方式「汙染」、「優等」種族的基因。這種社會達爾文主義給納粹迫害猶太人找到了理論藉口。

在這種理論的支持下，納粹還會殺害老人、殘疾人、精神病人等弱勢群體，因為他們不再有競爭力，對國家的索取大於貢獻，拖國家的後腿。

毫無疑問，這種觀念和我們今天奉行的人道主義嚴重相悖。但我們可以暫時放下道德譴責，看看這種理論是不是還有其他可以反駁的地方呢？

這裡面還有一個有趣的問題。

納粹的社會達爾文主義，主張為了集體（優等基因）的利益，可以無條件犧牲個體（比如老弱病殘）的利益。為了延續「優等」種族，犧牲更多人民。

這是一個集體主義的價值觀。然而，根據進化論還可以得到另一個完全相反的結論。

進化論不是說基因的遺傳——個體的生存、生殖——是最重要的嗎？換句話說，人類基因的本性就是自私的，因為不自私的基因都沒得到遺傳。那麼，自私不就是人類的天性嗎？

這樣看來，每個人都爲自己的利益行事也是天經地義的。「人不爲己，天誅地滅」，這便形成了和社會達爾文主義相反的、極端的個人主義的價值觀。

怎麼看待這兩種觀點呢？

英國作家理查·道金斯寫了一本《自私的基因》，解釋生物種群中的利他行爲。比如有的螞蟻爲了其他螞蟻的生存，會犧牲自己。這是因爲，在某些情況下，我們應該把某一個生物群體看成一個基因單位。當生物是以種群爲單位生活的時候，基因中可以帶有一些犧牲自己幫助他者的「利他基因」，這樣更有助於整個種群基因的延續。當個體犧牲自己利於他者的時候，就等於透過他者延續了自己的基因，並不違背進化論的模式。

所以，「人類天生自私」的觀點就可以被否定掉。人類就是典型的社會型生物，人類的基因中，並不一定就不存在「利他基因」。

然而，《自私的基因》不正好符合社會達爾文主義嗎？不正好說明，爲了團體犧牲個體是符合進化論的嗎？

關鍵在這裡。無論是天性自私論，還是社會達爾文主義，全都犯了一個錯誤，那就是從「實然」中推理出「應然」，或者說，從「我們是什麼樣」推理出「我們應該怎麼樣」。休謨認爲，這種推理是沒有道理的。

比如，我們知道「老虎天性吃人」，這是事實。但是，我們不能從這個事實裡推理出「老虎吃人」是對的、是正義的，這兩件事之間沒有關係。同樣的道理，我們根據進化論，知道了「人人都有天性自私的一面」，但是不能因此推理出「人就應該自私」、「自私是正義的」；我們知道「人類的基因是經過生存鬥爭而來的」，也不能推理出「人類就應該把這種鬥爭精神延續下去，繼續透過競爭來篩選基因」。所以社會達爾文主義從根本上就是荒誕的。

最後我們來看一看，進化論對哲學有什麼影響呢？

第一個影響，是嚴重打擊了基督教的權威。可以說，在所有的科學發現裡，基督教最討厭的就是進化論。

牛頓力學都沒那麼討厭，《聖經》裡又沒講自由落體的事。「日心說」也算了，雖然和《聖經》有抵觸，但是《聖經》其實沒有直接提到「地心說」，所以可以做一些變通的解釋。唯獨進化論，《聖經》裡可是用了很大篇幅去寫上帝怎麼創造萬物的，寫洪水來時諾亞方舟是怎麼拯救動物的，更關鍵的是上帝創造了亞當和夏娃，並由此引出了人類靈魂較之於其他動物的高貴性，以及人類的原罪。

但若承認人類和各種生物都是一點點進化來的，《聖經》的說法不就不成立了嗎？

在基督教勢力很強的美國，有些地區的教科書仍舊不能講述進化論，或者必須和神創論放在同等地位上來講，甚至還有神創論博物館，用大量模型和文字「論證」進化論是錯誤的。比如，做了一個原始人和恐龍其樂融融生活在一起的模型，告訴參觀者恐龍和人類生活在一個時代……。

在基督教和進化論的對抗中，有一些有趣的言論，比如有神創論者認爲，之所以在不同的地質層中會出現進化程度不同的化石，是因爲每一個地質年代都有一次類似諾亞方舟時代的大洪水讓所有的生物滅絕，隨後都伴隨著一次類似《聖經》描述的上帝造物的過程。還有人解釋說，化石是上帝最初創造生物時的實驗模型，或者乾脆說，進化論是上帝爲了考驗信徒而創造的。

不過，並不是所有的基督徒都反對進化論。首先，基督教的教派很多，基督徒不一定就是神創論者。而且《聖經》中和進化論矛盾的地方也可以進行適當的調整與解釋。比如說上帝創造了最初的生命，然後讓生物自己進化，或者上帝是透過進化論來創造萬物的，或者說《聖經》的很多文字僅僅是比喻，不能從字面上解釋。

一個比較常見的基督教解釋是，生物的確是按照進化論的模式進化的，但是在人猿進化到比較成熟的一刻，是上帝將人類的靈魂注入人猿的軀體中，由此產生了人類。

進化論的第二個影響，是進一步消除了人類的神聖性。

在古代，人類以為地球是宇宙的中心，「日心說」打破了這個美夢，告訴我們人類不過是生活在廣大銀河系一隅中、微不足道的星系裡、一個微不足道的小星球上的一種生物，沒有任何特殊的地位。

人類原本還以為自己是萬物之首，和其他動物相比有著截然不同的高貴地位，所以在基督教裡，只有人類才有靈魂。

然而進化論把這種自滿給消滅了，人類只不過是為了生存，在進化論規律下隨機突變出的一種生物而已，沒有什麼特殊的。

在古希臘時代，人們還相信「目的論」，認為「我」誕生在這個世界上，一定有某種目的，這個目的自然就是「我」的人生意義。但是在進化論看來，人類的出現是基因突變的偶然。那麼人生不一定非要有目的，就是偶然而來，必然而死，完全可以沒有任何意義。

比如叔本華認爲，每個人都有求生存、求繁衍的「生命意志」，這種意志是無法抗拒的。這和進化論的結論很接近，進化論認爲，生物求生存、求繁衍的衝動，都是基因創造出來的。只有把這些衝動放到第一位的生物，才最有可能延續基因。所以這些衝動往往會壓制其他需求，甚至能壓制人的理性。

而且基因的最高目標是繁衍自己，而不是讓人類快樂。從這個角度講，的確可以把人類看成是基因用來滿足目標的工具，看成是被基因操縱的木偶。叔本華對「生命意志」的描述是很有洞察力的。

但是，若我們用基因來解釋人類的求生和繁衍衝動，就不能認爲這種衝動來自「物自體」，基因僅是符合物理定律的自然現象。我們更不能認爲，沒有生命的物體背後還存在「生命意志」。從這個角度講，叔本華就是想多了（當然，叔本華本人一定不同意這一點）。

類似的，尼采的「權力意志」也可以用基因來解釋：人類天生就有不斷征服、擴張、變得更強大的衝動，這也是基因的一種本能。尤其是雄性動物，還要有更強的占有欲、更勇猛好鬥，才更有可能和雌性交配。但是同樣，如果「權力意志」真的用進化論來解釋，那麼也就說明它並不是每個人的本質。從生理上說，「權力意志」不過就是一股激素而已，人們吃藥、生病、衰老都會輕易削弱它。

有意思的是，進化論還可以用來解釋康德的「先天認識形式」。康德認爲，每個人都有「先天認識形式」，都天生認爲這個世界上存在著時間、空間的概念，存在著因果關係。但是爲什麼呢？用進化論可以這麼解釋：動物在競爭中，只有進化出時間、空間的概念，才可能觀察外界，判斷時機，才能更好地生存。人類只有演化出因果概念，才可能去分析世界，改進求生方式。所以可以這麼說：凡是沒有演化出「先天認識形式」的生物，都誕生不了高級的文明，更不可能思考哲學，所以「先天認識形式」的存在是必然的。當然，這種解釋也弱化了康德的理論，把康德的哲學世界變成物質世界的一部分，恐怕康德也是不會同意的。

總之，進化論讓我們有了新的眼光審視人類，我們對自己有了更清醒的認識。這提示我們，能不能沿著基因、神經學、心理學的道路繼續下去，利用科學的力量探尋人生意義，甚至解答一切哲學問題？

不行，因爲科學自己也開始出錯了。

第八章 科學倒打一耙

這一次出場的，是號稱「數學王子」的高斯。

這是一位天才中的天才。

三歲的時候，高斯的父親和別人算帳，從沒學過數學的高斯在一旁靠心算就說出父親的錯誤。十四歲，出身貧困的他靠著自身的天賦得到權貴的賞識。高斯也不負期望，很快開始不斷發表各種成果，十九歲的時候就被譽爲歐洲最偉大的數學家。

大科學家洪堡尤其喜歡高斯，高斯後來在哥廷根大學工作，有一位哥廷根的校友跟洪堡感嘆說：「我們哥廷根過去常被人說三道四，可是自從我們有了圖書館和高斯，終於能抬頭挺胸了。」洪堡回答說：「我同意，但是我有責任要求閣下顛倒兩個詞的順序，先提高斯的名字。」

還有一次洪堡問大數學家拉普拉斯，誰是德國最偉大的數學家。拉普拉斯說了一個別人的名字，洪堡一聽不是高斯就急了，急赤白臉地問：「那高斯呢？」拉普拉斯回答說：「喔！高斯啊！他是世界上最偉大的數學家。」

高斯一生獲得了無數榮譽，到後來簡直被世人當作神仙一樣看待。但是他在數學上有一項重大的發現，因爲害怕社會壓力一直沒有發表，直到他去世以後，人們才從他的書信和筆記中知道這個發現。

到底是什麼數學發現讓已經名揚天下的高斯如此恐懼呢？

西元一八二六年，在俄羅斯的喀山，一位名叫羅巴切夫斯基的數學家發表了一篇古怪的演講。在嚴肅的學術會議上，他突然談起什麼平行線可以相交、三角形內角之和不等於一百八十度等古怪的定理，這正是高斯不敢發表的那些發現。事實證明高斯的謹慎是對的，就是因爲說出了這些發現，羅巴切夫斯基一生遭到了各種壓力，攻擊和嘲諷接踵而來，晚年的時候連大學教職都被剝奪了。

他到底發現了什麼呢？

前面提過歐氏幾何裡有五條公設，其中第五條公設非常複雜，很多數學家都想透過前四條公設證出第五條來，結果都沒有做到。羅巴切夫斯基也想證明第五條公設，但是他別的辦法不用，非要用歸謬法。歸謬法是什麼意思呢？就是先假設第五公設不成立，然後只要能推出不成立的第五公設和其他公設有矛盾，就可以證明第五公設是多餘的了。

羅巴切夫斯基假設第五公設不成立以後，他使勁地推啊推，越推越不對勁，爲什麼所有的結論都和前四個公設不矛盾呢？結果羅巴切夫斯基發現，嘿！把第五公設改了以後，新的第五公設和前四個公設竟然還是相容的，這不就形成一個全新的幾何體系了嗎？而且這個幾何體系和歐氏幾何的各種定理全都不一樣。後來這個體系就被稱爲非歐幾何學。這可真是數學界的一大發現！羅巴切夫斯基激動地發表了自己的看法，結果卻換來數學界的一片嘲笑。

這是爲什麼呢？

您說，您能想像出平行線相交的情況嗎？

假如你在上數學課的時候，舉手問老師說：「老師，爲什麼平行線不能相交呢？」老師多半會回答說：「這位同學！平行線的定義就是『在平面內兩條不相交的直線』——再搗亂就給我出去！」

你看，一般人根本沒法想像什麼叫「平行線相交」，這話完全是沒意義的嘛！羅巴切夫斯基時代的很多數學家也是這樣想的，所以都不理解羅巴切夫斯基的想法。

羅巴切夫斯基幼年喪父，小時候家裡非常窮困，長大以後憑著天才和勤奮進了大學當老師，又一步一步慢慢當上了喀山大學的校長。就算當上了校長，他仍舊過著勤勞樸素的生活，經常在學校裡辛勤的工作。

有一次，一位外賓訪問喀山大學，遇見了穿著普通衣服的羅巴切夫斯基，那位外賓把羅巴切夫斯基當成普通的校工，要求羅巴切夫斯基帶他參觀學校的圖書館和博物館。羅巴切夫斯基欣然同意，並且對學校收藏的展品一一做了詳盡的講解。那位外賓沒想到一個普通的校工能這麼彬彬有禮又應答如流，於是在分別的時候，給了羅巴切夫斯基一筆錢。這個舉動惹怒了羅巴切夫斯基，他憤怒地拒絕了。這讓來賓感到莫名其妙，以為這個校工有怪脾氣。結果到了晚上，在省長舉行的晚宴上，兩個人再次見面，外賓認出了羅巴切夫斯基，向他誠摯道歉。

羅巴切夫斯基這個校長做得十分稱職，他親自設計學校的建築，在霍亂流行的時候利用學校的設置對學生和教職工家屬採取科學的隔離措施，最終全城在霍亂中的死亡率遠遠低於全國的平均。

可是到了羅巴切夫斯基的晚年，政府突然解除了他的校長和教授的職務，並且不作任何解釋。幾年以後，他遭受到兒子去世的打擊，自己的身體越來越糟，在去世前，雙眼已經幾近失明。

另一個研究非歐幾何的黎曼也沒從這發現中得到多少好處。黎曼也是個天才型的數學家，十歲時，他的能力就超過他的數學老師。上國中時，他只用六天就讀完八百多頁的數論專著。到了上大學的時候，他受到已名滿天下的高斯的高度評價。後來黎曼要做一次演講，他提交了三個演講題目，前兩個是他準備好的，第三個是湊數的，高斯就偏偏選了第三個。結果黎曼的這次演講成爲「世界上所有發表過的十篇頂級數學論文之一」。就是這樣的一個天才，研究非歐幾何也沒能給他帶來太多的財富。因爲貧病交加，黎曼三十九歲就去世了。

在黎曼去世五十年後，愛因斯坦創立了震驚世界的相對論。愛因斯坦證明，牛頓對世界的描述不夠準確，相對論才描述了世界的真實樣子。

然而，愛因斯坦有物理理論卻找不到數學工具來表達它。爲此愛因斯坦苦苦思索了三年也沒有結果，直到他的一位數學家朋友從舊紙堆中發現了黎曼的著作，並驚喜地發現，這理論能完美地表達相對論。

從此，學術界才意識到，非歐幾何學不是瘋人的臆想，反倒能揭示世界的真相。

在數學課上，常常有學生這麼問老師：

「老師，什麼叫公理？」

大部分老師都會嚴肅地回答：

「大家公認的道理就是公理。」

但如果你此時已經繼承了蘇格拉底的懷疑精神，那麼你就應該反問道：「那麼老師，到底有多少人公認才算是公理呢？我承認有用嗎？」

老師說：「廢話，你是小孩，你承不承認有什麼用！」

你又說：「那大人承認有用嗎？公理應該讓全民投票嗎？要是全民投票，布魯諾不還是應該被燒死嗎？」

老師說：「只要數學家都承認就可以了。」

你又說：「那什麼樣的人才能算數學家呢？是根據考試產生嗎？還是投票產生呢？抑或是根據學歷嗎？再說，數學家之間也投票嗎？哪邊人多哪邊就正確嗎？那會不會是這樣的場景呀——某個禮拜天的早晨，劍橋大學數學系裡人聲鼎沸，如同證券交易所一般。負責接聽電話的助教興奮地大喊：『就差一票啦！就差一票就可以壓過牛津那幫人啦！』數學系教授們焦急地互相詢問：『誰？誰還沒投票？』只有羅素沉著地說：『快把維根斯坦叫起來，他一定在賴床，每次投票他都缺席！』呃……老師，是這樣的嗎？」

於是老師只能生氣地說：「你給我出去！」

今天我們知道，老師們這麼回答其實是蠻不講理。

公理不是什麼公認的道理，公理是硬性規定的。

但是在非歐幾何出現之前，大部分知識分子對幾何公理的看法和我們的老師差不多。認為「平行線不相交」這個陳述是絕對正確，是不以空間、時間、客觀世界以及人的意志為轉移的。那它是什麼？不就是絕對真理嘛！實際上，在很長一段時間裡，學者們都相信整個歐氏幾何——那時還沒有「歐氏幾何」這個名字，那時就叫幾何——闡述的是絕對真理。

所以數學家們沒有發明什麼新的東西，他們僅僅是在發現已經存在的絕對真理。因此我們前面說，理性主義者相信這世上存在著某種先驗的真理，根據之一就是歐氏幾何的存在。

但是非歐幾何是什麼呢？

非歐幾何不是建立在某種對客觀世界的觀察上，而是建立在一個假設上，而且這個假設看上去就像是「閒著沒事，胡思亂想」出來的。結果就在這個「沒事找事」的假設基礎上，建立一套和傳統幾何完全不同，但是同樣能用來解決客觀問題、描述客觀世界的新幾何。在這套新幾何裡，平行線就可以相交了。

那還能說幾何是絕對真理嗎？

幾何變成一個「在人為規定出來的公設的基礎上，建立起來的數學遊戲」了。

假如幾何不是絕對真理，那麼哲學家們對先驗理性存在的證據，又被進一步削弱了。

其實，這遠不是數學家第一次摧毀人們對先驗理性的信心。比如古希臘哲學家大都相信「整體大於部分」是不言自明的真理（一般人也都相信），但是數學家在研究無窮大數的時候發現了一個有趣的問題：

我們知道，自然數包括奇數和偶數，偶數只是自然數的一部分。但是我們卻可以認為偶數和全體自然數一樣多！因為每提出一個自然數，都可以將它乘以二，找到一個和它對應的偶數。按照這個方法，無論找到多少自然數，我們都能找到一樣多的偶數。所以，「整體大於部分」的概念在無窮大的集合中是有問題的。

當然，這似乎只是個數字遊戲，跟我們的生活關係不大，那麼來看看下面這件事。

西元一九一九年三月八日，第一次世界大戰剛剛結束幾個月，兩隊英國人登上了停靠在利物浦港的英國軍艦。這艘軍艦要把兩隊人分別送到非洲海岸附近的一座小島和巴西熱帶雨林的一片荒地。兩隊人行色匆匆，因為他們必須在五月二十九日之前做好一切準備，晚一秒都不行。

這是一場帶有民族情緒的行動，英國和德國在第一次世界大戰中互爲敵國，而這場行動即將證明，到底是英國人牛頓還是德國人愛因斯坦③在引力問題上的預言更加準確。因爲這是英國人的隊伍，所以有不少人都暗暗傾向牛頓。

之所以選擇五月二十九日，是因爲愛因斯坦的理論和牛頓的理論有個可以驗證的差別：按照牛頓的萬有引力定律，光線經過附近的時候，會因爲太陽的引力有一點點彎折，所以我們觀測太陽附近的恆星時，恆星的位置會和它真正的位置有差別。等到半年後——地球繞著太陽轉了半圈後——人們在晚上可以再次觀測到這片星域，這時候就可以知道這顆恆星在沒有太陽影響的情況下，真正的位置在哪。把兩份觀測結果一比較，就能算出光線具體偏移了多少。

愛因斯坦和牛頓一樣，同樣認爲光線會發生彎折。但是按照他的理論計算，偏移的程度和用牛頓理論算出來的不一樣。所以只要找個星星真正觀測一下，就能知道牛頓和愛因斯坦到底誰說的是對的了。

但是我們都知道，白天看不到星星，因爲太陽太亮了。

③然而愛因斯坦不是個民族主義者，他很早就放棄了德國國籍。

只有一種情況除外：日全蝕。

西元一九一九年五月二十九日正是發生日全蝕的日子。英國人千里迢迢地遠征，爲的是尋找地球上的最佳觀測點。而且爲了防止那天當地正好陰天，選擇了兩個觀測點，組織了兩支隊伍。兩支隊伍都成功拍攝到了照片。半年後，人們再次觀測星空，透過計算得出結論：愛因斯坦是對的，牛頓錯了。

這不是唯一的一次實驗，在這之前和之後，科學家們做了無數次實驗，都證明了愛因斯坦的理論正確。

人們曾經以爲牛頓就是物理世界最終的答案，結果牛頓被打敗了，相對論取而代之。相對論得出許多看似怪誕的結論，我們可以簡單地了解一下，看不懂也沒關係。

首先說狹義相對論，我們看看兩個最直觀的結論（其實說的是同一件事）。第一，光速是永恆不變的。我們在前進的自行車上打手電筒，發出的光速，和我們站著不動打手電筒的光速一樣。

這就可以問了：假如我是一個武林高手，出手飛快，我的手速已經超過了光速，那我向你出手的時候你會看到什麼呢？因爲從我手上發出的光的速度沒有我出手的速度快，所以你會先挨打，然後才看到我出手。這……不就天下無敵了嗎？

愛因斯坦說：不行，因爲任何物體的移動速度都不能超過光速。再厲害的武林高手，即便能突破生理極限，也沒法突破物理規律的極限，他的拳速至多是接近光速，永遠不可能超越光速。

第二，一個太空船接近光速，太空船之外的人去看這個太空船，會發現太空船變慢了，長度也縮短了，然而太空船內部的人卻沒有感覺。

準確來說是這樣的，相對論說的是，兩個運動狀態不同的觀測者，在看同一個物體的時候，他們看到的這個物體的時間、長短物質都是不同的。

也就是說，在牛頓時代（也是我們普通人的概念），時間和空間都是獨立的，互相沒有關係。就像「五分鐘」和「三公分」根本沒法放在一起計算一樣。

但是狹義相對論認爲，時間和空間不是互相獨立的，可以互相影響，不同運動狀態的人觀察同一個物體，觀測到的時間、大小都不相同。因此時間和空間得放在一起研究，統稱爲時空。品質和能量也不是互相獨立的，統稱爲質能。這也是核武器的理論基礎。

牛頓理論相信物體的時間、長度、物質都是絕對的，無論觀測者是誰，一公尺量尺的長度就是一公尺，是不變的。狹義相對論則認爲，這些數值都是相對的，觀測者不同，觀測的結果就不同。

以上是狹義相對論。下面來說廣義相對論，它解釋的是萬有引力。在相對論被提出之前，人們已經知道萬有引力的存在，但是不知道引力是如何產生的。萬有引力能夠讓兩個星球相隔萬里還有相互作用力，這點連牛頓都不太說得明白。直到廣義相對論出現後，人們對於引力才有了一個較爲合理的解釋。廣義相對論的意思是說，當空間中存在物質和能量的時候，空間就會受到影響而彎曲，質能越大，空間彎曲得越厲害。引力就是由這種空間彎曲產生的。

有一個非常具體的比喻，好比我們的空間是一張攤平的床單，當我們往上放一個木球的時候，床單會被壓下去，那麼木球周圍其他更輕的小球就會滾向木球，看上去就好像小球被木球吸引了一樣。假如放的是鉛球呢，床單會被壓得更嚴重，造成的空間扭曲更大，引力也就更大。

西元一九一九年的那次實驗之後，愛因斯坦一夜成名。絕大多數人作夢都沒想到，牛頓這麼簡潔又合理的世界觀，竟然還會被人推翻。更要命的是，牛頓的靜止、絕對的時空觀，每個人都可以理解。愛因斯坦說的那些東西呢？在腦海中想像一下都費勁，是普通人沒法理解的。

結果這麼一堆稀奇古怪的說法，才是宇宙的真相？

這種新世界觀給思想家們帶來巨大的衝擊。對於哲學來說，相對論進一步打擊了人們對先驗理性的信心。

首先，相對論否認了牛頓時代的時空觀。

過去，時間和空間的獨立性是不言而喻的。時間、空間這些概念，是先天的、絕對的，這也是人們相信存在先驗真理的理由之一。而相對論認爲，人過去對時間和空間的概念都是錯的。那麼人們對先驗理性的信心要進一步打折扣了。

第二，相對論打擊了歐氏幾何的壟斷地位。

廣義相對論發現，真實的空間是扭曲的。我們以爲自己生活在平坦、均勻的空間裡，其實是一種不精確的看法。只是因爲在我們的日常生活中時空扭曲的程度很小，所以我們忽略了誤差。

但是，假如我們是一個超大型的生物，有整個銀河系那麼大，那麼時空扭曲的程度就無法被忽視了。如果這麼大的生物去探究幾何學，它創造的就是非歐幾何，而不是只能研究平面的歐氏幾何。

這就是說，我們使用什麼樣的幾何，取決於我們生活在什麼樣的環境裡。歐氏幾何並不是這個世界的真理，而僅僅是我們用來解釋世界的工具。

順便多說一句，不僅幾何不是絕對真理，代數也不是。

我們習慣把一、二、三、四……這樣的數稱爲「自然數」。爲什麼要叫「自然」數呢？意思就是，這些數字是自然而然的，也就是先天的、先驗的。

這和古人崇拜幾何的思路是一樣的：大自然裡並不真存在某個物體，叫做一、二、三、四……你不能指著一個東西，說「這就是一」。可是，數字又無處不在，這似乎說明了，數字是超越了現實世界的、更高級的真理。

古希臘的畢達哥拉斯學派就持這種觀點，畢達哥拉斯說「萬物皆數」，認爲世界的本質就是數，神也是數，他們把數字當成宗教去崇拜。

中國古代哲學家也一樣，儒家相信《周易》揭示了萬事萬物的運行規律，用《周易》可以推算未來。《周易》中的八卦，就是一組二進位數字的各種排列組合。所以有些古人認爲「天地萬物，莫逃乎數」，數字就是宇宙的本質。

但真的是這樣嗎？

自然數有一個特點，叫做「離散」。也就是說，我們要把被數的物體看成是一個個孤立、互不聯繫的個體。數完一，後面就直接數二，一和二中間存在的數，比如一點五，是沒法用自然數數的，就算引入小數和分數，數的數還是離散的，每個數字之間仍舊有「縫隙」。

結果，英國數學家麥可·阿蒂亞，提出了這麼一個思想實驗：

假設在太平洋的深海底有一種水母，從出生到死只能看見大海。這種水母沒有手指頭，也沒有分叉的觸鬚。那這種水母這一生都接觸到了什麼樣的資訊呢？它們接觸到的都是海水的壓力、溫度，自身的飢餓，都是連續的狀態。它們從來沒有接觸過一個一個分離的東西，也就不會有離散的概念。

那麼，這種水母如果產生了智力，產生了數學，這種數學一定跟我們以自然數爲基礎的數學截然不同。它們產生的是一種連續的數學（比如解析幾何裡，用連續的曲線來表示的方程式）。然而，這種數學同樣也可以反映現實，同樣可以用來計算。

這就是說，我們熟悉的數學，其實也是一個用來解釋周圍世界的工具，是爲了適應我們的生活環境被創造出來的，並不就是這個世界的本質。

總之，以上這些新知識無不讓人懷疑先驗理性的存在。當年的理性主義者、形上學家們自信滿滿地追求絕對真理，此時看來，他們的自信受到威脅了。

我們順便說一下，相對論的發現也正好證明了休謨懷疑論的正確。休謨說，無論我們過去看到多少重複發生的事件，我們也不能斷言這事件在未來一定會再次發生。無論太陽升起過多少次，也不能肯定明天太陽一定會再次升起。當時很多人都覺得他是在胡言亂語。

可是在相對論出現之前，全世界範圍內的各種科學實驗、天文觀測和機械生產，無數次證明了牛頓力學是正確的。可接下來的結果呢，有一天人們發現：哇，新的觀測數據真的就出現例外了，真的就不符合預測了！這不就是休謨的預言嗎？

所以，讓我們一起膜拜休謨大人吧！

相對論還有一個衍生的結論：我們對整個宇宙的認識有很大的局限性。

透過發展觀測技術，人類有能力看到很遠以外的宇宙，目前已經達到了上百億光年。但光速是恆定的，所謂「多少億光年」的意思，是說來自那個地方的光得花這麼多億年才能照到地球上來。因此，我們現在看到的「×億光年」遠的宇宙，是它×億年前的樣子。後來它變成什麼樣子了，今天它是什麼樣，因爲它發出的光線還沒到地球，所以我們就不知道了。

也就是說，能跟我們發生頻繁聯絡的宇宙，最多是地球附近幾光年的範圍。人類有生之年能到達的宇宙，也不過幾十光年。可是據推斷宇宙可能有幾百億光年大，相比之下，我們能活動的範圍實在小得可憐。

所以，無論我們對宇宙的全貌有什麼樣的設想，這些設想都不可能得到全面的檢驗。我們對宇宙的了解只能局限在有限的範圍內。只要相對論沒有被推翻，這個有限範圍就沒辦法突破。

更厲害的發現還在後面。

在牛頓的經典物理學裡，我們想要了解一個物體的運動狀態，必須知道兩個東西：物體的位置和動量。

然而物理學家們在研究量子的時候發現了一個奇怪的現象。物理學家觀測一個電子，越是精確地確定其位置，就越無法確定它的動量；越想更精確地測定它的動量，就越測量不到它的位置。這並不是因爲科學家的觀測技術不行，而是由嚴格的理論決定的。這個規律叫做「海森堡測不準原理」或者「海森堡不確定性原理」。

也就是說，你大可以想像每一個電子在某個瞬間有固定的位置和動量，但這對於人類是沒有意義的。人類永遠無法知道一個電子的運動狀態，也永遠無法精確預測電子的運動，只能大略猜測它的運動趨勢。

而且，因爲不能準確預測某個電子下一刻的位置，所以連分辨兩個電子的能力都沒有。當我們觀測兩個相同電子，就只能看到兩個電子閃來閃去，根本沒法知道哪個是哪個。

類似的怪事，還有電子的「波粒二象性」。從傳統意義上說，電子不可能既是波又是粒子。然而科學家在實驗中發現，電子既能顯示波的特性，又能顯示粒子的特性，關鍵看科學家們用什麼方法去檢測它。用一種方式觀測就是波，用另一種方式觀測就成了粒子。

這是對物理學衝擊非常大的一個學說：在微觀世界裡，沒有嚴格的決定論。科學家們對於一個電子的運動狀態只能預測出一個機率，只能說大約、可能在哪。物理學成了一門缺乏確定性的學說。

這一下子讓整個物理學都變得可疑了，難怪愛因斯坦對這一學說特別反感。在這個問題上，愛因斯坦扮演了頑固派的角色，試圖用各種辦法來駁倒測不準原理。愛因斯坦有一句名言：「上帝不擲骰子。」意思是說，世界不可能真正是隨機的，一切都是確定的。

然而，這回是愛因斯坦錯了。

經過無數次討論，今天的科學家們普遍接受了海森堡等人的結論。人們相信，在對量子的認識上存在著不可逾越的限制，人類永遠無法準確地認識量子。霍金因此說：「上帝不但擲骰子，還把骰子擲到我們看不見的地方去。」意思是說這世界不僅存在隨機性，而且人類無法更準確地了解它。

這意味著，人類對世界的認識能力又受到了進一步的限制，而且只要量子力學不被推翻，這限制就永遠無法超越。

那種認爲「隨著不斷的發展，科學終究能解釋明白所有事情」的想法，就很值得商榷。

而且，還有一種人類認識能力的局限是由邏輯決定的，更是沒法超越的。

比如，「一切事物都是互相影響的」，這句話對嗎？

這句話永遠是對的。因爲一旦我們找到一個「不影響任何事物的事物」，那麼，當我們觀測到它的時候，它就開始對我們產生影響了。所以我們永遠找不到不影響他者的東西。所以，上面的這個命題是永遠正確的。

再比如，一些宗教信徒號稱自己擁有過神祕體驗。比如感覺到神靈對自己有所啟示，或者是某種「天人合一」的體驗。那麼，從科學的角度說，即便我們排除當事人撒謊、使用迷幻藥等原因，科學仍舊不可能承認這種現象是真實的，仍舊會認爲這些都是幻覺。

「幻覺」的定義是什麼呢？定義就來自經驗主義：一個東西我說我看見，其他人都沒看見，那就說我產生「幻覺」了。問題是，宗教的神祕體驗恰恰是屬於個人的，因此就算那個人真的見到神蹟，只要神祕體驗沒有留下其他人看到了的痕跡（比如神靈出現後融化了地面之類），那麼永遠都會符合「幻覺」的定義，永遠都不會被科學承認。

再比如，「不存在不能被觀測到的事物」、「如何確定我的記憶沒被修改過」也屬於類似的問題。

前面說過，科學原本是理性的幫手，然而第一次世界大戰以後的科學發展卻不斷揭示了理性的局限。其實，哲學家們在很早以前就意識到人類認識能力的局限。比如休謨認爲人類不可能了解因果律，康德認為人類認識不到物自體。這些科學新發現等於佐證了哲學家們的結論。

再說點題外話。量子力學還有一個問題，它和廣義相對論是矛盾的。用廣義相對論去研究宏觀宇宙，用量子力學去解釋微觀世界，都沒什麼問題，但是這兩個理論卻無法相容。這裡面顯然有問題，但是科學家們無論是從量子力學還是廣義相對論中，都還沒有找到突破口。科學家們覺得，應該從更高的層次上來統一這兩種理論。比如美國電視劇《宅男行不行》裡的主角Sheldon搞的超弦理論以及另一套M理論，都是目前非常流行的方案。但這些方案的問題是，它們只能在數學上進行統一，卻無法用實驗驗證。因為實驗所需要的技術遠遠超過了人類現有的能力。不能用實驗檢驗，這對於物理學家來說是很難接受的，但也沒有什麼更好的辦法。

還可以說說愛因斯坦和海森堡。

這兩個人有一個共同點，就是他們都和原子彈有關，但都不是原子彈真正的發明人。

很多人誤以為愛因斯坦就是原子彈之父，人們根據他的質能方程造出了原子彈。其實，質能方程只是從理論上說明了質能轉換是可能的，離原子彈還遠著呢！愛因斯坦雖然身在美國，但是對原子彈的開發貢獻其實很小。

海森堡則是實實在在開發過原子彈，但是在戰爭中，他站在納粹那一方。他本來有機會造出原子彈改寫歷史的（當然，是往黑暗的那一面改寫），結果由於算錯了數，最終失敗了。好玩的是，第二次世界大戰中的美國人很精明，一邊打著德國，一邊還琢磨著德國的先進科技。美國人專門組織了特種部隊，搶在其他盟國之前搜捕德國的著名科學家。結果海森堡等人就這麼被美國抓去。不過美國也不能強迫人家投靠，打探夠了情報就把海森堡放了。之後海森堡就在聯邦德國工作，也算是爲盟國服務。

第九章　羅素的幸福

科學雖然削弱了人們對理性的信心，但是理性還沒有被完全打倒。我們可以承認理性在宏觀和微觀上都有局限，但這並不是說理性在現實生活中就沒地位了。在日常生活中，我們不還在用牛頓定律嘛！

時間進入二十世紀，理性還沒有被打倒，還有很多哲學家在為理性的尊嚴而奮鬥。

這次衝到前面的，是羅素老師。

羅素高壽，活到了九十八歲。他出生的時候是中國清朝同治十一年（西元一八七二年），當時的慈禧太后還不到四十歲。他去世的時候是一九七〇年，網路已經誕生了。

羅素大概是在普通人裡聲望最高的哲學家，但就像叔本華和尼采在大眾中的聲望一樣，羅素並不是因為他的哲學成就而出名，而是其一系列非哲學的、親民的著作和社會活動所致。

雖然身居劍橋的象牙塔中，羅素一生卻撰寫了大量諸如《幸福之路》之類適合大眾口味的通俗書籍，甚至他的《西方哲學史》在講哲學的過程中都穿插著玩笑。他的名言是：「三種單純又極其強烈的激情支配著我的一生：對愛情的渴望、對知識的追求，以及對於人類苦難不可遏制的同情。」這話更是廣爲流傳。

羅素出身英國貴族，他積極參加社會活動。在第一次世界大戰的時候他就說過「愛國就是爲一些很無聊的理由去殺人或被殺」——這話要放在今天，恐怕就會被人肉搜索了。在冷戰最爲激烈的時代，八十九歲的羅素積極倡議核裁軍運動，因此以高齡坐了牢。

羅素晚年的樣貌——白髮蒼蒼，神采奕奕，叼著一支菸斗，一副很有智慧的樣子。這些遠比精緻的著作更能打動大眾，使他成爲大眾心目中智者的代表，就像尼采的妹妹故意讓尼采穿上白袍留著大鬍子一樣。老百姓誰看你的書啊？關鍵是做派到位，看起來有智慧就行了。

這次我們要講的是邏輯實證主義，理論內容並不多，八卦卻不少，所以我打算這次先放輕鬆，好好講講八卦，然後再回來進入正題。

說起羅素的八卦，最有意思的不是他如何反戰、如何被劍橋開除、如何在高齡時被抓進監獄，最有趣的是他的浪漫史。

之前講的哲學家，有不少人都是單身，羅素卻是個大例外，他不僅結婚離婚次數多，而且情史極爲複雜。

複雜到什麼程度呢？我要是在文章中把他女伴的姓名一一寫出來，您肯定記不住。我們只能用ABCD代替，等您看完就會發現，什麼哲學思辨、形上學，原來羅素的情史才是我們這本書最複雜的內容。

羅素的家世非常顯赫，他父母兩家都是世代的英國貴族。他的祖父擔任過兩任首相，見過拿破崙。但羅素出生以後，他的父母和祖父相繼去世，他是由祖母帶大的。

我們可以想像，隔代教育，又是一個顯赫的大家庭，羅素小時候自然受到嚴格的管教，小小年紀就很苦悶。但羅素也很厲害，十幾歲就開始用希臘語寫日記，防止別人偷看。

十七歲的時候，羅素遇見一個比他大五歲的美國女孩。羅素熱情地追求她，美國女孩不久就接受了他的感情，但是羅素的祖母極力反對這件事。

那個時候的英國是有著上千年歷史的、在全世界都有殖民地的頭號帝國，而美國則是一幫流浪漢創造的雜牌國家。你想，去殖民地開荒的那都是些什麼人，別說羅素這樣歷史顯赫的貴族家庭了，一般的英國人都未必瞧得起美國人。

於是羅素的祖母使用各種辦法來拆散這對情人，首先祖母告訴羅素，他們的家族有精神病史，不能生孩子。羅素的回應是，他保證結婚後會採取避孕措施。

老太太一計不成又施一計，她安排羅素從政，去巴黎當外交官，試圖用異地戀拆散兩個人。但是就像其他的熱戀情人那樣，暫時的分離非但沒有降低羅素的感情，反倒讓他更加痴情。不久以後，羅素辭掉外交官的工作，在二十二歲的時候和那美國女孩結婚了——為了記憶方便，我們以後叫她A。

二十八歲的時候，羅素和他的老師懷海德一起寫作《數學原理》。結果，寫著寫著，羅素喜歡上了懷海德的年輕妻子，也就是他師娘。同時羅素發現自己對A已經沒有感情，這時他表現出令人驚訝的冷酷。他毫不掩飾地告訴A，他們的婚姻已經名存實亡，任憑對方痛苦哭泣，自己卻在一旁繼續工作。

其實懷海德對羅素非常好，不只是知遇之恩那麼簡單。當年在劍橋上學的時候，羅素申請獎學金，成績比另一個學生差一點。結果懷海德特別喜歡羅素，就擅自把成績單燒了，然後推荐羅素。不過後來羅素和懷海德的妻子就是關係挺好的，倒也沒發生什麼事。

羅素三十九歲的時候，又喜歡上另一個朋友的妻子（B）。羅素對B的感情很深，為她寫過幾千封情書，有的時候隔幾個小時就寫一封，都快趕上手機聊天了。但是B一面接受羅素的感情，一面和他保持距離。

這裡面還攪和進懷海德的妻子，懷海德的妻子幫羅素跟B聊天，還幫羅素刺探A的情況。慢慢地，B接受了羅素，懷海德的妻子還提供自己的房子讓他們約會。B對羅素的影響很大，後來羅素又有了很多情人，但同時他一直都保持著和B的關係。

羅素的那個朋友、B的老公，在這件事中表現得非常有風度。他知道老婆出軌的事，還得知老婆有時候出去住一段時間就是爲了約會。但這人能以他老婆的幸福爲重，挽留老婆未果，就任由她與羅素相好了。後來，還有一個同情A的人發現了這段情事，要把這事鬧大。但如果這樣的話，會影響到羅素和B的前程（B夫婦也都很有名望）。結果還是B的老公勸那個人，把這件事壓了下去。

羅素四十二歲的時候到美國旅行，又遇到一個二十八歲的女大學生（C）。C和羅素同居，甚至與羅素訂了婚。不久，羅素便把C帶到英國，因爲C經濟狀況不佳，羅素就讓她和B住在一起。

虧羅素想得出來，開始C不知道羅素和B的關係，還跟B說自己的心裡話，後來她慢慢明白羅素已經把自己當作一個累贅。有時B到羅素的房間裡幽會，C就去使勁砸門。據說羅素只開一次門，給了她一杯水，但是從來沒有讓她進屋過。B既嫉恨又同情C，但也不可能過分幫助她。幾年後，C回到美國去了，得了精神病，身體還癱瘓了。

四十三歲時，羅素又認識了著名詩人艾略特。羅素跟艾略特是一點都沒在客氣，艾略特生活困難，羅素一面接濟艾略特，一面和他老婆（D）搞在一起，還給人家買真絲內衣什麼的。我想，羅素的接濟不會出於齷齪的理由，他大概覺得幫助朋友是友情的偉大，而挖朋友的牆腳是愛情的偉大，互不衝突。羅素和D搞得明目張膽，甚至當艾略特不在家的時候，羅素直接就住到他們家裡去。

這件事B和懷海德的妻子都知道。開始羅素資助艾略特的時候，B就勸過羅素，說你別跟人家老婆搞上。羅素還跟B說，放心吧，不可能。

但是幾年後，羅素突然厭煩了，中斷和D的關係。結果D受到嚴重的精神打擊，幾年後，被送進了精神病院。

四十四歲時，羅素又認識了一位結過婚的女演員（E），兩個人很快就墮入愛河。E接受了羅素和B的關係，願意和B一起分享羅素。在第一次世界大戰期間，羅素因為反戰進了監獄，兩個女人常常一起去看望羅素。

五十歲時，羅素讓一個比他小二十二歲的劍橋老師（F）懷孕，因此選擇和她結婚。

此時，在羅素繼承伯爵爵位之前，深愛羅素的A終於同意和羅素離婚，但她對羅素的感情保持到晚年。據說，她至死都深信下一個電話會是羅素打來的，要重新娶她做伯爵夫人。

或許是報應，結婚才兩年，羅素的F就出軌了。但是羅素也沒消停，五十多歲的他還追求過一個二十多歲的年輕女孩，跟人家保持了幾年的情人關係。另外，他同E也藕斷絲連。

在六十歲左右的時候，這個F又愛上了一個雙性戀，還生了這個人的孩子，甚至讓孩子姓「羅素」！一開始，羅素打算容忍這個孩子和這段婚外情。有時候度假，羅素和F都帶上了自己的情人，就這麼一起玩。據說有一次，一位訪問者看到羅素不耐煩地帶著一個孩子，就問他，這是你的孩子嗎？結果羅素回答：

「不是我的孩子，是我老婆的。」

F後來又給那個雙性戀生下了第二個孩子，再後來又迷上了雙性戀者的前情人（看懂了嗎……）。這種亂七八糟的關係讓羅素實在不能忍了，於是在六十一歲的時候跟F離婚。

但是羅素也沒吃虧，在離婚之前，他五十八歲的時候，喜歡上一個二十歲的漂亮的牛津大學本科生（G），她原本是來照顧羅素夫婦的孩子，卻公然把G帶回家住，此時羅素還沒離婚呢！這可把F氣壞了。

六十四歲的時候，羅素和G結了婚。這其中一直沒說的是，那個女演員E一直都抱著和羅素結婚的幻想。但這位女子自從跟羅素在一起以後，眼瞅著他離了一回又結一回，都結了兩回婚了還沒輪到她，這時候心理就比較崩潰了，但還是和羅素保持著關係。

羅素和G結婚後，兩個人又都出軌了，羅素在七十六歲時又離了婚，此時他同時追求著好幾個女人，在八十歲時又和H結婚，這次的婚姻終於維持到他九十八歲去世的時候。

或許很多人想知道，羅素能擁有這麼多兩性關係的祕訣是什麼。金錢肯定不是原因，雖然羅素繼承了不少錢，但是他也很能花。到了歲數比較大的時候，羅素面臨過好多次經濟危機，有時候窮到連書都買不起，別人出書時，他不得不求人家送他一本。我想，除了名聲之外，羅素能如此受女生歡迎，主要的原因應該是他優雅的舉止、智慧的談吐、幽默的性格以及對每一位女性都非常真誠熱情。

另外，作為一個年過半百還能和妙齡女子約會的人，還必須做到不迂腐古板，甚至要比年輕人更加大膽開放。有一段故事說羅素在北美旅行的時候，一群崇拜他的女大學生圍住他，問他為什麼後來放棄哲學研究。羅素回答說：

「因為我發現我更喜歡性交。」

最後再說羅素做過的一件狠事。

在當時，代數一直缺乏一個像幾何那樣邏輯完備的體系。因此，數學家們創造「集合論」，想給代數一個完備的公理體系。這是人類理性的一大勝利，引來當時數學界一片歡呼。

然而羅素研究了這事，在不到三十歲的時候提出一個「理髮師悖論」。大意是說，在一個小鎮上，有一個唯一的理髮師。他理髮的規則是，只給「不給自己理髮的人」理髮。那麼，這個理髮師該不該給自己理髮呢？這就陷入了矛盾。

我們不再細究這個悖論了，簡單來說，羅素用這個悖論說明了集合論的一個無法解決的缺陷。

最慘的是當時一個研究集合論的邏輯學家，辛辛苦苦寫了一本關於集合論的著作。在書即將出版的一刻，他收到羅素關於這個悖論的信，一下子崩潰了。他意識到這本書完全是白寫了。但是此時再修改他自己的書已經來不及了，這個邏輯學家只能繼續出版這本書，並在書的末尾加上一句：「一個科學家所碰到的最不爽（undesirable）的事，莫過於在他的工作即將完成時卻發現所做的工作的基礎崩潰了。」然後他把羅素的信附在結尾。

有人說，它這個undesirable是數學史上最詞不達意的詞了。我們可以想像，當他寫下undesirable的時候，心裡八成想的是另一個詞——

太扯了！

第十章　高富富富富帥——維根斯坦

羅素的八卦好看吧？更好看的還在後面呢！

說到邏輯實證主義，雖然羅素也是一位幹將，但貢獻最大的不是羅素，而是他的學生維根斯坦，可能有很多人都沒聽說過這個大名，但他的經歷可比羅素猛多了。

如果按照現在的習慣，把羅素叫「高富帥」，那麼維根斯坦的正確稱呼應該是：

高富富富富帥。

在哲學史上，有不少哲學家家境殷實，很多人繼承了豐厚的遺產。但是這些人要是跟維根斯坦比起來，全都算窮光蛋。維根斯坦他們家不是一般的富，而是超級富。

維根斯坦是猶太人，他的父親是個商業奇才，用了三十年時間，從一個普通的繪圖員一路奮鬥成爲鋼鐵大王，基本上壟斷了整個奧匈帝國的鋼鐵產業。他們家的財產是世界級別，在維也納的住宅無比豪華，外人都稱作「維根斯坦宮殿」。

過去受階級觀念的影響，認爲窮人先進、富人落後。所以歷史人物的形象，多半是越窮越聰明勇敢，越富越愚蠢殘暴。但事實上，不少藝術家、思想家都出身富貴家庭，這是因爲有錢人也不會是傻子，他們當然不希望自己的後代變成紈絝子弟，他們和普通家庭的家長一樣，都會盡力教育好自己的子女。而有錢人有更多的資源可以利用，培養出人才的機率也就可能更大一些。

所以我們看歷史，常會看到有的人出身富家，繼承巨額財產一輩子豐衣足食，而且長得帥，不僅受到良好的教育，還有好多豔遇，壽命也長，吃喝玩樂一輩子，最後還有很大的成就，在藝術或思想史上留下名字（咦，這不就是羅素嗎？）。所有的好事怎麼都讓他們給占盡了？

維根斯坦一家有崇尚文藝的傳統，父母都有很好的藝術涵養，喜歡資助藝術事業，很多藝術家都是他們家的座上客。這種氛圍也影響維根斯坦，使他從小就愛好廣泛。除了是一個哲學家外（而且是史無前例的雙倍哲學家，這一點我們後面會講），他做過的事還包括：

會演奏多種樂器，特別擅長吹奏單簧管。

能用口哨吹出交響樂的整段樂章。

喜歡飛行和機械，擁有一項改進螺旋槳的專利，有助於後來噴氣式發動機的發明。

打過仗，因爲作戰英勇當上了中尉。

獨立設計過一幢現代風格的房屋，從門鎖到合頁無不精益求精，整幢房屋有很高的藝術價值，他還爲這房屋專門發明了一種塗牆的油漆。

能雕刻出精美的胸像。

當過藥劑師，製作的藥品品質出眾。

當過醫學實驗室助理，設計了新的醫學實驗方法。

編了一本針對小學生的字典。

在參加皇室晚宴的時候，發現朋友穿的衣服不合適，用剪刀當場剪下了兩顆鈕扣，操作一番後，衣服立刻變得更加優雅。

羅素和懷海德合寫過一本《數學原理》，這本書超級難讀，難讀到人們爲此編了一段話，說：世界上只有三個人通讀過這本書。一個是羅素，一個是懷海德，還有一個是校對員，而且羅素和懷海德有沒有通讀過還不一定。

羅素說，據他所知，只有六個人把《數學原理》從頭到尾讀過。而維根斯坦是在十九歲的時候讀這本書，而且理解得非常深刻。後來羅素接受維根斯坦的批評，願意按照他的意見改寫第一卷。

看著維根斯坦這一長串技能表，真想忍不住問他：還有什麼事是您不會做的？

他大概會回答「犯蠢」吧……。

不過呢，富貴人家也有不順心的事。維根斯坦家族籠罩在自殺的陰影下，維根斯坦的四個哥哥裡有三個自殺，維根斯坦自己也常年被自殺的念頭纏繞著。

小時候的維根斯坦還有一個八卦：他中學的時候竟然跟希特勒在同一個學校。他和希特勒同歲，但是比希特勒高兩個年級，維根斯坦跳了一級，希特勒蹲了一級。不過，沒什麼記錄表明這兩個孩子之間有過什麼交往。

二十二歲的時候，維根斯坦對數學產生濃厚的興趣，那年羅素三十九歲，正處於思想的巔峰時期，維根斯坦專門跑到英國劍橋去跟羅素學習。

一年後，維根斯坦就正式在劍橋讀大學，而羅素是他的導師。羅素聽說他從來沒有上過邏輯課，就安排當時著名的邏輯學家、國王學院的一個理事給他上課。

結果呢，維根斯坦後來跟別人說：「第一個小時我就發現他是沒什麼可教給我的人。」那個老師也憤憤不平地和別人抱怨：「第一次見面他就給我上起課來了！」

羅素慧眼識英才，當時就特別喜歡維根斯坦，誇他是「傳統上認爲的天才人物的最完美的範例」——呃……您還能誇得更誇張一點嗎？

維根斯坦果真不辜負羅素的期待，學問很快就和羅素並駕齊驅。按照雷伊．孟克④的話說，那時的羅素「雖然形式上是維根斯坦的導師，但羅素越來越渴望得到他的讚許」。

在劍橋期間，當羅素準備寫他的新書《知識的理論》的時候，維根斯坦批評了羅素的想法，結果羅素真的就放棄該書的寫作。

除了超人的天賦外，維根斯坦還有嚇人的財富。

剛到劍橋上大學不久，維根斯坦對一個同學產生了好感。他是怎麼拉近關係的呢？他和人家只認識三個禮拜，就提出請人去冰島旅遊。這同學一聽就傻了，沒敢答應——你想，要是你上大學不到一個月，突然蹦出一個不太熟的同學邀請你去峇里島，你也會傻眼吧……。

後來這位同學還是答應了，他回憶說，雖然他之前已經想到會花很多錢，但是奢侈程度還是讓他震驚：先是出發後維根斯坦不滿意這位同學的行李，拉著他瘋狂購物，不論走到哪裡都是頭等艙、最好的輪船、最豪華的酒店、高檔的飲食、隨手僱用龐大的馬隊和嚮導。

結果呢，維根斯坦還覺得這趟旅行的條件不太好。

---

④南安普頓大學教授，研究領域包括數學哲學、分析哲學的歷史，並長期致力於哲學家傳記寫作。一九九一年孟克因《天才的責任：維根斯坦傳》獲得達夫．庫伯獎。

另一個朋友也被維根斯坦嚇著過，有一次維根斯坦提議一起去海邊散心，兩人到了火車站，發現沒有適合他們的車次，結果維根斯坦提議說：要不我包一趟專車吧！

其實，維根斯坦性格古怪，脾氣不好，很多人都覺得他難以相處。但是他和凱因斯——就是那個寫了《就業、利息和貨幣的一般理論》的著名經濟學家——成爲好朋友，後來凱因斯給過維根斯坦很多幫助。

在劍橋學習的時候，有人勸維根斯坦加入英國國籍。但他是奧地利的名門貴族，怎麼可能答應呢？他回答說不希望成爲「一個虛僞的英國人」。

維根斯坦二十五歲的時候，第一次世界大戰爆發。羅素堅決反對英國參戰，拒絕加入軍隊。據說有個老太太生氣地問他：「別的小夥子都爲了保衛文明穿上軍裝打仗去了，你就不慚愧嗎？」羅素回答道：「我就是他們要保衛的那種文明。」

維根斯坦呢，正好相反，他積極參軍。維根斯坦童年做過疝氣手術，本來可以不參戰，結果這哥們竟然動用家族關係讓自己上了前線。戰爭開始不久，軍隊發現維根斯坦懂得數學，於是讓他當炮兵，而且駐守在後方。有很長一段時間，維根斯坦只負責坐在辦公室裡做些無聊的文書工作，維根斯坦幾次主動要求把自己調去當步兵。

您可能知道，第一次世界大戰時期出現了可以嚴重殺傷步兵的火炮、毒氣彈和重機槍，卻沒有普及可以掩護步兵的坦克車。步兵在進攻時，只能用血肉之軀迎戰交叉火力的掃射，陣亡率非常高。維根斯坦要求當步兵，無異於主動自殺。軍部自然無法理解他的要求，難得有個大學生，怎麼可能調去當炮灰？

就這樣，維根斯坦在後方待了很長一段時間。後來戰事變化，他真被調去前線，還是去當他的炮兵。

一到前線，維根斯坦就主動去最危險的觀察哨所。他參加了不少殘酷的戰鬥，每一次都表現得非常英勇，因此不斷晉升，最後還當上軍官，獲得不少勳章。

在戰爭中，維根斯坦還進行著哲學研究，開始構思他的作品《邏輯哲學論叢》。他一邊打仗一邊寫，把自己的哲學思想記在隨身攜帶的一個筆記本裡。我想，戰場上的協約國士兵們誰也不會意識到，在他們槍口下正活躍著一個二十世紀最天才的哲學頭腦，他身上有一本能改變哲學世界的筆記本，打歪的那幾槍讓他們無意中爲人類文明做出了他們一生中最大的貢獻。

後來，維根斯坦被義大利軍隊俘虜，據說敵人來抓他的時候，他正騎在炮架上，用口哨吹著貝多芬第七交響曲。維根斯坦隨後進了戰俘營。

有一段故事說維根斯坦在戰俘營裡遇到了另一個軍官，那個軍官看到維根斯坦穿著簡單，沒有架子，就以爲維根斯坦的地位比他低。有一天他們聊天，聊到著名的畫家克里姆特「爲某個維根斯坦小姐畫的肖像」，那個軍官聽見維根斯坦把這幅畫隨口稱爲「我姐姐的肖像」，大吃一驚，才知道這一位的來頭有多大。

後來戰俘營中流行傷寒，死了很多人，維根斯坦的家人以及凱因斯等朋友都很擔心他。他的家族暗中要手段，讓一名醫生宣布維根斯坦的身體不適合長期監禁。維根斯坦卻覺得這樣不道德，拒絕在同伴獲釋前出去，堅稱自己完全健康。

在維根斯坦三十歲的時候，戰爭結束了，他也被釋放了。此時他也寫完了《邏輯哲學論叢》，認爲他自己解決了所有的哲學問題（就像黑格爾、叔本華一樣）。

此時維根斯坦的父親已去世，他繼承大筆遺產，卻做了一件非常驚人的事：一拿到財產，便立刻把所有錢都贈予兄弟姐妹，自己分文不取。負責轉讓財產的公證人根本不相信世上會有這種事，維根斯坦不得不一遍又一遍地宣布自己的主張，才把這件事確定下來。

維根斯坦把財產分出去後，立刻到鄉下當小學老師。一開始，他被分配到一個比較繁華的小鎮，廣場上甚至還有一個噴泉。維根斯坦非常不滿意，在他強烈的要求下，他被調到最貧困的山區教書。

一個全世界最有才華的哲學家，同時還是世界級的大富翁，放棄了一切財產去窮鄉僻壤教孩子，這事正常人肯定理解不了。維根斯坦的侄子就說：「作爲鄉村小學教師的億萬富翁肯定是個變態狂。」

關於這事還有段故事，當時有人問他爲什麼把錢給自己的家人，怎麼不給窮人。維根斯坦回答，金錢讓人墮落，而他的親人已經夠墮落了，所以再墮落點也沒關係。

在鄉下，維根斯坦對他的學生非常盡心盡力，他爲孩子們編寫字典，據說還爬上布滿積雪的高山爲學生摘果實。他爲孩子們安排了豐富的教學內容，給他們讀文學大師的作品，給十一至十二歲的孩子教高等代數和幾何，還讓孩子們學習製作機械，帶學生們郊遊和參觀。有一次，村子裡羊毛工廠的機器壞了，工人們束手無策。這時候維根斯坦圍著機器一言不發地看了一圈，然後讓四個工人拿著錘子在指定的位置上按照節奏敲打機器，機器就奇蹟般地能正常運作了，這讓當地人大爲信服。

但是維根斯坦還有不光彩的一面，他有毆打孩子的記錄，最嚴重的一次是一個女孩被他拽掉頭髮，耳朵打到出血。原本維根斯坦的舉止作風和貧困的村民們格格不入，再加上因爲打罵孩子引起的矛盾，有的家長對他非常反感。那個小女孩的家長甚至把他告上法庭，維根斯坦經過漫長的法庭調查，被認為並無多大過錯。但維根斯坦已經對鄉村的工作和生活環境失望至極。在法庭審查後，他結束了小學教師的生涯⑤。

離開鄉下，維根斯坦回到奧地利首都維也納，在修道院裡當起一個普通的園丁。此時他和奉行邏輯實證主義的哲學團體「維也納小組」有了一系列交往。他並沒有加入「維也納小組」，但是「維也納小組」非常推崇他的《邏輯哲學論叢》，小組的活動經常是坐在一起朗讀《邏輯哲學論叢》，然後大家一起討論。

過了一段時間，維根斯坦又萌生研究哲學的想法。在四十歲的時候，他決定回到劍橋。那時的維根斯坦已經身無分文，到劍橋還是倚靠羅素的資助。

⑤關於維根斯坦在鄉村教書的生活，巴特利的《維根斯坦傳》描述得比較生動，還有幾點比較有趣。一是說維根斯坦來到鄉村可能是受到托爾斯泰的影響，托爾斯泰說農民樸實，沒有城裡人的虛偽。但是後來維根斯坦發現，這裡的鄉下人同樣自私虛偽。二是說維根斯坦雖然放棄了財富，但也有虛偽的地方，他故意讓農民知道自己的家世和學術地位。三是說維根斯坦在生活上也有矛盾的地方。一方面他非常不重視物質生活，到最貧窮的農家吃飯。但也有一次，他受不了樓下農民飲酒作樂的聲音，衝下樓向他們大吼。喜歡安靜大概是所有知識分子的共性，這不禁讓人想到康德和叔本華。另外這書還記載說，維根斯坦班上的一些學生為了能不上課，會故意誇大被懲罰的後果，比如假裝暈倒，以此助長了人們對維根斯坦的不滿。

維根斯坦到劍橋繼續念博士，交了學費之後，他已經沒有錢繼續生活。在凱因斯的建議下，維根斯坦向劍橋申請津貼，但是劍橋難以理解這事：你家是世界富豪啊！這津貼怎麼說也輪不到你呀！

於是在申請津貼的時候，發生了如下尷尬的對話。人家問他：「有別的金錢來源嗎？」他回答：「沒有。」「有能幫忙的親戚嗎？」他只好回答：「有。」

好在有很多理解他處境的老師，在他們的積極爭取下，這個曾經的超級大富豪終於得到一點微薄的津貼。

後來，維根斯坦發現用不著讀完書，只要交一篇論文就可以獲得哲學博士學位，於是他把那篇《邏輯哲學論叢》交上去。

負責審閱該論文的是摩爾和羅素。摩爾也是個有名的哲學家，當年給維根斯坦當過老師。維根斯坦上大學的時候水準就比得上羅素了，而且這篇《邏輯哲學論叢》已經成名多年，被當時很多哲學家當作經典拜讀，你說摩爾能怎麼評價呢？自然，他說這篇論文是「天才的作品」，水準已經遠遠超過了劍橋哲學博士學位所要求的標準。

論文答辯那天，羅素和摩爾一起走進考試的房間，羅素微笑著說：「我一生從未有過如此荒謬的事。」在正式答辯之前，維根斯坦先跟羅素和摩爾閒聊了半天。聊到後來，羅素跟摩爾說：「我們還是答辯吧！你好歹也得問他幾個問題，怎麼說你也是教授啊！」答辯的時候，羅素對維根斯坦的一個觀點產生疑問。維根斯坦解釋完，拍拍兩個老師的肩膀說：「別介意，我知道你們永遠都搞不懂我在講什麼。」

維根斯坦這麼說不僅因爲他確實厲害，也因爲他和摩爾已經很熟了，都是好朋友。當年維根斯坦在劍橋上學的時候，摩爾還把自己在劍橋的房間讓給他。所以摩爾回憶這次答辯的時候，說這件事「既愉快又可笑」⑥。

維根斯坦的父親不僅是一個超強的商人，而且超級有遠見。他在生意順風順水的情況下，突然放棄全部的鋼鐵生意，把家裡的財產變成債券，投資到美國等其他國家。隨後不久，一場席捲歐洲的通貨膨脹毀掉了大部分歐洲人的財產，維根斯坦一家的財產卻倖免於難。在接下來的第二次世界大戰中，美國又是全世界唯一經濟沒受到破壞反倒飛速發展的國家。這時候維根斯坦的父親早已去世，但他的遠見仍舊保佑著他的家族。這場通貨膨脹還導致了另一個恐怖的後果：讓希特勒上臺。

⑥ 摩爾也是一位厲害的哲學家。有一次羅素和摩爾聊天，羅素突然問他：「你是不是不喜歡我？」摩爾想了半天，老實地回答：「是的。」然後兩個人跟沒這事一樣，繼續友善地聊天。

第一次世界大戰之後，戰敗的奧匈帝國分裂成許多小國。維根斯坦的祖國從奧匈帝國變成奧地利。西元一九三八年，維根斯坦四十九歲的時候，崛起的納粹德國呑併奧地利，同時納粹高官戈林宣布奧地利首都維也納將在四年內成爲「無猶太人區」。同年十一月，巴黎一名德國外交官被一名波蘭籍猶太青年謀殺。以此事爲導火線，納粹德國的統治區內掀起了反猶運動，各個地區的猶太人財產都遭到破壞。

維根斯坦一家是猶太人，也面臨著納粹的迫害。這回又要再次讚賞維根斯坦父親的先見之明，由於他們家大部分財產都在美國，納粹垂涎這筆財產，才沒對他的家族直接下手。

在被迫害的威脅中，維根斯坦的哥哥在支付了一百六十萬帝國馬克的移民稅後，逃到美國。但是他的兩個姐姐一方面不相信自己真的會受到迫害，另一方面捨不得家人和朋友，決定留在奧地利。等到迫害真的到來時，兩個姐姐再想跑已經來不及了。她們曾經想僞造證件出境，結果事情敗露，兩個貴婦在監獄裡過了兩夜。

納粹知道維根斯坦家在海外還有大筆財產，便打算用這兩個姐姐的身分問題大作文章。維根斯坦的家族並不是百分之百的猶太人血統，納粹對於混血的猶太人有一系列的法案：幾分之幾的猶太血統算猶太人，會受到迫害，以及幾分之幾的血統又不算之類。納粹拿這件事和他們家族反覆商量，實際的意思就是想把他們家族在海外的錢都勒索過來。

維根斯坦的哥哥逃到海外，爲了海外的財產與納粹進行談判。維根斯坦的哥哥知道納粹貪得無厭，一味妥協不是辦法，因此對納粹寸步不讓，談判進行很久，一直都沒有結果。

此時，身在英國的維根斯坦也面臨著生存問題。因爲奧地利和德國在名義上是「合併」的，所以維根斯坦在法律上自動成了納粹德國的公民。此時的維根斯坦反倒成了英國敵視國家的人了，可能會被驅逐回奧地利。而作爲擁有猶太血統的他，一回到奧地利肯定是羊入虎口。此時又多虧了凱因斯的幫助，維根斯坦費了很大的力氣才成爲英國公民——我們還記得當年別人邀請他加入英國國籍，他還曾不屑一顧呢！

維根斯坦得到英國護照的時候，德國和英國還沒有開戰，他立刻以英國人的身分回到奧地利。他在納粹德國和美國的哥哥之間來回奔走，協調談判的事情。不久他的兩個姐姐終於獲得了「非猶太人」的身分，代價是：

一點七噸黃金。

他家總共得有多少錢啊……。

這件事辦完以後，維根斯坦回到英國。後來第二次世界大戰爆發，他又積極參與戰爭工作，他要求做最低等的體力活，但最終醫院安排他負責分發藥物。就像當年在軍隊裡，他無法阻止別人給他升官一樣，做了不久，他被提升到實驗室裡當藥劑師，負責生產一種軟膏。一個實驗室的職員說，以前從沒有人做出過品質那麼高的軟膏。後來，維根斯坦又被調去醫院實驗室當助理，這期間他設計了儀器和實驗程式，有助於觀測人的血壓隨呼吸的變化情況。

戰爭結束以後，維根斯坦在劍橋當了一陣子教授，他生活非常簡樸，幾乎到了苦行僧的地步。由於他的天才思想和古怪的性格，他在劍橋擁有一群崇拜者，這些學生不僅崇拜他的思想，還模仿他的穿著打扮和習慣動作。

不過，「性情古怪的大師」在遠觀的人看來充滿了魅力，但對於生活在他身邊的人來說，和他相處未必是愉快的體驗。維根斯坦有個女性朋友，有一次因爲扁桃腺發炎住院，維根斯坦來看她。這個女孩抱怨說：「我覺得自己像隻被車輾過的狗。」結果維根斯坦超級直男式地回答：「你根本就不知道一隻被車輾過的狗是怎樣感覺的。」

後來，維根斯坦辭去了劍橋的教授職位專心寫書，結果這位曾經的世界富豪，因爲沒有工作又不善於理財，陷入經濟拮据的境地。他的一位很要好的學生邀請他到美國作客，維根斯坦回信說，他非常想去，但是出不起交通費。

但即使如此，維根斯坦仍舊對金錢毫不貪婪。後來他被邀請到牛津大學演講，人家答應給他二百英鎊，卻被他拒絕了，因為維根斯坦覺得他講不出什麼有用的東西。後來他的學生幫他從洛克菲勒基金會爭取到一筆研究經費，維根斯坦以自己喪失了大部分工作能力為由，拒絕了這筆錢。

最後還有兩個小八卦。

一個是，毛姆小說《刀鋒》主角的原型就是維根斯坦，兩者在經歷上有很多呼應之處。

另一個是，作為羅素的學生，維根斯坦和羅素之間有一個有趣的小區別。

維根斯坦喜歡看偵探小說和電影，而且對品質不怎麼挑剔。據他的學生說，每次教完課，維根斯坦都快步走進電影院，哪怕是很爛的電影他都看得全神貫注，不許別人打擾他。這大概是他強迫自己暫時停止思考的辦法。

而羅素說自己從來不看電影，直到有一次因為研究生命哲學的柏格森的文章中拿電影舉了例子，羅素才勉強去看一次。那時候他還安慰自己說，我是為了哲學研究才去看的。

第十一章　用邏輯搭建哲學大廈

八卦說了不少，我們回歸正題吧！說說這個邏輯實證主義到底是怎麼回事。

羅素和懷海德花費十年時間，合寫一本《數學原理》，這是一部很猛的書。手稿之多，必須動用馬車才能運到出版社。但是這種雄心勃勃的理論作品不好賣，最後羅素和懷海德只能自己掏出一部分錢出版⑦。

雖然銷量不好，但是羅素在寫作《數學原理》的時候受到啟發。他想，既然能用邏輯來建立整個數學大廈，那麼，是不是也能用類似的方法建立整個哲學大廈呢？

具體來說，能不能建立一套嚴謹的邏輯語言，然後用這套邏輯語言來研究哲學呢？

---

⑦羅納德·W.·克拉克在《羅素傳》（葛倫鴻等譯）中引用《數學原理》編審的話說：一個不諳此道的平常人出於好奇，讀過此書後半部分時表現出的那種沮喪的神態，是顯而易見的。他看到的是整頁，在標題以下無任何一個英文字的篇章；看到的是大量分布在各處的符號，有大小不一、毫無關聯的希臘羅馬字母，其間又堆滿了括弧、點、倒寫的逗號、立寫的箭頭和驚嘆號，甚至還有一些更為光怪陸離的符號，他都叫不出它們的名稱。這使得該手稿不可能用打字機列印，也意味著該書的排印注定成為出版商的夢魘。

稍等，我們先問個問題，爲什麼嚴謹的邏輯語言這麼重要呢？

我們前面說過，無論是哲學觀點還是哲學家之間的辯論，要靠什麼形式表達出來？要靠語言，語言是人類交流、記錄思想最基本的形式。

前面還說過，嚴謹的哲學研究要靠理性思維。那麼，什麼樣的語言能夠最嚴謹地表達理性思維呢？

那就是嚴格符合邏輯的語言。

更準確地說，是邏輯符號。

就好比我們在數學題中寫的那些數學符號，它們是最嚴謹、最符合邏輯的。假如老師上課不用數學符號，只用日常的大白話來教授數學知識，很可能會表達錯誤，引起誤會。

邏輯實證主義者發現，過去的哲學家們不太重視語言的嚴謹性，他們經常使用大白話來表達自己的哲學思想。哲學家們常自己提出一些特定的術語——就像前面說過的「生命意志」、「權力意志」——他們又不給這些術語下特別嚴格的定義，很容易引起讀者的誤解。

尤其是哲學經常涉及一些理性難以把握的終極問題（比如您先想像一下「無限大」是什麼感覺，然後能用文字來描述這種感覺嗎？），再加上並不是所有哲學家都受過嚴格的邏輯訓練，所以哲學作品常有詞不達意、用詞混亂的情況。

這就好比請一個文學家來寫數學論文，這樣的哲學研究到後來能不混亂嗎？

金庸的《俠客行》裡就說過這種情況，說俠客島上刻著一首包含了天下最強武功的詩。那些特有學問的武林宗師都猜不出來這首詩是什麼意思，便從裡面一個字一個字地考證辯論，研究了好幾十年什麼也沒研究出來，搞得家人都以爲他們被綁架了。

你看，要是沒有準確扼要的學術語言，這多耽誤事啊！

邏輯實證主義者也是這麼想的，他們要進行一項偉大的工程，要用嚴謹的邏輯符號代替之前所有的哲學觀點，用邏輯的方法分析前人的一切命題，最終把整個哲學世界都用邏輯符號重鑄一遍。

光用邏輯符號重鑄還只是第一步，邏輯實證主義還強調「實證」。

爲什麼呢？

前面說過，邏輯強調的是演繹推理，即從一個真的前提，推理出一個真的結論。可是，光有演繹推理的話，那得出的只能是重複的命題，得不出新的知識來。要擴展知識，我們要從經驗中吸收。「實證」的意思就是說，邏輯實證主義得出的新結論，必須能有經驗實實在在的證明。

也就是說，這回哲學家們可是真的爲了理性下了狠心，他們一隻腳踩著邏輯，另一隻腳踩著經驗證據，保證兩隻腳都踩得穩穩當當，一點含糊的地方也沒有，然後一步一個腳印，保證每一個結論都絕對嚴謹，絕對有依據，這樣得到的就是一座完美的哲學大廈了。

他們的工作效果怎麼樣呢？

失敗了。

邏輯實證主義者想得不錯，他們要發動一場繼承蘇格拉底、笛卡兒和休謨懷疑精神的運動，他們要用邏輯工具去一一考查所有的哲學命題，把所有沒有意義的、不可證實的命題都剔除出去。

然而工作的結果卻嚇了他們一跳。

他們發現，剔除到最後，只剩下兩種命題。

一種是重言式命題，就是類似於「桌子是桌子」這樣的話。這樣的話當然是絕對正確的，可是這樣的話不包含任何有用的資訊，不過是文字遊戲而已。之前的形上學家們找到的那些所謂終極真理就多半屬於此類。因爲重言式命題絕對正確，所以就會被誤以爲是終極真理。然而，這些終極真理一點用都沒有。

還有一種命題，是類似「這朵花是紅色的」之類描述片斷經驗的命題。雖然是新知識，但是無法形成普遍真理，也就無法回答哲學問題。

其他的哲學問題，特別是形上學問題，全都是沒有意義的僞問題。要麼違反了種種邏輯規則，要麼無法用經驗去實證。

如此，邏輯實證主義者回答了一個問題：爲何哲學家對形上學爭論已久都沒有結果？因爲他們爭論的都是沒有意義、沒有答案的問題。人們無法靠實證來解決這些問題。

年輕的維根斯坦寫了一本《邏輯哲學論叢》，完成了邏輯實證主義的工作。

寫完這本書以後，維根斯坦以爲自己解決了所有的哲學問題。語言都被他用邏輯工具分析光了，他覺得所有用語言能表達的句子他都明白是怎麼回事了。

所以維根斯坦說：「凡是可說的事情，都可以說清楚，凡是不可說的事情，我們必須保持沉默。」對這句話我的理解是：凡是符合邏輯實證規則的語言，內容都很清晰準確；凡是不符合邏輯實證規則的語言，說了也是沒意義的，就不用說了。

這麼一來，維根斯坦覺得他沒有困惑了，就去鄉下當小學老師。但是隨著時間的推移，他逐漸覺得不是這麼回事。後來在劍橋當老師的時候，維根斯坦留下了很多上課的發言記錄和平時的筆記。在他死後，這些文字被集結成書出版。這本書顯示了維根斯坦在《邏輯哲學論叢》之後發展的哲學思想和邏輯實證主義完全不同。

維根斯坦發現，原先用邏輯去分析語言的想法太天真了。比如生活中有人說一句：「我還是我嗎？」這話如果用邏輯來分析，那麼顯然是一句沒什麼用處的話。然而我們知道，在生活中我們說這句話的時候，有自己的意思，而且不同的情境下還可以代表不止一種意思。

如果我們掌握了邏輯分析的方法，到生活中一看，沒意義的句子比比皆是。然而老百姓誰管你什麼邏輯哲學，人家是覺得這話有意義才說的啊！

維根斯坦發現，語言並不能只停留在表面的邏輯分析上。同樣的一句話，說話的情境不同，說話人的語氣、表情、手勢不同，常常會表達出不同的意思。換句話說，每一個情境都給語言制定了不同的規則，語言得和規則結合在一起，才能顯示真正的意思，而這規則又是沒有邏輯可言的。

維根斯坦揭示的，其實是理性思維和現實的矛盾。

邏輯實證主義的理想很好，要堅持絕對的理性、絕對的正確，可是最後發現，這個絕對的理性卻得不到任何有意義的結論，連一個普遍的理論都得不出來。可是，我們的現實生活是多姿多彩的，我們有燦爛的文化，有日新月異的科學知識。

這說明了什麼？

說明理性根本無法擔負從總體上解釋世界、指導生活的任務。

維根斯坦建立的邏輯實證主義，又被他自己親手毀滅了。可以說，維根斯坦是世界上獨一無二的、能夠提出兩種截然不同又都對哲學史影響深遠的理論的哲學家，所以我們前面才說，他是史無前例的雙倍哲學家。

他是超級天才，可惜理性也被他毀了。

第十二章　哲學其實很實用

哲學家們沒有招數了嗎？

當然還有。

和邏輯實證主義差不多同一個時期，出現了一個新的哲學流派——實用主義。實用主義哲學家遇到了和邏輯實證主義一樣的困惑：科學在飛速發展，然而哲學卻一直在原地打轉，這問題到底出在哪裡？

實用主義和邏輯實證主義的思路不一樣，邏輯實證主義看到的是科學的嚴謹性，希望哲學也能和科學一樣嚴謹。實用主義則看重科學的實用性，看到科學家沒哲學家那麼多廢話，在科學研究中什麼理論好用就相信什麼。實用主義者覺得，哲學也得像科學這樣，不再說空話，不再討論空泛的大問題，而是重視哲學的實用性。

這話說得好聽，那麼我們問實用主義者：真理是什麼？

實用主義者回答：這得看真理的效果，效果好的，就叫真理！

這……你不是在開玩笑吧……。

我們還記得吧？這和尼采的真理觀很像。尼采說，真理和謬誤其實全是虛構的，區分真理和謬誤的關鍵是真理實用，而謬誤不實用。

實用主義者從進化論中爲自己找到根據，說思想是什麼東西呢？從進化的觀點上看，思想起源於動物對環境的反應。那麼，思想和真理什麼的，其實就是人們應對環境的工具，源自人類繁衍自己的需要。所以真理的價值就和工具的價值一樣。我們評判一個工具，看的是它好用不好用，而不是評價工具本身。我們評價一個真理，也應該只看它的使用效果，評價思想本身是沒有意義的。

在進化論裡，生物的機能要隨著環境不斷改變，而真理也不應該一成不變，應隨著環境不斷修正。在這個環境下，真理是這樣，到另一個環境裡，真理就變成另外一個樣。

按照實用主義的觀點，之前的種種哲學問題就非常好解決了。比如有沒有因果律的問題，和尼采的說法一樣，實用主義者說，我們接受因果律的原因是它對我們有用，如果不接受它，我們就沒法生活了。

乍看之下，這是一個很瞎說的理論。真理沒有了統一的標準，我們豈不是可以憑著自己的喜好，想說真理是什麼樣就是什麼樣了嗎？這還會導致相對主義，兩個人都以對自己有用為理由，各自堅持互相矛盾的真理，結果是誰也不能說服誰，那不就沒有了分辨是非、爭論真偽的必要了嗎？要是人人都以實用為原則，那不就會出現極端的個人主義，不就沒有真偽、沒有善惡、沒有道德可言了嗎？

對於上帝存在不存在的問題，實用主義者說，假使相信上帝會給我們帶來好的結果，那麼我們就相信上帝是存在的，這觀點恐怕宗教信徒和無神論者都沒法接受。

我們先拋開這些對實用主義的疑問，看看實用主義在生活中有什麼具體例子。

我們之前說過的哲學流派，重心都在歐洲，實用主義終於輪到美國人了。實用主義在美國很受歡迎，實用主義哲學家也大多是美國人。有人說，這是因為實用主義正好契合美國人的務實精神——這是好聽的說法，難聽的說法是美國人世俗功利。

但這種實用主義未必不能收到好效果。

比如美國的司法採用判例法。意思是，過去類似的案子是怎麼判的，這回的案子就參考著判。或許有人認為這過於兒戲了，難道國家制定的法律不是最大的嗎？但判例法認為，一次性制定的司法是很難完善的。那麼我們就透過每一次的審判，來不斷糾正、完善國家的法律。你看，這不正好和實用主義者的真理觀吻合嗎？

再看經濟問題。

馬克思對資本主義經濟制度的批判非常尖銳，很多西方政治家都認同他的觀點。但是這些西方政治家不認同階級鬥爭、暴力革命的方式，覺得這事動靜太大（當然，從馬克思主義的角度說，是這幫人在維護資產階級的利益）。所以他們採用實用主義的方案，一些有社會主義傾向的政黨在西方國家興起。他們不採武裝革命，也不想消除階級差別，而是辦工會、社會福利。不像馬克思那樣試圖從根本上解決問題，而是從小地方一點一點改良，遇到什麼問題就解決什麼問題。比如資本家對工人壓榨得太厲害，國家就制定法律保護工人。壟斷企業影響市場競爭，就制定反壟斷法律限制壟斷企業。工人購買力下降，就設置最低工資，增加社會福利。實際上，馬克思當年爲了維護工人階級利益提出的很多要求，大部分都被資本主義國家接受並且實現。如今這種改良式的資本主義在西方頗受歡迎，這可以讓我們看到實用主義在西方的用處。

也不要以爲實用主義只有西方人才喜歡，實用主義離我們也不遠，有一句話：

「黑貓白貓，能抓住老鼠就是好貓。」

實際上，我寫這本書就奉行著實用主義的觀點。我以爲，我們普通人學習哲學是爲了解決各種靠物質無法解決的人生苦惱。就像俗語說的「能用錢解決的問題都不是問題」，我們就是來解決用錢解決不了的問題的。所以我在篩選、介紹哲學觀點的時候，最關心的一件事就是：這個哲學觀點能不能幫助我們減少痛苦，能不能讓我們內心平靜，能不能讓我們不再空虛、不再恐懼、不再陷入物欲的無限煩惱之中。

其實這並不是所有哲學家都關心的問題，比如笛卡兒時代的哲學家都信上帝，他們沒有多少生活的煩惱，不少人研究哲學純粹就是為了追求真理。但是我們這本書從實用的觀點審視他們的工作，只有當他們的結論對回答我們的問題有幫助的時候我才介紹。那麼我們這本小書裡介紹的哲學，其實就是一個奉行實用主義的「庸俗」哲學。

但這並不是我自己膽大妄為的做法，胡適在《中國哲學史大綱》中說：「凡研究人生的切要問題，從根本上著想，要尋一個根本的解決，這種學問，叫做哲學。」他所持的，也就是實用主義的哲學觀。

但要注意了，實用主義並不代表著只要觀點對我們有用，我們就能沒有原則地拿來相信。對於前面提出的各種人生問題，最容易接受、效果又最好的觀點，莫過於相信這世界上有神靈，公平地賞罰一切，而且人的靈魂不滅。

以上這些觀點是最「實用」的，但我們絕不會因此認為它們是真理。我們依舊嚴格按照邏輯、按照理性思辨來尋找答案。就算得到一個讓人絕望的結論，我們也會坦然接受。

這就說到了前面對實用主義的常見誤解，認爲實用主義就等於亂用主義，想怎麼來就怎麼來。實際上，如果能全面地考慮實用問題，我們就會發現實用主義和日常生活並不衝突，不會產生荒誕的結論。

有學生問：爲什麼要相信某一個歷史事實，比如「元太宗就叫窩闊臺」？第一，我們又沒親眼見過他叫什麼。第二，這名字多難記啊！叫別的名字難道對我們的生活就有影響嗎？我們隨便給他取一個好記的名字——「窩窩」，多好多實用。

但事情是這樣的，我們只有需要用到這條知識的時候，才會想起它，對吧？我們什麼時候會用呢？當我們在學校的時候用，那麼就必須相信「元太宗叫窩闊臺」，否則我們會被老師批評，考試會不及格。或者我們對這段歷史感興趣，那麼，也必須相信「元太宗叫窩闊臺」，否則我們就看不懂任何一本關於元太宗的書，也不可能收集到元太宗的資料。我們寫出的關於他的文章也沒有人會看得懂。所以，雖然我們可以用實用主義的原則任意評判真理，但結果會發現，和我們平時篩選真理的方法是一樣的，只不過我們沒注意罷了。

再比如，羅素反駁實用主義的時候說，聖誕老人存在比不存在好。照此說來，聖誕老人是真實存在的了？

我可以反駁，假如我們確實相信聖誕老人存在，那麼在平安夜飛行的飛機就有危險，得花費大量的人力物力去檢測聖誕老人的行蹤，甚至要求全世界的飛機停飛。這還會引發物理學上的困難——聖誕老人如何在一個晚上給全世界的孩子發禮物？如果以此為證據，我們就必須改變物理學上的時空觀。那麼，是改變整個物理學實用，還是認為聖誕老人不存在更實用？因此，最實用的結果是成人不相信聖誕老人而孩子相信，這正是西方社會所遵守的。

你看，其實實用主義沒什麼毛病。

但是……你是不是有點崩潰了呢？

我們這本書開始還好好談哲學，但是後面越來越扯了，結果說到選擇真理的標準是實用與否，這還是嚴謹的哲學嗎？

相比之下，科學讓人越發羨慕。你看科學不僅成就大，而且重視實證，堅持理性，還能創造出豐碩的成果。雖然在相對論和量子力學的問題上有些困惑，但在日常生活中，科學理性還是無敵的。最起碼現在很厲害的手機、電腦，都是靠嚴謹的科學理性創造出來的吧？

那科學會不會維護理性最後的尊嚴呢？

不。它將打敗理性，澈底終結形上學。

第十三章　如何看穿僞科學？

科學爲什麼要終結形上學？科學不是堅持理性的嗎？不是在哲學家們放棄理性的時候，它還在獨自挽回理性的尊嚴嗎？

它怎麼能這麼不講義氣，竟然來個回馬槍去終結形上學呢？

要回答這個問題，需要回顧一下科學的歷史。

我們先想想，科學是什麼呢？

我們對科學最直接的理解是，科學是對客觀世界的正確反映。

科學首先要觀察客觀世界，再對客觀世界的現象進行解釋，解釋完之後，科學理論還能做出預測。這些預測一經檢驗，發現預測對了，科學知識才算正確，才能對我們有用。

所以，符合客觀經驗的就是正確的科學理論，不符合的就是錯誤的科學理論。

這個科學觀，叫做「實證主義」。

實證主義是說，所有的科學經驗，必須有經驗來證明它是正確的。

這簡直是廢話，這句話難道還會有什麼問題嗎？

有。這句話的問題是：它根本沒有辦法執行。

絕大部分科學理論都是無法證明的。如「所有的烏鴉都是黑色的」，我們應該如何證明這個命題是正確的？唯一的做法是必須檢驗全世界所有的烏鴉顏色。更有甚者，把全世界的烏鴉都找到也不夠，還得找到過去歷史上出現過的，以及未來即將出現的所有烏鴉，全都檢查一遍它們的顏色，才能證明上面的理論是對的。

顯然，任何人都做不到這一點。

那你說了，我盡自己的能力，把可觀測範圍內的烏鴉都觀測一遍，只要它們都是黑的，我就能證明「所有的烏鴉都是黑色的」爲真，這可不可以呢？

休謨不答應呀！

這就是休謨抨擊過的錯誤：再多的偶然觀測也不能得出必然的結論。

最典型的例子是在十七世紀之前，歐洲人見到的天鵝都是白色。無數次的觀察結果讓歐洲人相信，天鵝一定是白色。但在一六九七年，人類發現了黑色的天鵝。這個例子正好證明實證主義的錯誤，即便發現再多的白天鵝，也不可能得出「所有天鵝都是白色的」結論。

休謨大人再一次正確了。

有人說了，那好吧，我們確實不能證明「所有的烏鴉都是黑色的」，人類沒有這個能力。我們換一個說法，我們每發現一隻黑色的烏鴉，就能增加「所有的烏鴉都是黑色的」這個命題爲真的機率。我們研究的烏鴉越多，我們對烏鴉顏色的知識掌握就越可靠。

這聽上去很可靠吧！

這個理論叫做「機率真理」，說科學家不可能找到絕對真理，但起碼能不斷提高科學理論爲真的機率。

可惜的是，這個理論也有問題。

最經典的反駁是「亨普爾悖論」。

我們剛才說了，機率真理認爲，我們多發現一隻烏鴉是黑色的，就可以增加「所有的烏鴉都是黑色的」（設爲命題A）爲真的機率。

但是，「所有的烏鴉都是黑色的」這個命題的逆否命題爲「所有不是黑色的東西都不是烏鴉」（設爲命題B）。從邏輯上說，A和B這兩個命題是等價的。那麼按照機率真理觀，每發現一個不是烏鴉且不是黑色的東西，就可以增加命題A爲真的機率。

這是什麼意思呢？就是說作爲研究烏鴉的生物學家，這個人不需要觀察烏鴉，而是坐在屋子裡隨便看，每次找到一個不是黑色的東西，一看，它不是烏鴉，那就是在爲「所有的烏鴉都是黑色的」這個課題的研究做出貢獻。更荒謬的是，當這個生物學家觀察一個紅杯子的時候，這個觀測不僅增加了「所有的烏鴉都是黑色的」為真的機率，還增加了「所有的烏鴉都是白色的」為真的機率。還可以推理說，黑油漆廠實際上做的是破壞「所有的烏鴉都是黑色的」這一自然現象的邪惡勾當。

這顯然是荒謬的。

好，現在輪到在理論上拯救科學又終結形上學的人上場了。

他叫波普。

波普和維根斯坦一樣，都生於奧地利。他比維根斯坦小十三歲。

波普十二歲的時候，第一次世界大戰爆發了，奧地利當時還叫奧匈帝國，是參戰的一方。就在波普十四歲、戰爭進行到一半的時候，他透過自己的思考，認為祖國在戰爭中是不正義的一方。

我們知道，戰時是愛國情緒最高漲的時候，十四歲又是最容易被熱血情緒衝昏頭腦的年紀，而且波普所有夠年齡當兵的堂兄弟，當時都在軍隊裡當官打仗（維根斯坦也在）。在這種情況下，波普還能得出和愛國主義相反的結論，說明他非常善於獨立思考。

第二年，波普就意識到，在中學裡除了數學學科外，學其他的科目都是在浪費光陰。十六歲的時候，他決定離開學校自學。

獨立思考是創立一門理論必備的精神。

佛洛伊德當時是奧地利的大紅人，波普的父母和佛洛依德的姐妹是好朋友。波普很小就接觸佛洛伊德的學說，他沒有被佛洛伊德的大名嚇倒，還很快發現了佛洛伊德的問題。

我們大都知道佛洛伊德對夢的分析，他這派的心理學家常常把患者的夢境與童年經歷、與性聯繫在一起。患者說夢見了一座山，醫生就會解釋一番，這座山象徵著什麼，說明你潛意識裡有什麼。患者說夢見了一條河，醫生也會解釋說，這條河象徵什麼，說明你潛意識裡有什麼。

這裡的問題是，無論患者夢見了什麼，醫生都會進行解釋，都會說這符合佛洛依德的理論。換句話說，無論患者出現任何情況，佛洛伊德都不可能是錯的。

這樣的理論，的確不會和現實產生任何矛盾，但是，能說它是現實的真實反映嗎？

波普看出了其中的問題，提出了一個檢驗科學理論的重要標準：可證偽性。

什麼是科學理論，什麼不是科學理論？其中關鍵的標準，是看這個理論有沒有可以被證僞的可能。

具體來說：科學理論必須能提出一個可供證僞的事實，假如這個事實一經驗證，便承認該理論是錯的。

如果暫時沒有人能證明它是錯的，那它暫時就是真的。

比如「所有的烏鴉都是黑色的」，這就是一個可證僞的命題。這等於說「只要你能找到一隻不是黑色的烏鴉，就能說明這個命題是錯的」。既然我們尚未找到不是黑色的烏鴉，那麼到目前爲止這個命題就是暫時正確的。

換句話說，所有科學理論都是假說，科學家無法證實任何一種科學理論⑧。但是科學理論必須爲人提供驗錯的機會。在被檢驗出錯誤之前，就姑且相信這個科學理論是正確的。

---

⑧嚴格地說，那些表述片斷經驗的科學命題是可以證實的。如「這個世界上至少有一隻烏鴉是黑色的」是一個有意義的科學命題，它可以證實，但不能證偽。不過這樣的命題很難成為一個有價值的理論。

還記得嗎？前面有人說進化論只是一種假說，所以不可信。

進化論該怎麼回答呢？

進化論應該說：「呵呵，正因爲我是可以證僞的假說，所以我才算是一個合格的科學理論呀！」

我們說過，在休謨看來，歸納法並不可靠。

證僞主義的回答是，沒錯，用歸納法總結出的科學理論是不可靠的，我們的應對辦法是：在它被證明不可靠之前，湊合著用。

證僞主義有點像是科學理論上的進化論。

在形上學統治的科學觀下，人們認爲存在著一個絕對真理，我們在形上學的指導下，可以帶著科學大步地朝著這個真理前進。

證僞主義的科學觀是，人類提出的各種科學理論有點像是基因突變，科學家們發散思維，想出各種充滿想像力的假說。證僞就如同自然環境對基因的篩選，經不住證僞的假說都被淘汰，留下的都是經得住檢驗的，也就是暫時正確的科學理論。

那些留下來的理論，科學家們也在不斷地嘗試證僞，一旦證明是錯的，就進行修改。這樣科學理論就會越來越完善。這個試錯、修改、完善的過程是無休止的，科學也因此會越來越接近真理⑨。

機率主義認爲，我們每一次檢驗科學理論正確，都是在爲科學做貢獻。證僞主義認爲，檢驗正確並不爲科學做貢獻，只有檢驗出科學理論是錯的，才是真正爲科學做貢獻。

證僞主義非常好用。

在現實生活裡，這個標準可以很方便地把巫術、迷信和科學區分開。算命、巫術爲了吸引人，不得不做出預言，但是他們拒絕把這些預言說得很清楚，而是用盡量模糊的話預測，如「你過幾天要倒楣」、「你過幾天要遇到貴人」。問題是，「過幾天」是幾天呢？什麼樣的事算是「倒楣」呢？因爲他們沒有明確下定義，當事人在未來的任

---

⑨ 波普的這個觀點還是有機率主義的傾向，我個人不同意這一點。因為「真理」、「世界的真實面貌」都是形上學的概念，是不可證偽的。因此我認為根本不存在真理，也就不能說科學可以不斷接近真理。然而詭異的是，我這個論點——「真理是不可知的」，也是一個形上學的論點，也是不可證偽的。

何遭遇都可以用這個預言來解釋，所以這些預言是不可證僞的。換句話說，這些預言沒提供任何有價值的資訊。

有些預言家提出了精確的預言，但是在遇到和他們預言不符的事實時，他們不會承認自己錯了，而是用自己的理論進一步詭辯。如預言某人該遇到壞事，結果沒遇到，就解釋說「是因爲有貴人幫助」。預言該遇到好事，結果沒遇到，就解釋說「你的心不夠虔誠」。這些解釋聽上去很有道理，但正是這些解釋使得他們的預言變得無法證僞，他們的預言也就不可相信了。

再舉一個例子，用星座分析人的性格的時候，常會見到這樣的文字：

「你有時很討厭自己」、「你喜歡獨處，又不甘寂寞」、「你平時對愛情玩世不恭，但如果遇到命中注定的那個人，一定會義無反顧」。

相信星座的人把這些話往自己身上一套，一看，真準呀！這不就是我嘛！

其實呢，這些「預言」都是不可證僞的，我們來說明一下。

「你有時很討厭自己」——這個「有時」保證這句話不可證僞，要證僞這句話，就要證明一個人在一輩子裡的每一分鐘，包括尚未到來的每一分鐘裡，都沒有產生討厭自己的情緒，這當然是無法證明的。

「你喜歡獨處，又不甘寂寞」——這句話把兩個相反的情況都概括了，相當於說「一個命題不是正確的，就是錯誤的」，是重言式，也是不可證僞的。

「你平時對愛情玩世不恭，但如果遇到命中注定的那個人，一定會義無反顧」——這句話的陷阱在於「命中注定的那個人」的定義不清。人們在對某個異性義無反顧的時候，自然會認爲自己遇到了「命中注定的那個人」，因此後半句也是重言式。

正因爲這些「預言」是不可證僞，所以這些話對任何人而言都是絕對正確，不僅用它談論這個星座時是正確的，用它談論另一個星座時也正確。而且這些話不提供任何有用的資訊，是無意義的正確。

再看宗教，大部分宗教理論都是不可證僞的。比如有的宗教說，「神靈存在，但是人類不可主動檢測神」，我們當然無法設計出一個實驗來證明不存在「一個人類不可主動檢測的神」，因此這個命題無法證僞。

再比如，當科學結論和經文相互矛盾的時候，信徒往往不會認爲是經文錯了，而是用各種辦法來解釋，如「你被魔鬼迷惑了」、「經文不能教條地翻譯」、「經文描述的世界在人類觀測能力之外」。這樣的宗教，也是不可證僞的。按照科學觀點來說，這就是一種「迷信」。

證僞主義不光能解決宗教和巫術，還能解決一些哲學命題。

前面的「駭客任務」問題，證僞主義怎麼回答？「我們生活在一個無法感覺到異常的虛擬世界裡」，這個命題不可證僞，所以這個問題毫無意義。

同樣，決定論也是不可證僞的。

要注意，不可證僞的命題並不一定是錯誤的命題，而是屬於無法用經驗檢驗的命題。假如你不相信客觀經驗，就相信主觀臆斷，那你是可以相信不可證僞的命題。假如你堅持「未經檢驗的道理不值得相信」，堅持蘇格拉底的懷疑論，那麼不可證僞的命題就等同於「沒有意義的問題」。討論這些問題不可能得出什麼有用的結果，不去相信就是最好的辦法。

波普還根據證僞主義提出自己的政治觀。

有一種社會觀念認爲，歷史的發展軌跡是必然的，這種觀念叫做「歷史主義」，黑格爾就持這樣的觀點。

波普不同意這樣的看法。

歷史主義的邏輯是，既然自然社會存在規律，那麼歷史也應該有規律。我們歷史主義者像科學家一樣揭示了這個規律，人類按照我們揭示的規律奮鬥就可以了。但證僞主義認爲，沒有永恆不變的真理，所有的理論都可能是錯的。所以，也就不存在什麼「歷史的必然規律」。而且科學理論未來的發展方向也是難以預測的。就比如在牛頓時代，沒人能夠預測相對論的出現，也沒人能預測牛頓理論將會在哪裡出問題。因此，預測未來的歷史規律，一勞永逸地設計一種絕對正確的政治制度，也是不可能的。用錢穆先生的話說：「制度須不斷生長，又定須在現實環境要求下生長。」

波普因此主張應當建立「開放社會」，要求執政者能夠廣泛接受意見，賦予大眾質疑政策的權利。因為執政理論和科學理論一樣，永遠都可能是錯的。必須不斷地接受證偽，才能保證理論的正確。

所以在波普等人看來，可以「糾錯」才是現代民主思想的核心精神。有人可能會簡單地以為，民主就是「大家一起投票，多數說了算」，就是「少數服從多數」。其實這種原始的民主制度有極大的缺陷，這個缺陷在雅典人判蘇格拉底死刑、法國大革命的屠殺、希特勒被民眾選上臺等事件中已經暴露無遺，早就被現代社會拋棄了。

我們常說「人民大眾的意見最正確」，在證偽主義看來，這話有問題，因為證偽主義認為世上沒有絕對真理，怎麼可能說某個意見「最正確」呢？就算全世界百分之九十九的人都同意的一件事，也不能說這件事最正確。否則，布魯諾時代就不用懷疑「地心說」了。

證僞主義的政治觀，最關心的不是誰制定的政策，而是無論誰制定的政策，都不能成爲絕對真理。不管是美國總統下的命令還是全世界人民投票的結果，都要給別人留出修改、推翻它的機會。

可以隨時「糾錯」而不是「多數說了算」，這才是波普等人眼中的現代民主制度的核心精神。

當然，這種觀點只是波普的一家之言。從邏輯上說，「可糾錯」並不等於「最正確」，兩者之間還隔著一道巨大的鴻溝。比如，該怎麼定義「錯」就是一個致命問題——「可糾錯」不代表越改越對，搞不好還越改越錯呢！而且「可糾錯」還意味著巨大的成本。就像老師有時會在課堂上強行終止學生的討論，因爲不可能爲爭論支付無限多的時間成本。

在證僞主義看來，歷史主義的另一個問題是，整個人類歷史發展所涉及的因素太多，我們無法設計實驗，讓歷史大事件重複發生。因此，哪怕是對已經發生過的歷史，很多解釋也是無法證僞的。

比如有人說：「歷史是由人民創造的，假如沒有法國人民的力量，拿破崙就不可能成功。」有人說：「歷史是由偉人創造的，沒有拿破崙，就不會有法蘭西帝國。」這兩個命題其實都是不可證僞的。因爲歷史不可重複檢驗，誰也不能讓時光倒流，把拿破崙用飛碟抓走，再重新檢驗一遍歷史。也不可能現在做一個實驗，模擬拿破崙時代的所有經濟、文化、政治細節，來檢驗這兩個理論。因此，這兩種觀點可以永遠吵下去，各自舉出無數的間接論據，卻無法說服對方。所以在歷史研究中，我們常說「歷史不能假設」，諸如「假如沒有××，歷史會怎樣」的討論，往往沒有結果。

所以在波普看來，歷史主義大談的「人類歷史的規律」，其實是不可證僞的。

歷史主義者對未來的預言如果是明確的（如預言某某事件在某個時間段一定發生），那的確是可以證僞的。但這需要理論持有者勇於承認錯誤，一旦理論被證僞了就要認錯，而不要推脫責任，說額外因素太多，干擾了預言。但事實是，現實中能夠干擾歷史進程的元素太多了。有的歷史主義者，不斷用各種額外出現的新因素解釋原有理論的錯誤。這時，歷史主義也就變成不可證僞的了。

因爲影響歷史的因素太多，不可重複實驗，所以波普認爲，科學只能研究局部的社會問題，如某條法律好不好用，某個政策價值如何。因爲只有局部問題才可以反覆驗證，而那些執掌全域的宏觀理論，都是不符合科學精神的。

當然，這也只是波普等人的一家之言，很多學者並不同意。

歷史學家們雖然會說「歷史不能假設」，但是他們也經常會下論斷說「××事件的發生，導致了××」，或者「××人對歷史造成了什麼樣的影響」。而這種論斷，其實不就等於在說，「假如沒有××事件的發生，就不會導致××」、「假如沒有××人，歷史就不會這麼發展」嗎？這不還是在假設歷史嗎？其實要是按照嚴格的證僞主義，歷史研究就變成了歷史事實的考證和羅列，我們不能從歷史裡總結出任何規律，歷史學就變成一本檔案夾了。這恐怕是很多人不能接受的。

總而言之，證僞主義是區分「科學」和「僞科學」的利器，但是用在社科領域的時候，還有很多爭議。

但是對於正談戀愛的女孩，證僞主義很有用——

我們知道，談戀愛的男生都有個毛病，特別喜歡聊軍事政治，因爲他平時跟別人講，別人都不會聽。但是您聽著多半會感到無聊對吧！這時候應該做什麼呢？您可以聽他話裡的用詞。如果他的話裡總說「人類社會……從二十世紀以來整個亞洲……未來應該……」滔滔不絕說出長篇大論，那您就要小心啦！他講的都是些大而無當、無法證僞的空洞理論。如果他只是過過嘴癮那也就罷了，要是他平時生活裡也是這個習慣，那就麻煩啦！我建議您在他喝水的時候問問他「我們結婚在哪兒買房」之類的現實問題。要是他沒有提點具體的意見（哪怕是不靠譜的），而是滿不在乎地一揮手：「不著急，到時候再說……我們總會發財的！」那我勸您——找個機會分了吧！因為「總會發財」是不可證偽的。與其聽他發誓海枯石爛，還不如讓他說「我待會給你買個冰淇淋」要好，最起碼這句是立刻就能證偽的。

我們回來說正經的，那證偽主義是怎麼看待形上學呢？

很簡單，形上學追求的是絕對真理，而絕對真理恰恰是不可證偽的——因為「可證偽」就意味著「可能會錯」，就不可能是「絕對為真」。

所以，無論你說任何一個命題，只要你說「它肯定是真的」，那在證偽主義者看來，它就是毫無意義的，和巫術、宗教理論都是一個地位，毫無討論的必要。

這和邏輯實證主義對形上學的看法是一樣的。

我們還記得，邏輯實證主義發現，最後能實證的只有類似「這朵花是紅色的」一類的個別經驗，找不到有普遍價值的命題。這是為什麼呢？

用證偽主義理論來說，這很好回答：因為「所有的花都是紅的」這種有普遍價值的命題，是只能證偽而不能證實的。

證偽主義太霸道了。

如果我們用證僞主義一一分析之前的哲學理論，會發現它們全都是不可證僞的。甚至一些我們熟悉的結論，在證僞主義看來也是有問題的。

比如「運動是絕對的，靜止是相對的，沒有絕對靜止的事物」，這就是一個典型的不可證僞的命題。要證僞這個命題，就要找到一個永遠靜止的事物，但是人不可能觀測「永遠」那麼長的時間。

再比如「物質不依賴意識存在，物質決定意識」這個命題，如何證僞呢？那就必須找出一個「不依賴物質存在的意識」。那麼，能設計出一個實驗來證明這一點嗎？

實際上，無論指出任何一個意識，唯物主義者都可以說：「它是依賴物質存在的！沒物質就沒它了！」比如那個唯心主義哲學家巴克萊說：「我的意識是本質的，物質只是我意識的感覺。」唯物主義會說：「你的肉體死了，你的意識就沒了！」巴克萊或許會說：「不，是因爲我的意識沒了，我的肉體才死了。」唯物主義會說：「不，你胡說，物質是第一性的，你錯了！」總之大家辯論來辯論去，最後也沒有一個結果。

證僞主義看見這兩個人，會笑著說：「你們辯論不清的根本原因是你們倆的命題都不能證僞，其實都是空談。」

總而言之，形上學走不下去了。

康德和黑格爾是形上學的巔峰，在那個時候，人們相信，可以透過理性找到永恆的真理。但是從叔本華開始，越來越多的哲學家質疑理性的局限。從尼采到齊克果，再到維根斯坦和波普，每個人從自己的角度否定了形上學的存在。越來越多人同意：

形上學走不通，形上學的問題都沒有答案。

我們說過，形上學的任務，是用理性思維去研究世界本質等「大問題」。

形上學走不通，也就是說，理性不可能回答「世界的本質是什麼」、「終極真理是什麼」、「人生的意義是什麼」等問題。如果硬要回答，答案一定是獨斷的，或者在推理上有錯誤。

可是如果形上學走不通了，那接下來該怎麼辦呢？

該怎麼回答「人生意義是什麼」的問題呢？

最直接的答案是不可知論和虛無主義：既然形上學的問題都沒有答案，那就意味著我們不知道人類的一切知識是否可靠，這個世界沒有終極真理，沒有本質，人生也沒有意義。

這是一個很自然，但是也很偷懶的答案。這個答案如果推到極致，相當於反對一切秩序和道德，拒絕一切知識。如果相信了絕對的不可知論，那人連拿起杯子喝一杯水的理由都沒有。如果相信了絕對的虛無主義，那人只能走向精神崩潰。

實際上，沒有任何一個人會真正接受這個答案。

形上學沒有答案，我們又不得不需要一個答案。

在藝術史上，很多頂級藝術家都內心苦悶。作為這世界上最有才華的人類，頂級藝術家思考的問題常常和哲學家一樣，都是一些形上的終極問題。只不過藝術家不用理性探索，而是想透過藝術作品讓別人和自己感同身受。但他們為什麼都不約而同地感到苦悶呢？他們不都是最聰明的人嗎？他們不都是在用畢生精力追求答案嗎？

原因只有一個：終極問題沒有答案，最聰明的人類追求到最後，不約而同地發現這是一條絕路。

但正是因為這些藝術家陷於永遠無法掙脫的苦悶，而他們又非要倚仗自己過人的天賦全力掙扎，所以他們的作品才能深深打動我們。

所以世界上才有藝術這東西。

證偽主義說完了，這個理論聽上去很棒，在現實中也確實好用。

不過我要告訴你，在科學領域，證偽主義有時也不靠譜。

在下一章開始批評證偽主義之前，先補充一個波普的小八卦。

這個八卦和維根斯坦有關。

波普和維根斯坦有一些相像的地方，他們都是出生於奧地利的猶太人，從小都享有較好的藝術環境，兩個人都喜愛音樂。在納粹德國崛起以後，他們都受到迫害。

前面說過，維根斯坦家族在納粹的迫害中算是僥倖生存：先是在通貨膨脹之前轉移了財產，又支付了大筆財富從而使家人免於迫害，維根斯坦本人則去劍橋避難。

波普家就不同了，他原本家境不錯，但是因爲通貨膨脹，全家變得一貧如洗，波普甚至做過築路工的苦活。納粹掌權後，波普的母系家族裡有十六人死於大屠殺。那時波普也想移民英國，但他沒有維根斯坦那麼有名，申請兩次都沒有成功。後來他終於得到劍橋的聘書（這次申請時，爲他簽名的人有愛因斯坦、波爾、羅素、摩爾……），波普本來也想去劍橋，但爲了照顧維也納小組的一位哲學家，他把聘書讓出，自己去紐西蘭教書。

第二次世界大戰結束以後，波普終於得到英國的公民權，進入倫敦政治經濟學院任教。不久，他去劍橋訪問，與羅素和維根斯坦談了自己的哲學觀點。

然後，他就和維根斯坦打起來了……。

這是哲學史上非常有名的一個事件。

波普訪問劍橋那天，來到羅素他們平時聚會的一個房間（這個房間牛頓還住過），向劍橋的哲學家們宣讀自己的論文。當時有羅素和維根斯坦在場。

結果波普和維根斯坦在哲學問題上發生了激烈的衝突，維根斯坦越說越激動，突然拿起燒壁爐用的撥火棍向波普揮舞。這大概只是維根斯坦內心激動的下意識表現，但在別人看上去，卻像是個非常挑釁的動作。

波普當時生氣地說：「不要拿撥火棍威脅來訪學者。」

一旁的羅素覺得這實在不像話，出言阻止維根斯坦，這讓維根斯坦覺得非常委屈，故事的結果是維根斯坦怒氣沖沖，摔門而去。

這是哲學史上少有的戲劇性事件，也成爲當時學術界最大的八卦之一。波普說，在事情過後很短的時間內，他收到紐西蘭來的信，信裡問他是不是跟維根斯坦用撥火棍打起來了。要知道，紐西蘭距離英國足足有半個地球遠，看來任何時代的人都熱衷於傳八卦，而且越傳越廣。

波普後來有一個學生，就是金融大鱷索羅斯。索羅斯後來設立一個開放社會基金，就和波普的「開放社會」的主張有關。

而寫作《通往奴役之路》的經濟學家海耶克，也是索羅斯的老師。

然後海耶克和維根斯坦還是遠房親戚，海耶克也在劍橋任過教。海耶克說，有一次他和維根斯坦談話，維根斯坦突然拿著一根撥火棍「惡狠狠地衝過來」，在屋裡走來走去，嚇得海耶克想找個地方躲起來。

所以這事說起來就是——世界級富翁的兒子維根斯坦用撥火棍單挑過兩位世界級學者，這兩位世界級的學者又教出一位世界級的大富翁。

第十四章　科學不為真理，只為實用？

儘管證偽主義能很好地檢驗科學和非科學，但它依舊有漏洞。

先讓我們作一個假設。

我們已經知道相對論比牛頓力學更準確了，那麼我們假設有一個時光機，把相對論帶到牛頓時代。牛頓時代的科學家們見到了更準確的相對論，他們會是什麼反應呢？

可能會有兩種情況，一種是當時的觀測技術可以觀測到兩種理論的區別，另一種是當時的觀測技術有限，區分不出兩者。

我們不用辯論那時候的觀測技術到底怎樣，我們把這兩種情況都討論一下好了。

第一種情況，觀測手段能區分相對論和牛頓力學。

你或許會說，這種情況是不可能的，假如人類發現觀測結果和牛頓的理論不符，為什麼還會相信牛頓兩個世紀之久？

事實上，在西元一八五九年，法國天文學家就發現，水星的移動和牛頓理論計算出的結果有幾十秒的角度偏差。

他們懷疑牛頓了嗎？沒有。

科學家們想當然地認爲，這是由另外一顆沒被發現的水星衛星的引力所造成的。他們根據牛頓理論計算出這顆未知衛星的位置和大小，還給它起了一個名字。但實際上，他們根本觀測不到這顆衛星。

他們懷疑牛頓了嗎？沒有。

科學家們又提出一堆新理論來解釋爲什麼找不到這顆衛星。比如「水星因發出黃道光的瀰漫物質使水星的運動受到阻尼」——別問我這是什麼意思，我直接複製過來的，我也不知道這是什麼意思。

我們想，如果相對論來到牛頓時代，完美地解決了水星誤差的問題，那它也不過是「未知的衛星」、「什麼什麼阻尼」等眾多解釋中的一種。所有這些假說都能解釋實驗數據的異常，但其他假說不複雜，又沒有破壞牛頓理論，而相對論則要向大家宣布全世界相信了兩個世紀、被無數科學家崇拜的經典理論是錯的。

你信誰？

科學哲學家拉卡托斯假設過一個類似的場景。他說，假如天文學家們觀測到一顆星星的運轉和用牛頓定律計算出來的結果不符合，會怎麼辦？他們不會懷疑牛頓，而是會認爲有一顆未知星球干擾了這顆星星的運動，便計算出那顆未知的星球，但是星球太小了，普通望遠鏡觀測不到。於是他們申請一筆資金，花三年時間造了一臺天文望遠鏡，結果還是沒發現那顆星球。他們還是不會懷疑牛頓，會認爲是一片宇宙塵埃擋住了未知的星球，便又申請造了一顆衛星去發現那片塵埃。要是沒發現那片塵埃，他們會認爲是宇宙中的磁場干擾了衛星的儀器。要是還沒發現磁場，他們會提出更多理論……直到人們把這件事遺忘了爲止。

這就好像我們生活中遇到的那種從來不懂得從根本上反省的人，他太窮，就罵老闆吝嗇給他錢太少、商人太壞囤積居奇。要是怨不得老闆商人，他就罵是政府太壞，要麼是「社會的錯」。要是他還愛國怨不了國家，那還可以罵「一代不如一代」、「現在年輕人全都墮落了」。要是這些都罵不上，他還可以仰天大罵是老天不公，是命運不濟。總之他遇到的所有壞事，都可以從別人身上找出無數理由，從而「嚴格地論證」出，他自己是不會出錯的。

你或許還會覺得，這個假設不可靠，科學家們不會就那麼傻吧！他們那麼聰明，怎麼會只知道不斷給錯誤的理論找理由，不知道懷疑整個理論呢？

實際上科學家們不僅喜歡找理由，而且無時無刻不在找理由。

想想物理課時做的實驗，實驗結果是不可能得到理想值的，而老師的解釋是因爲存在誤差。空氣阻力、物體表面不夠平滑、尺不夠精確，總之到處都有引起誤差的原因。

但問題是，科學家就能創造出絕對理想的實驗環境嗎？他們創造出絕對光滑的物體了嗎？他們創造出不受觀測干擾的實驗了嗎？不，他們永遠都創造不出來，所有的實驗結果、觀測數據永遠都有誤差。

科學家有能力減少誤差，比如改進實驗技術，更換各種實驗條件來對比實驗數據，透過多次實驗計算誤差的分布，看看分布曲線是否正常。但是，科學家永遠沒法真正消除誤差，也沒法精確地認定數值的某個部分肯定屬於誤差——假如能精確認定，也就不存在誤差了。

再者，科學中不乏如前文水星觀測這樣的例子，它是一個孤單的證據，當時的科學家們沒法找到同類例子，也就更沒法確定數據的偏差到底是不是屬於誤差。

所以，實驗數據總是給錯誤留了空間，而科學家又沒有嚴格的辦法去判定每一個錯誤數據的出現到底是因為實驗誤差，還是因為理論本身的錯誤。雖然大部分時候科學家的判斷沒有錯，但是到了水星的那個例子裡，實驗數據已經失去糾正科學理論的功能。

類似的例子並不少。西元一九五六年，李政道和楊振寧發現了宇稱不守恆定律，這是物理學界的一件大事，其衝擊效果類似於證明出「能量不守恆」，兩人因此獲得諾貝爾獎。然而實際上，在二十七年前，一些實驗早就已經出現支持宇稱不守恆的數據。但是科學家們覺得宇稱不守恆這事太扯了，就認為這些異常的數據只是誤差而已。

但這並不是科學家們的錯。

宇宙中確實可能存在未知的星球，存在磁場，它們也確實干擾過數據，以往這樣的事情也發生過，幾乎每一次，科學家們給異常數據找的理由都挺可靠的。

就拿牛頓定律失靈這事來說，歷史上還有一個相反的例子：當年牛頓定律發表後，天文學家們發現，按照牛頓的公式，天王星的位置怎麼都計算不對。最後，天文學家們推測應該還有一顆沒有被發現的星星，他們計算出這顆星星的軌道，最終發現了它，這就是海王星。

——你看，這次就真發現新星星了。

那麼，當下次牛頓定律和現實不符的時候，我們到底該怎麼判斷呢？

回到我們的假設，假設牛頓時代的科學家們提前知道相對論，而且科學家們發現相對論恰好能解釋水星位置出現誤差的原因，那麼他們會放棄牛頓嗎？

假如你是一位科學家，你選擇相信哪一個呢？一邊是一個沒聽說過的科學新人提出的一套全新的、複雜的新理論，徹底推翻了現有理論，唯一的證據是一次可能由誤差產生的異常數據；另一邊是一個在兩個世紀裡被無數人經過無數次驗證的經典理論，外加一顆遠離人類一億公里的、小小的、尚未被發現的新衛星，以及我們對自己天文觀測能力不足的謙虛承認。

換句話說，為了一個獨立出現的異常數據，我們應該推翻一個被驗證了成千上萬次的成熟理論，而用一個更複雜的全新理論取而代之嗎？

實際上，在前面說的日全蝕觀測實驗完成後，歐洲頂級的學術會議宣布愛因斯坦正確，結果當場就有權威學者站出來宣稱：他認可實驗的數據，但是不認為愛因斯坦就能因此推翻牛頓——人家打心裡就覺得你證據不足，那又能怎麼辦呢？

我們再說剛才第二個假設……您沒忘了那假設吧？我們假設：假如牛頓時代的人見到了更為正確的相對論，但是當時一切的觀測手段都無法驗證兩者的區別，那該怎麼辦呢？

這時候科學家就會毫不猶豫地選擇牛頓，原因在於前面提到過的「奧卡姆剃刀」。

前文提及衡量理論學說的兩個標準，第一位是預言的準確性，第二位是簡潔性。

「奧卡姆剃刀」大致的意思就是，當兩個學說都能準確解釋同一件事的時候，我們選擇更簡單的那個。

不為別的什麼，就只是因為它簡單。

關於奧卡姆剃刀，有一個比較常用的例子，說我們可以假設在車庫裡有一條我們看不到、摸不到、聽不到、用任何科學手段都檢測不到的「噴火龍」。這種假設在邏輯上是成立的——你不能證明它不存在嘛！那我們爲什麼要忽視關於這條龍的假說呢？我們可以根據證僞主義，說這條隱形龍的存在不能被證僞，所以是不科學的。我們也可以根據奧卡姆剃刀原則，說這條龍無論存在還是不存在，對我們的生活沒有任何影響，那麼科學家就認爲它不存在，爲的是讓我們的理論更簡潔，同時我們也不會損失任何東西。

我們也可以把奧卡姆剃刀用在《駭客任務》的假設裡。我們的確可以假設我們的世界都是虛擬的，但這假設對生活沒有影響。那麼，兩相比較，否認假設的世界更爲簡潔，於是我們就選擇相信沒有虛擬世界，我們生活的世界就是真實的。

但是您有沒有嗅到一個危險的訊號？

科學不是追求真理嗎？那麼奧卡姆剃刀是怎麼回事？奧卡姆剃刀能證明車庫裡的隱形龍不存在嗎？沒有，它只是當作隱形龍不存在。

根據奧卡姆剃刀原則，我們選擇科學理論的原則竟然不是哪一個更接近真理，而是哪一個更簡潔實用。

我們剛才說，無論當初的科學家是否觀測到和牛頓力學不符的數據，都不會相信相對論。那你肯定會問：那後來相對論怎麼就被承認了呢？

其實，廣義相對論被科學界接受的過程，並不是一錘定音——前面介紹的日全蝕觀測實驗是最戲劇性的一次證明，但不是唯一一次。早期證明廣義相對論的重要證據有三個，而且愛因斯坦對這三個問題都能計算出精確的數字。結果科學家們發現，實際的觀測結果和愛因斯坦的計算結果極為接近，這才服了——用別的理論，做不到同樣準確又同樣簡潔。

而且就算這樣，還是不能說服所有人，之後仍舊有無窮無盡的科學家質疑相對論。再加上當時找不到更多可以應用相對論的領域，所以在隨後的幾十年裡，人們漸漸冷落了相對論。直到二十世紀六十年代以後，隨著技術發展，人們發現在天文觀測、雷達訊號、GPS（全球定位系統）等領域，相對論都很有用，那些質疑相對論的聲音才逐漸消失。因為到了這個時代如果再不相信相對論，身邊的好多事就辦不成了。

說白了，相對論為什麼能被人們接受？是因為悖離牛頓力學而符合相對論的證據越來越多，多到人們覺得寧可選擇複雜的相對論，也比不斷給牛頓理論補漏洞要更簡潔、更省事。

也就是說，相對論代替牛頓力學並非一個突變的過程，也不是科學家們在一次大會上拿出各種證據和理論來不停地辯論，最終一方灰頭土臉地離開會場，另一方宣布科學理論被改寫。這其實是一個漸變的過程，是隨著反對舊理論、支持新理論的證據越來越多，相信舊理論的科學家不斷地給那些證據找理由，直到所有找出的理由堆積在一起比新理論還複雜、還難以讓人接受的時候，科學理論就被改寫了。

那麼，您能意識到科學理論互相取代，依據的是什麼原則了嗎？

是實用主義！

那個市儈的、庸俗的、讓我們瞧不起的實用主義，竟然是整個科學的核心？

在相對論出現以後，我們發現，牛頓力學嚴格來說都是錯的。我們生活的空間是彎曲的，隨便擺放一塊橡皮就可以改變空間的彎曲程度。我們坐了一趟汽車，手錶的時間就和標準時間有了一點點誤差。然而，我們在生活中從來不使用相對論解決問題。人們在製造汽車輪船的時候，用的仍舊是牛頓力學的公式。爲什麼明明有更準確的理論不用，非要用不夠準確的呢？原因不用我說，您肯定知道：牛頓力學在日常生活中已經足夠準確而且足夠簡單。

一句話，更實用。

再比如，生物體內的分子、原子都嚴格遵守物理定律，那麼我們可以把生物看成一個由大量分子組成的物體，使用種種物理定律去研究它的規律。然而事實上，我們在研究生物的時候，用的是和物理學完全不同的生物學，是一套全新的定義和理論。我們爲什麼拋棄物理學已經取得的巨大成就，在生物體研究上另起爐灶呢？這就是因爲，當我們把某個器官當作一個整體，按照生物學的方法去研究時，要比把它當作一個複雜的分子集合體用物理學去研究簡單省事得多。雖然物理學研究的結果更精確，但是生物學的方法簡單實用，所以我們選擇使用生物學，還是因爲實用。

甚至連我們最熟悉的「日心說」也是一樣，我們今天都知道地球繞著太陽轉，可是我們平時會這麼描述太陽──我們說太陽「升起」，太陽「落下」。當我們說「日出」和「日落」的時候，我們其實是在假設地球靜止不動，運動的是太陽。

爲什麼要這麼做呢？因爲在日常生活裡，認爲「大地靜止不動」更實用啊！

我們應該好好想想科學到底是什麼東西了。

前面的種種例子都表明，科學是個只講究實用與否的工具。我們在篩選科學理論的時候，實用是唯一的標準。首位的要求是這個科學理論能夠指導我們工作，不能夠出錯。其次，在不出錯的基礎上越簡單易用越好。就比如牛頓力學其實是錯的，但在我們粗糙的日常生活中已經足夠，我們就只當牛頓是正確的，不需要了解相對論。

假如你接受這一點，那麼可以聽聽我個人給科學下的定義：科學就是建立在經驗主義基礎上的、以實用主義爲原則篩選出來的、可以被證僞的理論。

說白話一點就是，科學就是我們在一堆科學假設中，挑出一個能夠解釋已有的實驗和觀測數據，而且表述盡量簡單，還可以被證僞的理論。這個理論就是最「科學」的。

波普的科學觀中，其實也有實用主義的傾向。

過去，人們以爲科學知識是從對經驗的觀察中總結出來的。也就是說，先觀察，再得出理論，這簡直是明顯得不能再明顯的事。

但波普說，這是錯的。

有一次上課，波普突然對學生說：「拿起你們的筆和紙，仔細觀察，然後記下觀察的結果。」

結果學生們手足無措，不知道該寫什麼，也不知道老師叫他們觀察些什麼。

波普於是說，我們在開始「觀察」經驗之前，不可能不帶著目的。人在開始觀察之前，一定要先有一個目的，有一個明確的任務，才能開始觀察。

所以波普認爲，先有觀察後有理論是錯的，應該是先有理論（先提出問題、設定目的），再有觀察。

這能說明什麼呢？

有一個科學研究最基礎的問題，一切自然科學都要遵守一個前提：全宇宙一定會遵守相同的物理定律。也就是說，物理規律是普適的，我們在地球實驗室裡得出的物理規律，對於十萬光年遠的恆星來說，同樣適用。

可是，我們憑什麼相信這一點？

波普說，我們並不能證明世上存在普遍的規律，但是人類為了生存，為了便於使用理論，必須在各種混亂的經驗中總結出規律來。換句話說，人類是帶著「總結規律」的目的去觀察、去總結經驗的，因而發現了各種普適的規律。

這等於是說：為什麼宇宙中存在普適的物理規律呢？

因為人類需要，這樣人類改造自然才方便。

這便是實用主義的觀點。

科學是實用主義的，這聽上去似乎太不可靠了。而且，科學也未必不是獨斷論的。

這是怎麼回事呢？

我們來看車庫裡的那條隱形龍。

顯然，任何一個科學家都不會承認隱形龍存在。我們可以用證僞主義說，這條隱形龍的存在是不可證僞的，也可以用奧卡姆剃刀把這條龍剃掉。而且我們在談這條隱形龍的時候，措辭很嚴謹，我們不說它不存在，只說它存不存在我們不知道。這還有問題嗎？

有！實用主義哲學家詹姆斯有一個比喻，原本是說宗教信仰問題的，我改寫了一下。有一個小夥子想要向一個女孩求婚，他只想和美若天仙的女孩結婚，但除非結婚，否則他沒辦法知道這個女孩的相貌。於是小夥子很糾結，因爲女孩的外貌不能被檢驗，按照科學的原則，就得當作這事不成立。那麼小夥子一直猶豫，也就一直沒跟那女孩求婚。

小夥子對待女孩子外貌的原則和我們對待隱形龍一樣：女孩的相貌我沒法知道，那我就得存疑，我不能證明女孩是一個美若天仙的人，我就不能做出結婚的決定，婚事就得拖著。

但詹姆斯說了，小夥子對結婚猶豫不決，拖著沒求婚，這不也是一種選擇嗎？這不就等於選擇相信「女孩並非貌若天仙」嗎？換句話說，懷疑論者以爲自己把所有可疑的東西都懸置起來，不當它是真的，實際上，這就相當於你當它是假的！

所以懷疑論者以爲自己是謹慎的、中立的，但其對可疑的事情採取了不相信的態度，本身還是一種獨斷的選擇。按照詹姆斯的話說，懷疑論者覺得「與其冒險步入謬誤，倒不如冒險喪失真理」。這和盲目相信有什麼區別呢？

所以這事成了這樣：我們反對獨斷論，堅持懷疑主義，結果在堅持懷疑主義的同時，我們又犯下了新的獨斷論。從邏輯上說，懷疑主義的問題就是那句老話：這懷疑一切的原則本身難道不應該懷疑嗎？恰恰是因爲懷疑論者沒法懷疑這個原則，所以對於那些不可證僞的事物的懷疑，這個行爲本身就成了獨斷論。而我們自己卻沒有辦法再避免這種獨斷論。

科學真讓我們失望啊！

當非歐幾何出現的時候，人們意識到，歐氏幾何不過是人們研究世界的一個工具而已，它被人們崇拜並不是因爲它揭示了永恆不變的真理，僅僅是因爲它是眾多幾何工具中最實用的一個。

今天我們發現，原來科學也只是一個用來描述世界的工具。科學家們並沒有一本「科學真理審核手冊」，並沒有什麼固定的程式來決定哪個理論更正確。我覺得，科學家更像是一起去市場採購的大媽，望著小販攤位上各類假說嘰嘰喳喳，挑挑這個夠不夠精確，看看那個夠不夠簡潔，最後七嘴八舌商量出一個大家最能接受的假設「買」下來。當然也有談不攏的時候，這時候科學家們就各說各話了，都說自己相信的那個假設最好。直到科學界出現了新的證據，大家就接著挑，接著吵。

一點都不具有追求真理的神聖性！

這會讓科學很難堪嗎？我倒覺得，這會讓科學更自在。我們前面說過，按休謨的說法，世界上不存在因果律，但另一方面，在一個決定論的世界裡，雖然存在因果律，我們卻無法發現它。那麼建立在因果律上的科學就很糾結，好像隨時都可以被駁倒一樣。

然而當我們接受「科學並非揭示真理，僅僅是實用工具」的概念以後就發現，我們沒必要非要先證明有因果律，然後再去研究科學。我們只要當作有因果律就可以了。因果律就是我們的一個假設，錯就錯了，那又如何？

第十五章　為什麼要相信科學？

假如我們接受了前面的看法，那麼，科學還代不代表真理呢？

我們是不是可以說，既然科學只是一個描述世界的工具，那麼其他的理論，比如宗教、巫術、占星術，它們也是描述世界的工具。難道一個工具能比另一個工具更高貴嗎？憑什麼科學就敢拿自己的標準去衡量別人？而且只要人家不符合「科學」就說人家荒謬呢？那你科學還不符合我占星術呢，為什麼你就不是荒謬的呢？

我覺得這麼說是有道理的。

假如一個科學家對一個巫師說：「你的巫術不符合科學理論，所以你是錯的。」我認為，這就是學霸的表現，科學家並沒有說這話的根據。

你可能會問：所以我們可以不相信科學了，以後的神啊鬼啊，隨便信信都沒有關係？

不，我不這麼認為。

雖然我們不能把科學當作衡量一切理論的標準，但是仍舊有標準可以用。

我認為有兩個原則必須堅持。

一是經驗主義原則。換句話說，理論好用不好用，必須眼見爲實，拿出大家都承認的證據來。

二是實用主義原則。理論還得有實用價值，不實用的理論再誘人也沒有意義。

換句話說，假如有一個理論認爲自己比現有的科學理論更優秀，就應該拿出可以檢驗的證據，同時這個證據得比已有的科學成果更實用。你要是算命師，你就得拿出證據，證明你比物理學、社會科學能更準確地預測未來。你要是民俗療法，你就得拿出證據，證明你在某方面比現代醫學能更有效地治癒病人。

或許有人會問：你又憑什麼說，經驗主義和實用主義是考察各種理論的標準呢？

我們想，我們選擇信不信某個理論是爲什麼呢？比如，我們爲什麼需要在民俗療法和現代醫學之間選出一個更優秀的理論呢？因爲我們要治病，對吧？我們要的是它的實用效果。所以我們關心的是這兩個理論哪一個更實用。

若你去找一個懂民俗療法的人，他說：根據我的某某理論，你的病好了。你會相信他嗎？不會吧！你得觀察自己的身體，看自己的病是不是真的好了。要是沒好，你就會找他算帳。所以，我們要選擇理論，原則必須是實用主義的，依據必然是經驗主義的。

因此，拿經驗主義和實用主義做考察理論的標準，這不是出於科學家的學霸作風，而是出於我們自己的需要。

如果我們接受了這一點，回來再看科學：科學堅持經驗主義、堅持實用主義，並且完全開放，允許證僞、允許質疑，反對獨斷論。那麼，還有什麼研究方法能比科學更好呢？

所以我的觀點是這樣，我們不能說某個理論「不符合科學理論」，就認爲它是錯的。但假如我們認爲「科學方法」指的是「以經驗主義爲標準，以實用主義爲目標，允許別人檢驗，反對獨斷論」的話，那麼我們就應該相信科學，就可以說：如果某個理論的論證過程「不符合科學方法」，那麼它就是不可信的。

在這件事上，我對一個很有爭議的話題多說幾句。

那就是關於醫學的爭論。

首先得糾正一個稱呼。我們今天所俗稱的「西醫」，嚴格來說要叫作「現代醫學」，指的是建立在科學結論的基礎上，使用科學方法研究的醫學。而字面意義上的「西醫」，是對西方的民俗療法的稱呼，指的是過去西方人用的草藥、放血之類的療法，已經被現代醫學淘汰了。

我們今天俗稱的「中醫」，其實可以分成兩部分。其中正規的中醫學校／科系、中醫醫院裡使用的「中醫」，已經學習了大量現代科學的思想，重視實驗、重視統計，不排斥那些已經被廣泛檢驗的科學成果（如：X光機）。這樣的中醫，在研究方法上和科學沒有矛盾，也可以看成是「現代醫學」。

但還有一種觀點，認爲「真正的中醫」不能使用科學的方法，不能使用科學的結論，古代的典籍比現代的科技更正確，甚至認爲正規的西醫治療是錯的。這種主張，我們姑且稱之爲「民俗療法」。

我們這裡討論的，就是「現代醫學」和「民俗療法」之間的爭論。

顯然，以現代醫學的標準，「民間醫學」裡有很多地方是「不科學」的。「民間醫學」的辯護者們有一個論點，說你們西方人憑什麼非要用「科學」的標準去看待我們中醫？那是你們的標準，不是我們的。你強行用自己的標準要求我們，這是一種霸權主義。把科學不言而喻地當作衡量事物的標準，這不也是一種迷信嗎？

這個觀點我同意。

沒錯，現代醫學的種種理論、觀點都不是絕對正確的，現代醫學僅僅是我們對人體的眾多解釋中的一種，絕不是唯一的。特別是對於人體這種極爲複雜、經常處於變化中的研究對象，或許「民俗療法」的確比現代醫學有更大的潛力，這些觀點都是沒問題的。

但最關鍵的一點是，我們不能放棄經驗主義和實用主義。

就是說，如果想證明「民俗療法」比現代醫學更有效，就必須在大範圍內進行治療實驗。目前最好的方式是大樣本隨機雙盲實驗。做完實驗一統計，對於某個病症，哪種治療方法的效果更好，我們就選擇哪種療法。

說中醫歷史上有過多了不起的記載，裡面有多少五行八卦之類深奧的哲理，民俗療法「能平衡人體」、「從整體看待人體」、「更自然」等理由，我認為都不重要。重要的是此時此地，它能更有效地治病，能切實地延長人的壽命。你能實現就算你有本事，你要是不能實現，你的理論再天花亂墜，我們也棄你不用。對於現代醫學，我們也用同樣的標準對待。

就像我們說相對論代替牛頓力學的過程那樣，愛因斯坦並不是一上來就說：我這個理論吸取了古籍精華，從上古希臘文獻中破譯了歐幾里得密碼，然後又根據多麼先進的辯證思想總結出來，上合天道，下順地氣，所以我是對的。科學家們聽了肯定會對保安說，把這個精神病給我拉出去。相對論剛提出來的時候，科學家們並不信服，而是靜靜等待實驗數據的出現。相對論的勝利來自觀測實驗的勝利，是經驗的正確證明了理論的正確，而不是相反。

「民俗療法」的支持者有一種辯詞，說過去的老方法已經流傳了這麼多年，還有這麼多人相信，能說它沒有效嗎？

我認爲，這是一個有一定力量的辯護。流傳時間越久、範圍越廣的理論，說明它積累的經驗越多、經過的考驗越多，的確可以增加它的可信度，但是這個辯護的力道還不夠。

首先，在現代醫學進入中國以前，中國人只有民俗療法，沒有其他理論與之競爭。其次，今天很多中國人相信老偏方，不僅是因爲它有效，還有很多社會因素。就像有很多人相信宗教，但這並不能證明神蹟一定是真的一樣，所以這是一個不夠強的證據。

最好的檢驗辦法還是「大樣本隨機雙盲實驗」。

解釋一下。

「大樣本」是說，我們驗證某個方法可靠不可靠，光看一個例子是不行的，要找很多例子一起驗證。例子越多，實驗的結果就越可靠。

「雙盲」是說，要把實驗對象分成好幾組。比如實驗一個療法是否有效，不能光看吃了藥後多少病人的病好了，應該有另外一組病人，只給他們毫無療效的安慰劑，對比兩組的實驗結果，才能知道藥物的真正療效。病人的分組應當是隨機的，保證各個組之間患者的情況類似，不能身體好的分一組，身體差的分一組，那樣就作弊了。

而且這個過程，被實驗者和實驗者都是「雙盲」的，安慰劑的外形和真實的藥物一模一樣，吃藥的患者不知道自己吃的是真實的藥物還是安慰劑，目的是避免患者的心理作用影響結果。同時，親自給患者服藥的醫生，也不知道哪些病人吃的是真藥，這樣做是避免醫生透過心理暗示（如對服真實藥物的患者更關心）來影響結果。當然，最終實驗的統計者能準確知道哪些病人吃的是真藥，哪些吃的是安慰劑。有的實驗做不到「雙盲」，也可以做「單盲」，也就是只瞞著病人。

大樣本隨機雙盲實驗的作用，在於尋找兩件事（如實驗藥物和療效）之間真實的因果關係，盡量排除其他因素的干擾。

比如，有一些病是可以自癒的，還有很多病只靠心理作用就可以加速痊癒。有很多人一有病就吃藥，吃藥後身體果然好了，這到底是藥物成分的作用，還是藥物的心理安慰作用，還是純粹是身體自癒了呢？想要搞清楚這些，最好的做法就是找大樣本病人，分成三組，一組吃藥，一組吃安慰劑，一組不吃藥，雙盲實驗，統計結果，藥物有沒有用一目了然。

不僅對於醫學，大樣本隨機雙盲實驗對於各種算命、巫術等不願意同科學合流的理論，都有很好的檢驗效果。前面說過，星座算命所給出的結論大多是不可證偽的。但有時也有一些可以證偽的結論，有時也靈，那怎麼知道星座到底有沒有用呢？找一堆人，隨機分組，一組人用和本人相符的星座的預測結果，另一組用和本人不符的星座的預測結果，但也告訴他們這些都是真實的預測結果，看看兩組人覺得靈驗的比例是否相近。實際上，有人已經做過這樣的實驗，把同樣一段預測結果發給不同星座的人，結果人們都表示很「靈」。

雙盲實驗在這個問題上，排除的是「巴納姆效應」的干擾。這是一個心理學效應，說的是人們傾向於相信爲自己量身定做的、模糊的性格預測，而不管這個預測是不是真的準確。

再比如，我們在歷史上常看到某些特別靈驗的算命大師：如在某名人年輕的時候說此人大有可爲，如在朝代更替之前就能預言某朝當興，假如我們翻開史書統計，靈驗的預言比不靈驗的要多很多，這說明算命真的有道理嗎？不能，因爲樣本不是隨機選擇的。要真的檢驗算命，應該找一大堆算命大師，讓他們做出大量可證僞的預言。再叫不會算命的人用類似的句式做一些假預言，成爲對照組。看看是不是算命大師組爲真的機率明顯高於對照組。否則，哪怕名聲再大、口碑再好的算命大師，無論歷史上的還是當代的，都不能算他真正有本事。

雙盲實驗在這裡排除的是「倖存者偏差」的干擾，這個意思是說，只有被驗證爲正確的預言，人們才會廣爲傳誦，才願意記錄在歷史書上。那些出錯的預言，人們沒興趣傳播。因此，光從歷史書上或者鄰里的傳聞裡聽說的某大師靈驗所留下的印象，和現實是有偏差的。

大樣本隨機雙盲實驗並非無漏洞，如休謨的懷疑論，任何檢驗手段都無法澈底符合客觀事實。比如某神醫會在實驗時因緊張而失常，看病時卻沒問題，那麼雙盲實驗就會冤枉他。

更大的缺點是，大樣本實驗的成本非常高，藥物實驗耗時很長，很多治療方法沒有條件接受這樣的實驗。嚴格如美國的食品和藥物管理局，批准新藥上市也不是全靠雙盲實驗，還要結合臨床醫生的回饋等更多的資訊。

但是——這裡一定要說但是——對於那些爭議特別強的理論，大樣本隨機雙盲實驗仍舊是利用剔除騙術、心理誤差、協力廠商原因等非常態因素來檢驗爭論對象是否有用的最好辦法，沒有其他更有效的方法了。

回來看「民俗療法」。

如果我們堅持經驗主義和實用主義的標準，那麼，那些拒絕大樣本隨機雙盲實驗的理由就都站不住腳了。

比如：

有辯解說，民俗療法的治療是對病人「定制」的，每個病人的藥方都是獨一無二的，因此不能用雙盲實驗。——其實還是可以用雙盲實驗，可以讓醫生給所有的病人診斷、開客製化的藥方，然後由試驗組織者把安慰劑組的藥物替換成安慰劑就可以了。

有辯解說，每個人的身體情況都不一樣，同樣的病、同樣的治療方式在每個人身上的表現不同，怎麼能用刻板的試驗和冷冰冰的數字統計呢？——現代醫學也認為每個人的身體情況都不一樣，但還相信雙盲實驗，祕密就在「大樣本」和「隨機」這兩個條件上。透過大樣本的統計，可以消除個體差異，顯示出真正的療效。其實，強調每個人身體不同而不接受統計學的檢驗，就相當於承認自己的醫術不可證僞。因爲治療好了，治療者絕不可能說自己是矇到的，而強調靠的是自己的醫術，治不好，就說每個病人的具體情況不同，這是典型的不可證僞。

有辯解說，民俗療法擅長的是調理人的整個身體，根本就沒有現代醫學「具體某某病」的概念。對於這種觀點，可以增加雙盲實驗中的檢驗指標的數量。無論「民俗療法」所說的健康是個多整體的概念，最終總要落實在具體的、摸得著看得見的效果上。如人的壽命延長、人體機能增強、器官的衰老速度減慢，這些都可以量化和統計。

有辯解說，民俗療法擅長長期調理人體，而不是治療一時的病。——那可以延長試驗的時間，進行長達幾十年的跟蹤統計，這樣的試驗已經做過不少。

還有一些辯護，給「民俗療法」的治療增加很多限制條件，條件多到足以讓該方案無法透過雙盲實驗。實際上，這就等於承認該療法不夠實用。比如，有人辯解說，病人情況千奇百怪，在你們試驗的時候，我沒有發揮好，其實我很有本事的。可是，那病人找您看病的時候，您要是也沒發揮好，那怎麼辦呢？

還有的人辯解說，凡是沒透過雙盲實驗的醫生都是庸醫，不是真正的好醫生。——那麼普通的病人，又該怎麼分辨誰是庸醫，誰是真正的好醫生呢？假如你說，可以讓協力廠商機構來分辨。那協力廠商機構秉公無私（而不是依賴個人主觀意見）地分辨庸醫和好醫生的方法，不還是看統計學上的療效嗎？

說這麼多，並不是要給醫學的優劣下結論，而是用這個有爭議的話題來說明，無論任何聲稱自己和科學「不是一個系統」、不能「把科學理論強加於我」的理論，最終還是離不開實用主義，離不開經驗檢驗。而且最好的檢驗辦法，就是大樣本隨機雙盲實驗。假如你拒絕檢驗，那麼你的理論在大部分情況下就是不實用的。

有一種觀點，說科學只是眾多認識論中的一種，只相信科學，拒絕別的理論，不也是一種迷信嗎？

什麼叫「迷信」呢？不經思考的相信，不允許別人質疑，就叫「迷信」。假如一個人在沒學過哲學史的情況下，認為科學代表了終極真理（在哲學中叫做唯科學主義），不承認科學的局限性，認為不能證偽的觀點就是錯的（我認為，不能證偽的命題僅僅是不可知的），那麼這的確可以稱作「迷信」。

但是，如果一個人在承認科學局限性的前提下，仍舊相信科學的結論，那就不應該叫迷信。在這一點上，我認爲科學和宗教、巫術不是對等的，科學比宗教和巫術更加「不迷信」一些。

關鍵不僅在於科學理論可以證僞，還在於它的檢驗是開放的。

科學理論的語言基於嚴謹的邏輯，任何人只要花一點時間學習都能讀得懂（相反，一些學派會說他們的理論不遵守邏輯思維，需要自己領悟，不同意就是沒領悟到真理），科學沒有權威（有的宗教教義只有神職人員才有權解釋，教衆不允許有不同的說法），任何人只要有技術條件，都可以去證僞、推翻最權威科學家的理論（有些宗教拒絕教外人士參與討論，而科學不會歧視人的身分，只要你拿出證據來就行）。因爲這些原因，科學雖然有局限性，但比其他不允許質疑的理論，要更「不迷信」。

世界各大宗教內部都分成很多小派，不少小派之間還互相攻擊，互相罵戰。爲什麼宗教總講「寬容」、「慈愛」，而這些細小的派別卻難以統一呢？因爲宗教理論大多不可檢驗、不可證僞，因此不同的觀點根本無法辯論出對錯。過去，教會要靠宗教裁判所這樣的暴力機關才能解決爭議。但是科學觀點就相對統一，當然科學家也不一定都是好人，科學家和其他人類一樣擁有各種陰暗面，某些科學家也自私，也互相嫉妒，也會虛僞欺騙。科學家在研究同一件事的時候，也常常各執己見，都認爲自己是對的，誰也不服誰，甚至還會有李森科⑩這種利用政治權力打擊異己的惡劣事情發生。但是科學的方法是開放的，因此不同的意見哪怕相隔萬里、相隔千百年，也都可以在同一個平臺上公平對話。任何人都可以透過實驗來發表自己的意見，時間長了，對同一件事檢驗的次數多了，自然就會分出正誤來。

當年有多少人不服牛頓，天天和牛頓打架，不久以後，就再沒有科學家否認牛頓，因爲如果你在否認牛頓的基礎上研究，你就不可能做出任何經得住經驗檢驗的成果來。同樣，當年有不少人反對愛因斯坦，過了一段時間後，那些反對的聲音也都漸漸消失了。

教會當年設立成千上萬個宗教裁判所、遍地而起的火刑架都沒能統一觀點，科學家們只靠著幾本學術期刊就搞定了。這不是非常了不起的事嗎？

---

⑩ 特羅菲姆・鄧尼索維奇・李森科（一八九八—一九七六），蘇聯生物學家、農學家，烏克蘭人。

第十六章　尋找人生答案

前面說了很多科學的內容，不是我想離題，而是這回終於講了一點有用的東西。

您想想，這本書前面說了大半天哲學，什麼這個主義、那個主義，吵來吵去，最後一看，這些理論全都是錯誤的，一點有用的東西都沒落下，您看得都快掀桌了吧？這回輪到實用主義這裡，總算是說了點有價值的理論。

我們現在知道，實用主義對於科學來說很有用。那麼，我們能不能把實用主義的方法應用到哲學研究中？它能用來回答形上學的問題嗎？

試試吧！哲學中有什麼實用的問題呢？

前面說過，我們研究哲學的目的是追問人生意義。

這個問題哪裡實用了呢？

我們想想，我們什麼時候才會追問人生意義？

也許是夜深人靜的時候，突然想到人的一生短如朝露，對必然到來的死亡和虛無產生深深的恐懼，又不知道該如何排解。

或者是體驗一次縱欲之後，覺得人生就算再有錢再成功，欲望滿足後得到的也是痛苦和空虛，不禁對人生充滿了悲觀。

或者是覺得自己正過著庸俗無聊的生活，有一種強烈的欲望想要擺脫庸常，卻不知道該做些什麼。

或者正陷於生活的泥潭中，覺得人生就是一場無休無止的苦役，永遠看不到解脫的可能。希望能給自己經受的這些苦難找到一個價值依託，讓自己吃的苦變得有意義。

總結來說，我們大半是在空虛、焦慮、恐懼、悲觀、絕望的時候，才更需要追問「人生的意義」，來驅散這些負面的情緒。

按照實用主義的觀點，只要我們能找到一個人生意義，一經相信，就可以消滅上述負面情緒，那這就是我們的人生意義了。

問題是，你以為天底下只有你自己才有過空虛、焦慮、恐懼、悲觀和絕望，沒接觸過哲學的人就沒有過這些負面情緒嗎？世界上的其他人就都不怕死嗎？別人就沒有空虛無聊，沒有對苦難的生活感到過絕望嗎？

人天性趨樂避苦，人類發展奮鬥千萬年，你以爲全體人類都在做什麼呢，不就是在做這一件事嗎？不就是在透過經驗主義和實用主義的原則，盡一切手段來驅散各種負面情緒，追求充實和快樂的生活嗎？

前面說過，假如這世上有一種易於接受、成本很小，又能帶來好處的思想，沒有什麼理由能阻止這種思想立刻在人類中傳播開。你難道認爲，在某本哲學書中還隱藏著一個既好用又能讓每個人都相信的人生意義，大家都不知道，就偏偏等著我們幾個聰明人去發現嗎？

顯然更可靠的結論是：大家平時應對上述精神困境的辦法，就是這些問題的最優解。

我們都不需要有文化的人出手，隨便拉一個大媽，就把前面那幾個問題都搞定了。

你問大媽：「我怕死，怎麼辦？」大媽說：「怕什麼！愁也是一天，樂也是一天，爲何不樂啊？」——她回答了，「追求快樂」就是人生意義，關注眼前快樂，就可以不怕死。

你問她：「我覺得滿足欲望也沒什麼意思，怎麼辦？」大媽說：「人活著得有個愛好啊！你看我，天氣一好就到公園上跳舞，身體好，還交了不少好朋友，多快樂！」——她回答了，「擁有愛好，鍛鍊身體，和朋友相伴」就是人生意義，這樣做能避免孤獨、沮喪和縱欲的空虛，擁有持久的幸福。

你問她：「我不想過庸常的一生，怎麼辦？」大媽說：「我聽不懂啊！什麼叫庸常？平安是福，知足常樂。健健康康、沒病沒災的，這日子不是很好嗎？」——她回答了，「平常生活來之不易，因此平凡的生活並不平凡」，認識到這一點，就是人生意義。

你問她：「人生要受那麼多苦難，有什麼意義？」大媽回答：「什麼意義？我不懂什麼意義，苦這東西，輪到你吃的時候你就得吃。反正吃苦總有個頭啊！」——她回答了，「等到苦盡甘來的一刻」就是吃苦的意義。

這些都不是唯一的答案，這世上每一個不困惑的人，對這些問題都有自己的回答。您如果想最簡便地解決這些問題，最好的辦法就是去找各種人問一問，選一個自己最喜歡的答案就是了。

實際上，我們都不需要張口問，就已經在不知不覺中，找到了實用主義的人生答案。這是因為，我們在現代所接觸到的絕大多數精神產品，都來自自由市場，而在自由市場，尤其是在快消產業（消費頻率高、使用時限短、擁有廣泛的消費群體、對於消費的便利性要求很高的商品銷售行業）裡，「用戶的購買衝動」要比用戶的長期體驗更重要。

什麼意思呢？簡單地說，就是廠商要用戶在決定花錢購買的那一瞬間，大腦做出「只要我現在購買，我就能獲得好處」的判斷。哪個產品能讓使用者產生這個判斷的機率最高，產生的購買衝動最強，哪個產品就更容易占領市場。

比如說，我們都知道洋芋片之類的食品吃多了對身體不好，但是在超市的貨架上，還是高油高鹽高糖的零食占的位置最多、最好。而且在包裝袋的正面，還印滿了香噴噴的食物圖。目的就是把消費者當成巴夫洛夫的狗，希望消費者在看到圖片的一瞬間，多巴胺能多分泌一點，然後一衝動買買買就完事了。

可是，消費者又不是傻子，明明知道這些食品吃多了會不健康，難道不會用理性克制自己嗎？確實有這種可能，那怎麼辦呢？對於廠商來說，最根本的辦法當然是改進食品的配方，讓它更健康。但這其實不是關鍵，關鍵是在包裝袋上用巨大的字印上「健康」、「少糖」、「低脂」、「天然」，再印上巨大的新鮮水果、綠葉，添上清澈的露水。然後就等著消費者在看到圖片的一瞬間，多巴胺一分泌，一衝動便買了下來。——至於吃了這些食品的一個禮拜後，消費者的體重稍微增加了零點一克、十年後得慢性病的機率增加了百分之零點零一等這種「小事」，消費者意識不到，生產者更不會在乎。雖然這些才是「健康」的真正定義。

換句話說，在很多市場裡，最好賣的產品是「在消費者做出決定那一瞬間最能打動消費者」的產品，而不是「真正提供價值」的產品，更不是「消費者決定購買後好久還能從中受益，但是消費者意識不到」的產品。

從這個角度來看我們身邊的精神產品，那些最好賣的、最出名的、我們每天都要接觸到的商品，都是在用戶消費的一瞬間，把「尋找人生意義」這件事做到了極致。

在網路時代，消費者對於內容的消費行為，主要體現在三個動作上：點擊標題、按讚、分享。這三個動作能直接轉化成內容生產者的收入。那怎麼能讓消費者在做這三個動作的時候「被一瞬間打動」呢？那就是用能引起人情緒共鳴的句子、音樂、美圖，把人的情緒在一秒鐘內帶起來。

你因為人生沒有意義而痛苦焦慮嗎？雲淡風輕的句子上，舒緩的音樂響起，清新的藍天海邊來點綠意和美食，用戶看了五秒鐘後，「啊啊啊」血清素分泌了，焦慮感降下來了，分享、按讚——人生意義的問題解決了。

因為找不到人生意義而消沉低落？勵志的句子上，慷慨音樂響起，來段「你見過洛杉磯早晨四點的街道嗎」，再讓窮苦人在大雨中給你鼓勵，用戶看了五秒鐘後，「啊啊啊」腎上腺素分泌，心跳加快，馬上分享、按讚——人生意義的問題又解決了。

哪怕我們直接追問「人生意義」是什麼的時候，打開手機，最容易看到的答案是什麼？只要出現在你眼前的這行字是靠按讚、分享數推送到我們面前的，那麼我們看到的，就不是從理性上講最正確的答案，而是「大多數帶著同樣疑問的人掃了一眼，立刻覺得好有道理、好有共鳴」的答案，是「大腦在一秒之內不加思考就認同」的答案，是「看上去很對，但未必經得起推敲」的答案。

其實還是情緒。

回想自己過去的經歷，在我們的一生裡，其實大多數時候我們並沒有思考哲學問題、思考人生意義，因爲那樣太累了。我們一生絕大多數的時間，都沉浸在各種各樣的情緒起伏中，靠情緒的浪濤淹沒我們對人生的困惑。我們隨手可得無窮無盡的音樂、短片和金句，從一秒鐘的情緒刺激到上百個小時的連續劇，要什麼形式有什麼形式。在情緒的潮水中，我們關於人生意義的問題，已經從實用主義的角度得到最好的回答。

這樣也沒什麼不好，生而爲人，就應該享受情緒的起伏。要是每時每刻都沉浸在絕對冷靜的思考中，那人生得多遺憾啊！

但是，我們甘心嗎？

我們甘心自己的人生困惑被大媽的回答、被情緒的起伏替代嗎？

如果我們的回答是「不」，那麼用實用主義給出的哲學答案，我們也不能接受。可是那怎麼辦啊？我們就想要答案，哲學還給不了我們答案。這就好比老師給我們出了一道題，這道題明明是「無解」，還要求我們必須解出來，這不是太荒誕了嘛！

對呀！人生就是荒誕的。

第十七章　人生荒誕、無意義嗎？

第一次世界大戰後，歐洲逐漸興起了一個叫做「存在主義」的學派，他們認為人生是荒誕的。其中最為我們所熟悉的兩個人，是沙特和卡繆。

沙特這一輩子很傳奇，有一點「小號羅素」的感覺，好多地方都和羅素有點像。

羅素小時候家中富有，沙特呢，沒羅素家那麼有錢，但也是一輩子吃喝不愁。

羅素是個「大眾喜歡的知識分子」，寫了很多受大眾歡迎的文章和暢銷書，而沙特也是一樣。

羅素造訪過中國，沙特也造訪過。

兩人還都獲得過諾貝爾文學獎。區別是沙特是歷史上第一個自己主動拒絕領諾貝爾獎的人。因為他認為一個真正的作家不能被機構規範，所以拒絕接受來自官方的榮譽。羅素大爺沒拒絕諾貝爾獎，但也做了一件猛事：羅素最著名的身分是數學家，諾貝爾獎沒有數學獎，羅素是靠他寫的書得了諾貝爾文學獎。所以羅素得到了一個稀有成就：「獲得諾貝爾獎的數學家」。

羅素的情史超級混亂，沙特也很亂，和好多女孩有過戀情。沙特的終生摯愛是同為知識分子的波娃，但是二人在年輕的時候就約定，雙方終生保持著不結婚、允許對方有其他情人的狀態——也就是互相尊重、不用婚姻約束對方的愛情生活。

甚至於，羅素和沙特兩人打扮的風格都類似。晚年的羅素是白髮蒼蒼、叼煙斗的睿智造型，打眼一看就是隱藏在書架陰影裡的智慧大師，手裡多根魔杖就能幻影移形的那種。沙特呢？他小時候因為生病，右眼有些歪斜，仔細看其實挺醜，但是架不住人家造型太帥了。沙特成年以後的照片，好多都是穿著大衣、眉頭緊鎖地叼著菸斗的形象，一看就是混跡巴黎的知識分子，感覺就像剛跟藝術家朋友聊夠了，正準備奔左岸咖啡館補兩杯的那種。

更重要的是，沙特和羅素都積極參與社會活動。

沙特曾因在報紙上批評政府而被指控犯有誹謗罪，他一怒之下親自到馬路上賣報紙，結果被員警拘禁。羅素年輕的時候因為反戰進過一次監獄，八十九歲的時候又進過一次。

而且兩個人還合作過。比較有名的是西元一九六六年美國參加越戰時，羅素自己掏錢，邀請世界知名學者組成「國際戰犯審判法庭」，調查並審判美國的侵略罪行。沙特擔任了法庭的執行庭長。後來法庭宣判美國對越南犯下戰爭罪行，當時的美國總統、國務卿、國防部長都被列為戰爭罪犯。當然，這種宣判就是一種知識界的聲明，實際上沒有任何效力。

但是不難承認，在劍拔弩張的冷戰時代，羅素跟沙特能做出審判美國總統這種猛事，他們的膽識和社會責任心都無愧於「知識分子」的稱號。

沙特和卡繆也有很多交集，他倆都是法國人，年齡差不多，且兩個人都是在一歲的時候喪父。第二次世界大戰的時候，法國淪陷，兩個人都以寫文章、演話劇等方式參與地下反抗活動。在這段時間裡，他們成了好朋友。卡繆和沙特、波娃以及包括畢卡索在內的一些名人經常聚會、吃飯、聊天。

第二次世界大戰後，卡繆和沙特、波娃還經常一起聚會。卡繆和沙特都喜歡泡妞，尤其卡繆在這方面堪稱高手，經常手到擒來。相比之下，沙特因為相貌的原因，總比卡繆略遜一籌。卡繆曾跟朋友說波娃傾心於他，但他拒絕了，因為他擔心波娃是那種會在枕邊絮絮叨叨的才女。

後來沙特和卡繆在雜誌上吵了一架，從此分道揚鑣，吵架的原因當然不是為了波娃，也不是因為哲學思想上的對立，而是政治立場上一左一右的分歧。因為當時沙特和卡繆已經是世界有名的文化紅人，兩個人的多年交情也是人盡皆知。所以他倆吵架的消息在當時引起轟動，連只登下流內容的小報都用一大片的空間來詳細刊登這件事。

七年後的一天，卡繆坐著朋友的車去度假，朋友開車，卡繆坐在旁邊，朋友的妻子和女兒坐在後座。路上，卡繆和朋友聊到死亡的話題，他開玩笑說，死後就把屍體放到朋友妻子家的客廳裡，後座的朋友妻子說，這太嚇人了，要是這樣的話她就搬家。不久之後，車輪打滑，汽車撞上路邊的大樹，卡繆當場死亡，他的朋友被送往醫院，在幾天後的外科手術中死於腦出血，兩位女士也受了傷。

卡繆車禍身亡後，法國舉國哀悼，當時法國廣播電臺正在罷工，但罷工委員會立刻同意播放五分鐘的哀樂悼念卡繆。

隨後，沙特爲卡繆寫了悼詞。在後來的文章中，沙特評論這場車禍：「在這個死亡中有著無法忍受的荒謬性」。

在存在主義者看來，世界就像這場車禍一樣，是荒謬的。

爲什麼這麼說呢？

讓我們回到哲學之路上。

前面說了，形上學之路已走不通，意味著世界上沒有絕對真理，沒有現成的人生意義。

問題是，人的日常生活又離不開「意義」。我們做任何事情，只要一經理性思考，常常要問自己：「我爲什麼要做這件事」、「這個『爲什麼』」，問的就是這件事的意義。一旦我們覺得即將要做的事情對我們來說毫無意義，我們就會垂頭喪氣，提不起勁去做。

如果我們覺得整個人生都毫無意義，就會覺得無法做任何事情，甚至提不起勁去活。

可是哲學家們說了，人生就是沒有意義啊！

在沒有意義的情況下，人們還得假裝有意義地活下去，所以存在主義者認爲，這個世界是荒謬的。

沙特有一本小說叫《嘔吐》，裡面沒有跌宕起伏的情節，通篇寫的是主人公感覺到這個世界發生的一切事情都是偶然的、沒有目的的、找不到意義的，人類的存在毫無理由、純屬偶然。意識到這一點後，主人公就產生荒謬感、產生噁心的感覺。

有人說，你說的這種荒謬感，是只屬於哲學家的，你們苦苦思考，認爲人生沒有目的，可是大部分老百姓不這麼想。老百姓有的想，我活著是爲了國家富強；有的想，我活著是爲了家人幸福；有的想，我活著是爲了享樂一生。他們都找到了自己的人生意義，且一生堅信不疑，這不就不會產生荒謬感了嗎？

假如真的能一輩子都堅信某種人生意義，從不迷茫困惑，那的確不會產生這種荒謬感。

但是，因爲這些意義並非來自絕對真理，而是社會後天創造出來的，所以它們並非堅不可摧。說白了，其實很多人堅信的某個人生意義，僅僅是因爲他從小生活的環境裡，每個人都是這麼跟他說的，他聽多了沒懷疑過，所以就信了。在一個價值觀多元的世界裡，這種沒有真理做基礎的「意義」，很容易被現實摧毀。到了那個時候，人就會感到荒誕。

就好比有人爲了親人活了一輩子，結果發現親人辜負自己；有人爲了出人頭地努力奮鬥，結果發現自己根本不可能成功；有人爲了享樂活著，結果在享樂滿足的一瞬間感到極大的空虛。這些時刻，人們原有的意義崩潰，有些人會及時給自己找到新的意義（這就是所謂的「開導自己」），如果沒能及時找到，就會覺得這個世界荒謬、人的本質荒謬。

我再舉一個例子。

人類獲取知識最基本的方式是講故事。比如在遠古時代，古人坐在火堆旁，老人就把知識教授給孩子。但是遠古人沒有那麼強的邏輯能力，孩子也沒有那麼強的智力去學習。因此，老人把要教授的知識變成部落傳說，用故事的形式講給孩子。比如，講一個勇士用智慧戰勝怪獸的故事，孩子就可以從中學到智慧的價值。

不光是遠古人，我們今天的幼兒教育也採取這樣的形式。

也不光是幼兒教育，成人學習很多知識也是靠故事的形式。比如，我想把我們公司的情況講給我的伴侶聽，很少有人會用純邏輯的語言介紹：「我的公司有三個人，第一個人有三個特點，分別是一、二、三……」而是會這麼說：「我跟你說，今天我們公司發生一件事，我那個同事如何如何……」我對自己公司的描述是靠這些故事組成的，伴侶對我公司的印象，也是靠這些故事拼湊出來的。

故事，是大部分人理解這個世界的方式。現在請你喚起你對一個熟人的印象，你最先想到的是不是關於這個人的一些事件的片段？而不是理性的列點特色。這是人類進化的一種優勢：用故事的方式記憶知識，對智力水準依賴程度低，知識不容易被遺忘，這在遠古時代是最高效的，在現代也是最省力的方式。人生小感悟、心靈雞湯這類用故事來說教的形式之所以最流行，就是這個緣故。

而人類能理解的故事也有一定的固定模式，這個模式經過人類文明的千錘百煉之後，早就固定下來了。

故事必須有開頭，有衝突，有高潮，有結尾。

任何一個能被大眾接受的，聽著比較「正常」的故事都得有這幾個要素。

試想，假如我給別人講一個沒有開頭的故事，我說：「小王，我跟你說個故事：那兩個人後來當好朋友了……」小王會立刻打斷我：「等等，你說什麼？哪兩個人？我沒聽懂。」

小王爲什麼會完全拒斥這個故事呢？因爲沒有開頭的故事對他來說，沒有提供任何有用的資訊，他沒有辦法理解。

再試想，假如一個故事沒有高潮，或者沒有結尾，那會怎麼樣呢？我給小王講一個故事，講到最關鍵的時候突然停下來不講了。小王會忍不住問：「繼續講啊，然後呢？」如果我堅持不講，他甚至會生氣：「你這個人怎麼這樣呢，說話說一半！」

爲什麼他會生氣？因爲他的理性思維難以接受一個沒有解決衝突和懸念的故事，甚至會因爲過於難受而感到憤怒⑪。

⑪有人或許說：「我是文藝青年，我就喜歡那種沒有結尾、有一點小感覺但是沒有明顯劇情的故事，我也看得挺開心。」我們可以想想，自己在看這類作品以後，假如該作品讓自己滿意，那會不會在心裡給作品下一個評價？比如，「這故事好感人」、「這故事揭示了人間的荒謬」、「這故事文筆不錯」。這些評價，是當這個故事沒有真正結尾的時候，人類忍不住給它找到的價值和意義。假如找不到任何意義呢？人就會忍不住問：「作者為什麼要寫這個故事？」「這個故事有什麼含義？」「作者想表達什麼？」——去看那些藝術電影或小說的評論網站，大把人都在討論這個問題。

爲什麼世界各地的各種年齡、各種文化背景的人都願意去看好萊塢電影，看完之後都會心滿意足？

原因之一是好萊塢電影的故事嚴格遵守開頭、衝突、高潮、結尾的故事模式，這樣的模式符合人類對故事的預期，這個預期是全人類共有的。

我們對整個世界的了解，都建立在一個有頭有尾、有高潮的故事的基礎上。

我們評價一個人的時候，常會這麼說：「她過了辛勞的一生，她養育了三個子女，是成功的母親。」「他過了荒謬的一生，他吃喝玩樂，最後落得淒慘的下場，沒有人可憐他。」這些都是典型的有頭有尾的故事，主角的一生被我們簡化成一個有明顯動機、矛盾衝突又有結尾的故事。

我們都知道，人的一生其實非常複雜，根本無法用一個意義、一個標籤來概括。但是，當我們評價一個人，尤其是比較疏遠的人的時候，常常會強行給這個人安上一個身分（她是一位好母親）、一個生活的目標（她養育了一大家人），在人生的結尾，這個人生目標一定會有一個交代（她培養出一群好兒女，或者不幸的是，兒女辜負了她）。然後我們就完成了對一個人的描述，就像看完一個完整的好萊塢故事一樣，心滿意足了。

問題是，無論人的存在還是毀滅，都是偶然的，根本不可能遵守好萊塢的故事結構。真正的人生，故事忽然開始，忽然結束，不一定有矛盾衝突，也未必有高潮和結局。當人們意識到這一點的時候，就會感到世界是荒謬的。

對於普通人，最能讓人感受到這一點的，是死亡到來的時刻。現實中的死亡是突如其來的，並不是在人生故事完成高潮，進入結尾的時候才來。可能從故事剛開始、故事講到一半，或者故事馬上就要進入高潮等的每一個時間點，死亡隨時都有可能到來。

好比一個辛苦養育子女的母親去世了，在外人的想像中，這個「偉大母親」去世的時候，應該是躺在病床上，周圍站滿子女。子女們握著母親的手，熱淚盈眶、悲痛欲絕地說：「感謝您養育我們，我們會永遠懷念您。」疲勞的母親安慰子女們，說：「看到你們都長大成人，我就心滿意足了。」然後恰到好處地閉上眼睛，故事圓滿結束。

但真實的生活不會照著這個章法來，死亡在任何時候都可能到來，這個母親去世的時候，可能身邊的子女正在聊天，沒有注意到母親的去世；可能子女都忙於工作，母親的身邊一個人都沒有；可能子女們已經握著母親的手完成了熱淚盈眶的告別儀式，結果母親一直沒有撒手人寰，大家在床邊守候了一小時、兩小時、一整天……乃至面面相覷不知道該做點什麼，甚至悄悄打了一個哈欠，等到尿急了跟旁邊的人說「你們在這兒盯著，我先上個廁所」。母親本人也未必是在回味人生的高潮中離世，她可能心裡懷著巨大的恐懼，可能正對未來忐忑不安，可能正想著一些瑣碎的小事，可能正打算去拿遙控器換一部正看到一半的電視劇，正在按下按鍵的時候，突然黑屏，一切停止。任何類似向親友交代遺言、講出未完成的願望、對自己一生做個總結、來一番反省等行為都還來不及去做，生命說結束就突然結束，一下子就終止。就如同那些講了一半突然閉口，讓人無比焦躁的故事一樣。

這樣的現實，就會讓人感到荒謬。

當人們面對親朋好友的死亡時，尤其是年輕人的意外死亡時，人們會想：這就是人的一生？說結束就突然結束，好像還什麼都沒做，什麼目的都沒實現，就突然沒了？那他到底算什麼呢？——提最後這個問題的時候，其實是反省者在本能地要給死者沒有目的的人生找一個目的，找一個總結。如果反省者一時找不到這個目的，就會對世界、對人生產生荒謬感。

請您認真地想像一下，假如有一天您知道自己得了絕症，生命只剩下三個月的時候，您將會處於什麼樣的生活狀態呢？

闔上書，認真地想一下啊！

您可能會覺得，這剩下的三個月肯定和平時的人生完全不一樣，有了質的變化。無論是盡情享受生活，還是哭哭啼啼地恐懼死亡，總之生活變了一個樣。在生命最後的旅程裡，自己的每一個行動似乎都增加了一層別樣的意義。就像電影裡演的那樣，那些面對死亡的人對人生多了一層思考（這是對的），因此超越了平凡的人生，做了很多有意義的事（這是不一定的）。比如，實現自己童年的夢想，實現一個崇高的目標，追求多年不敢表白的真愛。總之，這幾個月的生活，一定能讓人生有所昇華，達到人生故事的高潮，然後心滿意足地（因爲人生的故事終於有了高潮和結尾）去迎接死亡。

我們之所以有以上幻覺，就是因爲我們本能地以爲，自己的人生一定要有一個高潮和結尾，本能讓我們無法擺脫這個想像。

但這不是世界的真相。

假如您剛才已經想好臨死前打算做的各種事，好，我現在請您想像，突然間，這時候您發現自己心臟病發作，絕不可能有生還的希望，意識已經模糊，生命馬上就要結束。

這個時候，您會怎麼想？

請您先認真地想像一下。

大概是類似以下這幾種感覺：

「這不是真的吧！」「太扯了吧，我就這麼死了？」「等等，我還有好多事沒有做啊！」「我不甘心啊！」

剛才，您對人生還有種種規畫：未來想擁有什麼樣的生活，擁有什麼樣的伴侶；想去一個渴望已久的地方旅遊；這幾天有一件工作即將完成；有幾部特別想看的電影還沒有看；待會兒打算吃頓好吃的等等。

突然間，一下子就結束了。

是不是有一種強烈的荒誕感？人生怎麼就這麼毫無徵兆地、突如其來地、莫名其妙地結束了呢？我還有很多想做的事情沒有做啊！

然而這種事是有可能發生的。現實中就有很多人，在毫無徵兆的情況下，因爲意外、疾病，還沒反應過來就死掉了。⑫

⑫「我死亡」這件事本身更為荒誕，因為理性無法表達「自己不存在」的概念，這就好比我們無法用數學公式證明數學公式不存在一樣。因此，我們可以用理性想像其他人死亡的情況，但無論如何都無法想像「我死亡」。一旦我們試圖想像「我的理性、我的意識永遠消失」是什麼感覺，就會感到極大的恐慌和無所適從。因此，雖然每個人理性上都知道自己早晚會死去，但是每個人的潛意識裡都在逃避這個預言，都認為自己可以僥倖地躲過每一次死亡。那麼，當人每一次意識到自己終將死去的時候，潛意識裡的拒斥死亡和自己終將死亡的現實發生強烈的衝突，也會產生荒謬感。

而且哪怕是事先得到通知的絕症，仍舊不會像我們想像的那樣，有一個真正的高潮。真實的生活是平淡的，在得知死訊以後，人會因為一時的激情暫時改變對生活的看法，但大腦的自我保護機制決定了人不會長時間保持激情。時間稍微一長，生活又會變成普通的樣子，瑣碎無聊的生活依舊瑣碎無聊。一開始親朋好友還會付出多餘的熱情，但是隨著時間延長，熱情也會散去，疲憊和厭倦接踵而來。過去讓人感到煩躁、無奈、絕望的瑣事，會依舊讓人煩躁、無奈和絕望。

很多人都想過，在得了絕症之後，一定要做之前想做而沒有做的事。比如，一定要去夢想中的地方旅遊。在想像中，這個旅遊是人生最後的一次華麗，是對自己一生的犒勞，自己在如畫卷般的美景中，暢想人生，然後心滿意足地迎接死亡。實際上呢，這個旅遊當然是挺美的，但一樣有平時的勞累、無奈、煩躁，在從旅遊景點回到自己城市的路上，和平時旅遊回來一樣，充滿了倦怠和空虛——這就完了嗎？我期待了一輩子的夢幻旅遊就這麼結束了嗎？又到回到普普通通的生活中了？我想像中的脫胎換骨的感覺在哪裡？

其他想像中的人生高潮也是一樣。

總之，在我們的頭腦中，我們對自己人生的評價、規畫，一定是個故事模式，一定有高潮和結尾。但現實並不是如此。當現實和我們的印象發生衝突的時候，荒謬感就產生了。

「荒謬」是存在主義指出的病症。那麼，存在主義給出的藥方是什麼呢？面對沒有意義、本質荒誕的世界，我們應該怎麼辦呢？

永遠存在的選項是隨波逐流，比如選擇一個宗教而不要抱有疑問，信就好了；或者選一個別人都相信的人生意義，跟著做就是了。絕大多數人就是這樣生活的，他們一輩子雖然或多或少面對過幾次世界的荒誕，但是每次都是以逃避、自我安慰、「調整心態」把這件事躲過去，最後在自我安慰中走向死亡，過完一生。這樣的人生也沒什麼不好。

然而，這屬於蘇格拉底所說的「未經省察的人生」，屬於齊克果厭惡的從眾群氓，屬於尼采口中的弱者和奴隸，屬於讀了哲學就跟沒讀一樣，思考哲學問題之前是什麼樣，思考之後還是什麼樣。

所以，存在主義者們開闢出了另一條路。

這條路是從沙特的名言「存在先於本質」開始的。

這句話是什麼意思呢？

當我們用哲學的方式思考問題的時候，我們經常會習慣性地問：這事的「本質」是什麼？我們認爲，只要找到「本質」，問題就迎刃而解了。

這個「本質」，指的就是隱藏在事物背後最根本的核心、規律，是事物最真實的部分。事物其他的屬性，都是從這個「本質」裡衍生出來的。對於人生的意義這類大問題來說，「本質」就是形上學的答案。

可是前面說了，形上學之路走不通了。這世界上不存在絕對真理，所以也就沒有什麼人的「本質」，因此沙特說：「存在先於本質。」

拿桌子來打個比方。

假設有一天，我把幾個木板、木條釘在一起，然後拿給朋友看：「您瞧我做的這桌子好看嗎？」朋友一看，這是什麼亂七八糟的東西：「哎喲！兄弟，您這桌子夠怪的啊！」

在這個對話裡，當我把那堆木頭給朋友看時，已經告訴他「這是一個桌子」，也就說，我先通知朋友，這堆木頭的本質是「桌子」。當朋友審視這堆木頭時，他是用他心中桌子的完美形象和眼前這堆木頭比較，於是得出結論：這堆木頭作為一個桌子，是怪的。

在這個場景裡，對於這堆木頭來說，就是「本質先於存在」，「桌子」的本質，先於這堆木頭存在。

如果我換一個問法，我把這堆木頭抱到朋友面前：「兄弟你瞧，這是什麼啊？」朋友一愣：「這是……」

在此場景裡，這堆木頭是存在的，但尚未被賦予本質，這就是「存在先於本質」。沙特認爲，我們人類就是這樣。

在我們審視自己人生的時候，我們不要事先代入任何概念——什麼「人是神靈最好的作品」，什麼「人是『生命意志』的奴隸，人生就是一齣悲劇」，什麼「人天生是社會動物，應該爲社會做貢獻」等等——這些都先不要想。人什麼都不是，「我」就是存在著。「我」先存在在這裡，然後再討論「我」是什麼。

其實可以說，哲學到了這裡，彷彿畫了一個大圓，又回到笛卡兒的「我思故我在」。我們又要從「我存在」開始了。

那麼，什麼能體現「我存在」呢？

「我」這個詞，指的是「自我意識」。前面說過，「自我意識」的前提，必須有「自由意志」——假設我的每個念頭都被別人控制，那我們很難承認自己還擁有自我意識。

於是這個問題就變成了：「什麼能體現自由意志呢？」

只有自由的選擇才能體現。

說白了，只有在自由選擇的時候，我才能說「我有自我意識」，才能說「我是存在」的，才能說我是一個活生生的人，而不是一塊木頭或者是被別人操縱的木偶。

再換句話說，我不同於一根草、一塊石頭，也不同於其他人的地方，就在於我的自由選擇。遇到了一件事，我做出來的是「我」的選擇，而不是你的選擇——哪怕我們最終選擇的結果一樣，但是我的選擇發自我的內心——所以「我」才不是你。

所以沙特認為，人的本質在哪兒呢？就在人的每一次自由的選擇裡。

我們可以把我們的本質想像成一幅畫，當我們剛來到這個世上的時候，這幅畫只是一張白紙。等到我稍微大了一點，有了自我意識之後，我每次自主地做一次決定，就相當於在這幅畫上添了一筆。這一筆一筆累積起來，展現出來的，就是我的本質，就是我的人生意義。

這就意味著兩點。

第一，我的本質是不斷變化的，我的每一個選擇都在一點點地塑造我。如果你問：「你到底是什麼？」我沒法回答你，我就是我，一個正在前進的我。在心理學上，有一些人主張「尋找自我」，透過冥想、心理分析等辦法，找到內心中的那個「真我」。在存在主義看來，這就是錯的。根本沒有一個固定不變的「真我」等著我尋找，「真我」是在我自己手中不斷創造的。

第二，我是獨一無二的。既然我是我一切選擇的總和，那我的本質就不可能用一兩個詞語、一兩個標籤來概括。我是一幅動態的畫，我不是一個靜態的詞，所以，人生意義也不能由別人來告訴我，因爲用語言說出來的人生意義，都是用有限的幾個詞語來描繪。這幾個詞無論是什麼，肯定都是片面的。

但是我們還有幾個問題。

首先，什麼叫「自由的選擇」呢？我休息的時候想看個影片，然後我從電視劇中隨便選了一個，這算是真正的選擇嗎？這在塑造我的本質嗎？今天晚上我本來打算好好學習，結果我受不了誘惑，最後「決定」玩一會兒遊戲，學習就再拖延一天，這算是真正的選擇嗎？

不是的。

真正的自由不是聽從大眾的選擇，這是齊克果已經批判過的。

真正的自由也不是不經思考隨便一選——假如我們的每一個決定都是透過擲骰子決定，我們就不會認爲自己擁有自由意志。

真正的自由也不是聽從自己的欲望——假如每一個決定都聽從欲望，那我們就是最低等的動物，那也不具備自由意志。

真正的自由意志，是經過認真思考後的結果。思考的是什麼呢？思考的是我能不能為我的選擇負責。當我選擇看一部電視劇的時候，我認為這個選擇是對的嗎？我真願意把自己生命中的幾個小時獻給這部電視劇，而不是用來做別的事嗎？當我選擇拖延的時候，我願意承擔拖延的後果嗎？我真心覺得拖延比不拖延好嗎？

如果答案是「否」，我還是進行了選擇，這在沙特看來，就不是真正的選擇。

但是有人會說，有的時候我想選，卻沒得選。我不能選擇長生不老、選擇成為世界首富，不能選擇最理想的伴侶和工作，甚至都不能選擇幾點放學幾點下班！我沒得選啊！

沙特認為，這種想法是「自欺」，人哪怕在極端的情況下，都有選擇的自由。哪怕是一個囚徒，還可以選擇用什麼心態來面對每天的生活。哪怕拒絕選擇，其實也是一種選擇。

在現實世界裡，有一個真實的例子。

維克多．弗蘭克是一名存在主義心理學家，也是一名猶太人。第二次世界大戰的時候，他被投入納粹集中營，經歷了地獄般的磨難後僥倖逃生。可以說，納粹的集中營是這個世界上最沒有自由、最沒有安全感的地方。在如同地獄一般的生活裡，弗蘭克就是靠著存在主義的心理療法支撐著信念。他後來回憶說，在集中營裡，「有待抉擇的事情，隨時隨地都會有的，每個日子，無時無刻不提供你抉擇的機會。而你的抉擇，恰恰決定了你究竟會不會屈從於強權，任其剝奪你的真我及內在的自由，也恰恰決定了你是否將因自願放棄自由與尊嚴，而淪爲境遇的玩物及槁木死灰般的典型俘虜」。

連集中營的受難者都有選擇，那我們在任何時候，自然都應該有選擇的自由。

這個結論不是在辯論，而是給我們找到了生而爲人的尊嚴。

無論生活怎麼摧殘、禁錮我，總有一部分自由掌握在自己手中。我透過對這些自由的鄭重選擇，獲得了我的自由意志，確認了我的存在，創造了我的本質，這是任何人都奪不走的。這是存在主義版本的「一個人可以被毀滅，但不能被打敗」，也是哲學給我們的尊嚴。

典型的例子，是卡繆的名作《薛西弗斯神話》。

卡繆在這部作品裡講了一個希臘神話，說薛西弗斯被眾神懲罰，必須把一塊巨石推向山頂。但是石頭一到山頂，馬上又自己滾下來。薛西弗斯必須再次重複這苦役，一直到永遠。

薛西弗斯的工作毫無意義，但是又永遠不能停止，因此極爲荒謬。

很多人用這個寓言來比喻現代社會裡人性的異化，那麼它批判的，是人們在永不停歇的「工作——消費」中毫無意義地耗盡一生。我們攢夠了錢和假期，透過消費換來快感的那一刻，就如同薛西弗斯把石頭推上山頂的一瞬間，看似有所成就，實則只是無意義生活中的一環。我們以為每天不斷努力學習、進步、工作、加薪是在掌控生活，實際上只是一遍遍把石頭推上山頂。人生意義一定是在日常工作之外，而不是在社會規範之中。

這麼理解這則寓言也不錯，但是，如果認為「推石頭」就等於「現代化的生活」，那也就意味著我們可以逃離這種生活——我不做我不喜歡的工作，不攀比消費，我只追求溫飽和精神生活的富足，不就可以逃脫了嗎？那這就不是來自神的懲罰，頂多算是留校察看，薛西弗斯完全可以把石頭一扔自己走掉。

然而存在主義的荒謬，說的是人生的本來面目，不是輕易能避免的。

所以，我們應該把這則寓言指代的對象擴大到整個人生：人生裡所有的日常活動，其實都是在毫無意義地推石頭。我們要去做的，不是拒絕推石頭——因為無論我們做什麼，世界都是荒誕的，想拒絕荒誕我們做不到——我們能做的，只有意識到這是荒誕的。

卡繆說，薛西弗斯的勝利在於他意識到這種荒謬，他從此不再是諸神的奴隸，而是認為推石頭是自己的事。他在推石頭的過程中感到充實，雖然無法改變自身處境，但他是幸福的。

我們乍看這段解釋，好像是說「人生就應該當阿Q」。薛西弗斯還是在推石頭，沒改變自己的處境，卻生生說服自己是充實和幸福的，這不就如同阿Q一樣的自欺欺人嗎？如果我們把推石頭理解成「過度加班」的話，這簡直是在說「員工應該說服自己，自帶糧食愉悅加班」，這不是更加荒誕嗎？

如果我們把推石頭理解成「沉迷於『上班——消費』的現代生活」，那這樣的薛西弗斯的確是阿Q，因爲「沉迷於『上班——消費』」這件事是可以逃脫的。但是，如果我們把推石頭理解成「人生的一切行爲」，把荒誕理解成人生的必然（我們前面已經證明過這一點），把神靈對薛西弗斯的處罰看成絕對不能逃脫的宿命，那麼薛西弗斯的幸福就不值得嘲笑，反倒是尊嚴和勇氣的體現。

換句話說，在存在主義看來，我們在這世界裡，無論是幫助他人、創造藝術、去做英雄、改變歷史、做任何的豐功偉業，從根本上講仍舊沒有意義，我們仍舊和薛西弗斯推石頭一樣，在虛無的世界裡徒勞無功，這是每一個認真思考哲學的人都一度體驗過的。

但是，我們就沒有選擇嗎？沙特說了，我們永遠都有選擇。在不得不推石頭的宿命面前，在人生虛無的必然面前，我們還可以選擇怎麼面對這宿命和虛無。我們是垂頭喪氣，是放棄思考，是沉淪逃避……還是直視它？在知道不可逃避的情況下，我們沒有背過臉去，而是享受著推石頭的過程。我們認爲：這個石頭是我的，推石頭這件事是我的，我在推石頭的這件事裡，創造了我自己的意義和本質。我意識到了這一點，我對抗了虛無，我是幸福的。

小結 人生的意義

我們小小地總結一下這本書。

首先，什麼知識是可信的呢？

對於客觀經驗領域，也就是對於我們能看得見、摸得著的物質世界，最好的研究方法是「基於經驗主義和實用主義的可證僞的理論」。說白了，就是科學。作爲現代人，拒斥科學方法和科學成果基本上是不可能的。

關於「世界的本質到底是什麼」的問題，沒有標準答案，你願意相信什麼都可以。可以相信不可知論；相信先天認識形式；也可以相信真理不能說，是主觀的、非理性的，只能靠領悟；也可以相信世界是一場大夢；或者相信宗教信條。

也可以這麼說：世界的本質就是我的信念。我相信世界的本質是什麼，它就是什麼。

那麼，人生的意義又是什麼呢？

沒有絕對真理，沒有人生意義，我們應該鼓足勇氣，面對人生的虛無，認真面對眼前的每一個選擇，這樣就找到自己的人生意義……。

是不是覺得這話很虛無？

既然讀完了這本書發現世界終究是虛無的，人生也沒有意義，那爲什麼還要學哲學呢？還不如把書裡的內容全部忘掉，繼續去追求眼前的快樂。

我覺得也不至於這樣……。

關鍵在於，那些哲學家都太聰明了。雖然我們在書裡從各種角度批判他們的結論，但他們仍舊是人類有史以來排行前幾的大聰明人。如果我們願意承認自己是個平庸之輩，那麼在求真之路上，這本書裡的絕大多數人走得都比我們更遠，他們在半路上得出的結論，其實已經足夠我們用了。

叔本華說，人生就是在欲望和空虛中搖擺，沉浸在藝術裡的一瞬間可以得到暫時的解脫。這話說得沒錯啊！

尼采批判我們甘於現狀、附庸大眾的行爲是弱者才做的事，我們可以反駁他說「當弱者沒什麼不好的」，但是他批判的角度確實也能成立。

齊克果說，真正的信仰需要「一躍」，這話也很實在。

至於哲學家們都說形上學走不通，存在主義說人生的本質是虛無，這當然是對的，但是我們在不思考的時候，並不會發自內心地相信他們。我們思考哲學的時候，確實覺得世界虛無、人生荒誕、脊背發冷，但是把書闔上，抬頭一看，這世上好吃好玩的東西太多了。冰淇淋怎麼能虛無呢？在咬熱騰騰的炸雞時怎麼能虛無呢？——對，我知道我知道，道理我都懂，炸雞本質上肯定是虛無的，但是也得等我先吃完這一口再說！

對於日常生活中的我們，哲學之路其實不用走那麼遠。

如果您看完這本書，覺得世界絕對虛無，人生毫無意義，連日常生活都過不下去了，該怎麼辦呢？

我有一個小辦法。

我們暫時闔上書，回到自己的日常生活裡看一眼，看有哪些東西是暫時不用懷疑的。比如我們說過，我沒法知道我是不是生活在虛擬世界裡，沒法知道地球下一秒鐘會不會毀滅，也不確定物理定律在一秒鐘後會不會失效。可是就在這個時候，我感覺到肚子非常餓，媽媽叫我去吃飯，餐桌上，擺著我最喜歡吃的飯菜——這時候，我們不妨捫心自問：我在吃飯之前的一刻，還會堅持之前的懷疑論嗎？我會看著那碗飯，默默思考「這飯是真實的還是虛假」的嗎？會在吃飯前跟媽媽說「您先證明一下您是真實的，我再吃」嗎？就算我真這麼做了（而且僥倖沒挨打），那讓我餓上三天再端碗飯給我，這時我還會這麼做嗎？

對於這種用一碗飯就可以暫時「懸置」起來的哲學問題，我給它們起了個名字，叫「吃飽了的哲學問題」。我絕不是在嘲笑這類問題，我是說，這世上有一些問題，是我們在關注日常生活的時候，尤其是在飢餓和貧窮中奮力掙扎的時候，顧不上思考的問題。就是那種，當你去詢問一個正在揮汗如雨的工作者，結果人家肯定會對你翻白眼。

當我們想在懷疑論中建立生活的時候，不妨把這些「吃飽了的哲學問題」先放在一個櫃子裡，鎖起來，然後再觀察一下日常生活，摸摸自己的肚皮，想一想哪些觀念其實在大多數時候都是可靠的——眼前的米飯是可靠的，所以蒸米飯的電熱鍋是可靠的，所以電是可靠的，電磁感應是可靠的，經典科學是可靠的，我們在學校裡學到的一切理科知識，幾乎都是可靠的。

這樣，我們至少在世界觀上找到了一小塊基石。

那人生意義呢？

我們可以用類似的辦法，找到一個經不起哲學推敲卻可以暫時接受的答案。

當我們覺得人生毫無意義的時候，不妨想像一下：假如有人現在要送我十萬塊錢，我要不要？

一般人的回答都是「要」，哪怕生活再提不起勁來，要是有人願意送我錢，那我還是不要白不要吧！

接下來是最關鍵的：我打算用這筆錢來做什麼？因爲錢只可能是我實現目標的工具，而不可能是我人生的目的。「占有金錢」這件事本身沒有任何意義，我必須用錢來做些什麼，這錢才有意義。

那我們的第一反應是用這筆錢來做什麼呢？也許是用來享樂，也許是用來捐贈，也許是追求理想，也許僅僅是爲了獲得安全感。但無論如何，總得要「爲點什麼事」。而這個「爲點什麼事」，就是我此時此刻能接受的人生意義。

當我們總結出這個意義的時候，乍聽可能會覺得有點「虛」——因爲總結出來的往往都是「爲了看見更大的世界」、「爲了和家人一起度過快樂的時光」之類的話，和我們從心靈雞湯裡聽到的也差不多。這真是我的人生意義嗎？我們有點懷疑。這個時候，需要我們回想剛才決定怎麼花錢的那一刻。那一刻，我們是不是毫不猶豫地做了決定？那一刻我們的心裡是什麼感覺？那一刻的感覺，就是意義在我們心中的地位。別忘了，真正的人生意義是不能用理性的文字描寫的，真正的意義就是那種不可描述的感覺。

還有一個類似的辦法：逼迫自己直視死亡。

我們問人生的意義是什麼，其實就是在給自己的人生找一個目標。就是在問：「我爲什麼活著？」

這也就等於在問：「我爲什麼不立刻自殺？」

卡繆說過：「真正嚴肅的哲學問題只有一個，那就是自殺。」前面介紹過的猶太心理學家維克多．弗蘭克，他在戰後治療病人的時候，常問病人：「你爲什麼不自殺？」因爲借助病人的回答，他可以「爲一個傷心的人編織出意義和責任」。

假如你能順利地回答「我爲什麼不自殺」，如「我不想死是因爲我還想到處旅遊，吃好吃的」，「我不想死是因爲我不想讓父母傷心」。那麼，這些答案就是你現在的人生意義。

假如你的回答是「我不覺得活著有什麼意義，我只是怕死」呢？

那就請你想像一下死亡來臨時的感覺吧！

一個無神論者在面臨死亡的巨大恐懼的時候，有時求生的本能會讓頭腦拚命地給自己尋找活下去的理由。這個理由，也就是每個人的人生意義。

有些和死神擦肩而過的人說，經過這一場磨難，自己大澈大悟，對人生有更高層次的看法。可是，我們每個人都知道自己早晚會死，爲什麼非要死到臨頭的時候才會大澈大悟呢？

那就是因爲絕大部分人平時從不願意直視死亡，潛意識裡認爲自己可以永遠逃避死亡。所以只有死到臨頭，才會開始反省人生。

我們既然知道了這個道理，那就不妨早一點直視死亡，早一點把這件事想明白。

怕死還意味著我們要珍惜生命。

要珍惜生命的理由是，經驗世界不能告訴我們死後還有沒有意識。宗教雖然說人死後意識還會存在，但他們的論斷都是無法驗證的。再者，就算人死後意識還繼續延續，我們也不知道那是什麼感受，會不會就在黑暗中永遠飄蕩，還是會失去全部的記憶，我們無法確認。

而且以人類現有的經驗而言，死亡是宇宙中少有的一件不可逆的事情。人死以後，再也回不到原來的生活中，想後悔也來不及了。

如果死亡確實如唯物主義所說，是意識的永遠終結，那麼就意味著我們失去了一切探索世界的機會。我們甚至可以感性地說，那就意味著我們自願放棄了這世界給我們的最大的恩賜，而這恩賜很可能只有這一次，放棄就沒有了。

所以雖然形上學不限制任何答案，但是我們應該盡量保存、延長自己的生命，不要拿自己的生命冒險，也要同樣尊重別人的生命，這都是不言而喻的正確，尊重生命的同時也就意味著我們要珍惜時間。這都是我們探索真理的底線之一。

最後再說一句。

在古希臘時代，今天的很多學科，比如物理學、數學，都包括在「哲學」的範圍內。後來隨著學術的發展，像物理學、數學這類能得出明確結論的學科，都分家出去單飛過，只把那些沒法得到肯定回答的問題留給哲學。換句話說，哲學和科學的一大區別在於，哲學問題往往是沒有正確答案的。兩個哲學家對同一個問題得出了完全不同的答案，我們卻沒法分辨哪一個答案更正確，只能說，兩個答案都不錯。

所以，哲學問題的關鍵不在於答案是什麼，而在於不斷追問的過程，這個追問理論上可以永遠持續下去。然而，我們普通人研究哲學並不是爲了學術研究，而是爲了解決人生的實際問題。所以對於大部分人來說，那些惱人的哲學問題往往追問到一定程度就自動止步了。

追問到什麼程度呢？

追問到有一天你發現你和這個問題和解了，不再好奇，不想再問了。

所以維根斯坦在《邏輯哲學論叢》中說：「人生問題的解答在於這個問題的消除。」

這就像很多人在小時候都問過「人爲什麼活著」，絕大部分人長大後就不再問了。你說他們想明白這個問題的答案了嗎？不一定，有的時候，僅僅是因爲他們不想再問了。

當你不再問這個問題的時候，或許就意味著你已經找到答案了。

1BCP

哲學家們都幹了些什麼？

一部既嚴謹又笑點不斷的哲學史

作　　者── 林欣浩
企劃主編── 蔡宗沂
特約編輯── 沈心潔
封面設計── 封怡彤
出 版 者── **五南圖書出版股份有限公司**
發 行 人── 楊榮川
總 經 理── 楊士清
總 編 輯── 楊秀麗
地　　址── 106 臺北市大安區和平東路二段 339 號 4 樓
電　　話── 02-27055066（代表號）
傳　　眞── 02-27066100
劃撥帳號── 01068953
戶　　名── 五南圖書出版股份有限公司
網　　址── https://www.wunan.com.tw
電子郵件── wunan@wunan.com.tw
法律顧問── 林勝安律師
出版日期── 2024 年 8 月初版一刷
定　　價── 620 元

原書名：《哲學家們都幹了些什麼？》
作者：林欣浩
本書中文繁體版由讀客文化股份有限公司經光磊國際版權經紀有限公司授權五南圖書出版股份有限公司在全球（不包括中國大陸，包括臺灣、香港、澳門）獨家出版、發行。

國家圖書館出版品預行編目資料

哲學家們都幹了些什麼？：一部既嚴謹又笑點不斷的哲學史 / 林欣浩著 . -- 初版 . -- 臺北市：五南圖書出版股份有限公司, 2024.08
面；　公分
ISBN 978-626-393-630-0 (平裝)

1.CST: 西洋哲學史　2.CST: 通俗作品

140.9　　113011309